PCT国际阶段审查规则实务手册
（2024版）

国家知识产权局专利局审查业务管理部　组织编写

图书在版编目（CIP）数据

PCT 国际阶段审查规则实务手册：2024 版/国家知识产权局专利局审查业务管理部组织编写. —北京：知识产权出版社，2025.1. — ISBN 978-7-5130-9600-3

Ⅰ. D997.1-62

中国国家版本馆 CIP 数据核字第 2024YG4172 号

内容提要

作者根据《专利合作条约实施细则》《专利合作条约行政规程》《PCT 受理局指南》《PCT 国际检索和初步审查指南》等 PCT 相关规范文件的最新修改，以及《中华人民共和国专利法》《中华人民共和国专利法实施细则》《专利审查指南 2023》的最新修改，对 2021 年版相关内容进行了修订再版。本书内容涵盖 PCT 申请国际阶段审查全过程，可为读者了解 PCT 申请工作流程提供参考。

责任编辑：王瑞璞　房　曦	责任校对：王　岩
封面设计：杨杨工作室·张　冀	责任印制：刘译文

PCT 国际阶段审查规则实务手册（2024 版）

国家知识产权局专利局审查业务管理部　组织编写

出版发行：	知识产权出版社有限责任公司	网　　址：	http://www.ipph.cn
社　　址：	北京市海淀区气象路 50 号院	邮　　编：	100081
责编电话：	010-82000860 转 8116	责编邮箱：	wangruipu@ cnipr. com
发行电话：	010-82000860 转 8101/8102	发行传真：	010-82000893/82005070/82000270
印　　刷：	天津嘉恒印务有限公司	经　　销：	新华书店、各大网上书店及相关专业书店
开　　本：	720mm×960mm　1/16	印　　张：	19.5
版　　次：	2025 年 1 月第 1 版	印　　次：	2025 年 1 月第 1 次印刷
字　　数：	328 千字	定　　价：	118.00 元
ISBN 978-7-5130-9600-3			

出版权专有　侵权必究

如有印装质量问题，本社负责调换。

编写委员会

主　　编：魏保志

副 主 编：吴红秀

编　　委：周胡斌　詹靖康　冀　梦　张雪凌

　　　　　朱宇澄　王金凤　张宪锋　高　飞

　　　　　陈炜梁

序　言
（2024）

《全国人民代表大会常务委员会关于修改〈中华人民共和国专利法〉的决定》《国务院关于修改〈中华人民共和国专利法实施细则〉的决定》分别于2021年6月1日、2024年1月20日起正式实施，为中国申请人通过PCT途径获得专利保护提供了更加健全的制度保障，2023版《专利审查指南》进一步细化并完善了相关审查标准。此外，随着PCT改革的不断推进，《专利合作条约实施细则》《专利合作条约行政规程》《PCT受理局指南》《PCT国际检索和初步审查指南》等也逐年进行修改。

为全面落实相关制度，及时适用最新标准，持续提升审查质量和审查效率，国家知识产权局专利局审查业务管理部于2024年启动了《PCT国际阶段审查规则实务手册》的修订工作，对PCT国际阶段审查规范、审查程序及具体操作进行了完善，为PCT国际阶段审查及事务处理提供了指引。

本次修订得到国家知识产权局专利局初审及流程管理部、通信发明审查部、医药生物发明审查部、光电技术发明审查部等部门的大力支持，在此，对给予支持和帮助的所有部门单位、对既往工作组和本次工作组成员的积极参与表示最衷心的感谢！

本次修订的统稿工作由周胡斌、詹靖康负责。具体分工如下：冀梦负责第1部分、第2部分及第6部分的修订；张雪凌负责第3部分的修订；朱宇澄负责第4部分的修订；王金凤负责第5部分的修订。高飞负责第1部分、第2部分、第6部分的审稿；张宪锋负责第3部分、第4部分的审稿；陈炜梁负责第

5 部分的审稿。

  衷心希望本书能够对审查员完成 PCT 国际阶段审查工作提供更多的帮助。由于编写用时和新规则适用时间所限，本书难免存在疏漏之处，如有与《专利法》及其实施细则、《专利合作条约》及其实施细则、《专利审查指南》等不一致之处，请以上述法律法规及审查标准为准。

序　言
（2021）

为提高 PCT 申请国际阶段审查的质量和效率，准确而一致地执行《专利合作条约》（PCT）国际阶段质量准则、标准及工作流程，国家知识产权局专利局审查业务管理部依据《专利合作条约》《专利合作条约实施细则》《PCT 国际检索和初步审查指南》等相关法律法规，对 PCT 申请国际阶段的审查规范和程序进行系统梳理，编写了《PCT 国际阶段审查规则实务手册》，为 PCT 申请国际阶段的审查提供指引和参考。

本手册具有以下特点：注重理论与实践的结合，各章节通常包括理论和操作两部分，其中理论部分对 PCT 国际阶段中需要特别关注的内容进行了详细描述，操作部分则具体明确了操作步骤和表格填写规则，并提供了大部分表格的填写样页；强调可操作性，按照 PCT 国际阶段审查步骤编写各章节，为 PCT 审查员提供完整、清晰的实务操作流程指引；突出整合性且通俗易懂，对相关 PCT 法律规范进行了有效的梳理整合，以独立章节的方式，使用浅显易懂的语言对 PCT 法律规范中一些不易理解的内容和法律语言进行解读；给出明确标识，针对相同问题，标示出了 PCT 法律规范与中国专利法律法规相关规定之间的差异。

本手册是在《PCT 国际检索与国际初步审查实务手册》的基础上，依据 PCT 法律规范的最新进展修订而成，同时增加了 PCT 受理审查、PCT 国际阶段事务处理及流程管理等内容，使本手册涵盖了 PCT 申请国际阶段审查全过程。本次手册的修订得到国家知识产权局专利局初审及流程管理部、通信发明审查部、光电技术发明审查部等部门的大力支持，在此，对给予支持和帮助的所有部门单位、对既往工作组和本次工作组成员表示最衷心的感谢！希望手册能够对 PCT 审查员完成 PCT 国际阶段的受理和审查工作提供更多的帮助。

使用说明

本手册基于《专利合作条约》《专利合作条约实施细则》《专利合作条约行政规程》《PCT 国际检索和初步审查指南》、PCT 国际单位会议资料、国家知识产权局（CNIPA）与世界知识产权组织国际局签订的协议等编制而成。❶本手册涵盖了 PCT 国际阶段的受理和审查、PCT 国际检索、国际初步审查及 PCT 国际阶段流程和事务处理等内容。

本手册包括序言、使用说明、略语表、国际阶段常用英文缩写、目录、正文、后记。正文按照 PCT 国际阶段的实际操作程序编排，共分为以下 6 个部分：

第 1 部分：概述，涉及 PCT 法律规范文件、PCT 体系职能机构和国际申请文件简介。

第 2 部分：受理审查阶段，包括国际申请的受理阶段审查及需要注意的问题。

第 3 部分：国际检索阶段，主要涉及国际检索相关工作，包括国际检索前的准备、检索和审查、检索报告和书面意见的撰写等。这部分内容还包括国际检索和国际初步审查两个阶段共同涉及的问题。

第 4 部分：国际初步审查阶段，重点说明了在国际初步审查阶段需要特别注意的问题，对于参照国际检索阶段理论和操作的部分给出了相应的参考。

第 5 部分：关于核苷酸和/或氨基酸序列表及生物材料的保藏的审查。该部分是将涉及国际检索和初步审查的有关核苷酸和/或氨基酸序列表以及生物材料保藏的内容集中进行说明，其通用原则参见第 3 部分和第 4 部分。

---

❶ 本手册引用的 PCT 相关法律法规具体为《专利合作条约》（2001 年）、《专利合作条约实施细则》（2024 年）、《专利合作条约行政规程》（2024 年）、《PCT 受理局指南》（2024 年）、《PCT 国际检索和初步审查指南》（2022 年），通过网站 http://www.wipo.int/pct/en 可获得相关资料。

第 6 部分：流程及事务处理，覆盖国际申请的整个国际阶段，包括受理局、国际检索单位以及国际初步审查单位工作中涉及的期限监控、著录项目变更、明显错误更正、撤回等内容，还包括国际阶段申请文件的流程管理及相关事务处理。

本手册各个部分下设章，章下设节，节分 4 个等级，用阿拉伯数字顺序排列以确定位置。例如，第 3 部分第 3 章第 3.2.3 节"（1）主要对比文件明确引用了另一篇文件"是第 4 级节，它归属于第 3 级节 3.2.3"文件的结合"下，3.2.3 节归属于第 2 级节 3.2"判断新颖性时考虑的事项"下，3.2 节归属于第一级节第 3 节"新颖性"下。

为了帮助读者更好地使用本手册，需要重点说明以下几方面的问题：

本手册解决了 PCT 审查员在 PCT 国际阶段中的基本操作问题，并对《PCT 国际检索和初步审查指南》附录中供国际检索单位或国际初审单位选择的若干规定给出了国家知识产权局采取的原则、标准或做法。本手册的理论部分对于与中国专利法律法规的规定没有区别且属于审查员明显熟知的内容没有详述。

本手册重点关注了 PCT 法律规范与中国专利法律法规容易造成混淆的区别内容，在相关段落后，以表格列出两者的区别。

当无法找到能够确切表达 PCT 法律规范的英文原文含义的中文译文时，本手册直接使用了英文原文。对于本手册中出现的可能不能确切表达 PCT 法律法规英文原文含义的中文译文，本手册在中文译文后标明了所对应的英文原文。例如，在《PCT 国际检索和初步审查指南》中，"限制"一词没有准确表达出所对应的英文原文"limitation"和"restriction"的区别。为了区分"limitation"和"restriction"的概念，本手册对于"restriction"直接使用了英文原文，对于"limitation"在中文"限制"后标明了英文原文"limitation"。

略语表

条约	《专利合作条约》
条约 11	《专利合作条约》第 11 条
细则	《专利合作条约实施细则》
细则 13 之二.3（2）	《专利合作条约实施细则》第 13 条之二.3（2）
规程	《专利合作条约行政规程》
规程 511	《专利合作条约行政规程》第 511 条
检索和初审指南	《专利合作条约国际检索和初步审查指南》
检索和初审指南 15.01	《专利合作条约国际检索和初步审查指南》第 15.01 段
《专利审查指南》	《专利审查指南 2023》
协议	国家知识产权局与世界知识产权组织国际局就国家知识产权局作为 PCT 国际检索单位和国际初步审查单位的协议
国家法	缔约国的国家法或者地区专利条约

国际阶段常用英文缩写

RO (Receiving Office) 受理局

IB (International Bureau) 国际局

ISA (International Searching Authority) 国际检索单位

SISA (Supplementary International Searching Authority) 补充国际检索单位

IPEA (International Preliminary Examining Authority) 国际初步审查单位

DO (Designated Office) 指定局

EO (Elected Office) 选定局

IA (International Application) 国际申请

ISR (International Search Report) 国际检索报告

WO/ISA (Written Opinion of the ISA) 国际检索单位书面意见

WO/IPEA (Written Opinion of the IPEA) 国际初步审查单位书面意见

IPE (International Preliminary Examination) 国际初步审查

IPRP (International Preliminary Report on Patentability) 专利性国际初步报告

目　　录

第1部分　概　　述 / 1

第1章　PCT法律规范文件简介 …………………………………… 3
1. 条　　约 ……………………………………………………… 3
2. 细　　则 ……………………………………………………… 4
3. 规　　程 ……………………………………………………… 4
4. PCT受理局指南 ……………………………………………… 5
5. 检索和初审指南 ……………………………………………… 5
6. PCT申请人指南 ……………………………………………… 6
7. 中国国家法中有关国际申请的特别规定 …………………… 6
8. 国家知识产权局与世界知识产权组织国际局签署的协议 ………… 6
9. 关于国际申请有关费用的若干公告 ………………………… 7

第2章　PCT体系职能机构和国际申请文件简介 ……………… 8
1. 职能机构 ……………………………………………………… 8
2. 国际申请文件 ………………………………………………… 10

第2部分　受理审查阶段 / 13

第1章　绪　　言 ………………………………………………… 15
1. 国际申请的接收 ……………………………………………… 15
2. 申请文件审查前的处理 ……………………………………… 17

第2章　国家安全审查 …………………………………………… 19
1. 国家安全审查通过 …………………………………………… 19

2. 国家安全审查未通过 ··· 19
  3. 审查结论待定 ··· 19
第3章　受理条件审查 ·· 21
  1. 确定国际申请日的条件 ··· 21
  2. 给出国际申请日 ··· 23
  3. 不满足条约11（1）缺陷的处理 ·· 23
  4. 不能给予国际申请日情况的处理 ·· 24
  5. 不作为国际申请的主管受理局时的处理 ·· 25
第4章　形式审查 ··· 26
  1. 依据细则11的形式审查 ··· 26
  2. 请求书（PCT/RO/101表）的形式审查 ··· 27
  3. 申请文件的形式审查 ··· 35
  4. 委托书的审查 ··· 37
  5. 其他文件的处理 ··· 37
第5章　优先权审查 ··· 38
  1. 优先权要求 ··· 38
  2. 优先权的改正、增加 ··· 39
  3. 优先权恢复 ··· 42
  4. 优先权文件副本 ··· 45
第6章　声　　明 ··· 47
  1. 国家要求的声明 ··· 47
  2. 声明审查 ··· 51
  3. 声明的改正或增加 ··· 51
第7章　遗漏项目/部分 ··· 52
  1. 遗漏的定义 ··· 52
  2. 遗漏项目的处理 ··· 52
  3. 遗漏部分的处理 ··· 57
  4. 错误提交项目或部分的处理 ·· 63
第8章　核苷酸和/或氨基酸序列表 ·· 66

1. 随新申请提交的核苷酸和/或氨基酸序列表的审查 …………… 66
2. 中间文件方式提交的核苷酸和/或氨基酸序列表的审查 ……… 68

第9章 生物材料保藏 ………………………………………………… 69
1. 保藏的生物材料的记载 …………………………………………… 69
2. 生物材料保藏的形式审查 ………………………………………… 70

第3部分 国际检索阶段 / 73

第1章 绪 言 ……………………………………………………… 75
1. 目 的 …………………………………………………………… 75
2. 国际检索阶段基本操作流程及说明 ……………………………… 75
3. 检索和审查的基础 ………………………………………………… 80

第2章 检索前的准备工作 ……………………………………… 83
1. 说明书和附图 ……………………………………………………… 83
2. 权利要求 …………………………………………………………… 87
3. 排除的情况（exclusions）………………………………………… 100
4. 单一性 ……………………………………………………………… 109
5. 在先检索结果、要求申请人提交的资料 ………………………… 116
6. 明显错误和不得使用的表达 ……………………………………… 119
7. 分 类 …………………………………………………………… 125

第3章 检索和审查 ……………………………………………… 127
1. 现有技术 …………………………………………………………… 127
2. 优先权 ……………………………………………………………… 137
3. 新颖性 ……………………………………………………………… 141
4. 创造性 ……………………………………………………………… 144
5. 工业实用性 ………………………………………………………… 149
6. 限制的情况（limitations）………………………………………… 150
7. 发明名称和摘要 …………………………………………………… 153
8. 检 索 …………………………………………………………… 158

第4章 国际检索报告和书面意见 …………………………… 164

1. 国际检索报告 …………………………………………………… 164
2. 书面意见 ……………………………………………………… 177
3. 国际检索阶段的后续工作 …………………………………… 187

第 5 章 补充国际检索 ……………………………………………… 189
1. 补充国际检索 ………………………………………………… 189
2. 补充国际检索报告 …………………………………………… 193

第 4 部分 国际初步审查阶段 / 195

第 1 章 绪 言 ……………………………………………………… 197
1. 国际初步审查阶段基本操作流程及说明 …………………… 197
2. 国际初步审查的启动及基础 ………………………………… 200

第 2 章 国际初步审查的初始工作 ………………………………… 204
1. 申请文件的修改 ……………………………………………… 204
2. 单一性缺陷的处理 …………………………………………… 209
3. 明显错误更正、所需资料的获得 …………………………… 212

第 3 章 国际初步审查的进一步工作 ……………………………… 214
1. 需要考虑的问题 ……………………………………………… 214
2. 进一步的书面意见和与申请人的非正式联系 ……………… 216
3. 专利性国际初步报告 ………………………………………… 219
4. 专利性国际初步报告的更正 ………………………………… 234

第 5 部分 关于核苷酸和/或氨基酸序列表及生物材料的保藏的审查 / 235

第 1 章 核苷酸和/或氨基酸序列表 ……………………………… 237
1. 国际检索阶段对序列表的审查 ……………………………… 237
2. 国际初步审查阶段对序列表的审查 ………………………… 243

第 2 章 生物材料的保藏 …………………………………………… 248
1. 对包含保藏的微生物或其他生物材料的说明页的语言要求 …… 248
2. 保藏事项的记载以及提交方式 ……………………………… 248
3. 保藏单位 ……………………………………………………… 249

第 6 部分　流程及事务处理 / 251

第 1 章　期　限 …………………………………………… 253
1. 期限的计算 ……………………………………………… 253
2. 期限延误的宽恕 ………………………………………… 255
3. 邮递业务异常 …………………………………………… 256
4. PCT 申请主要期限 ……………………………………… 257
5. 进入国家阶段的期限 …………………………………… 259

第 2 章　费　用 …………………………………………… 260
1. 费用种类 ………………………………………………… 260
2. 费用的减免 ……………………………………………… 262
3. 缴费方式及信息获取 …………………………………… 264
4. 费用审查 ………………………………………………… 264
5. 费用的转账 ……………………………………………… 265
6. 退　费 …………………………………………………… 265

第 3 章　流程管理 ………………………………………… 267
1. 申请文件的管理和传送 ………………………………… 267
2. 通知书管理 ……………………………………………… 268
3. 国际检索阶段流程管理 ………………………………… 271
4. 国际初步审查阶段流程管理 …………………………… 274

第 4 章　著录项目变更 …………………………………… 280
1. 著录项目变更请求 ……………………………………… 280
2. 对变更请求的处理 ……………………………………… 281
3. 需要注意的事项 ………………………………………… 281

第 5 章　明显错误更正 …………………………………… 283
1. 明显错误更正请求 ……………………………………… 283
2. 受理局对明显错误更正的处理 ………………………… 284
3. 国际检索阶段明显错误更正的处理 …………………… 285
4. 国际初审阶段明显错误更正的处理 …………………… 286

第6章 撤回 ··· 288
1. 撤回请求 ·· 288
2. 对撤回的处理 ··· 289

第7章 异议程序 ··· 291
1. 国际检索阶段单一性问题的处理 ··· 291
2. 国际初步审查阶段单一性问题的处理 ······································ 292

第 1 部分 概 述

PCT 是《专利合作条约》的简称，英文全称为 Patent Cooperation Treaty。PCT 为申请人提供了一条同时向多个国家申请专利的便利途径，其目的在于通过各缔约国之间对专利申请的提出、检索和审查等方面的合作，简化在多个国家获得发明保护的手续，并以此促使发明的法律保护臻于完善，对科学和技术的进步作出贡献，促进和加速各国的经济发展。

截至 2024 年 6 月，PCT 缔约国已达到 157 个。

我国从 1994 年 1 月 1 日起正式成为 PCT 缔约国，国家知识产权局（前称"中国专利局"）作为 PCT 的受理局、国际检索单位、国际初步审查单位、指定局和选定局履行相关职责。

第1章　PCT 法律规范文件简介

广义地说，PCT 的法律规范包括由 PCT 联盟成员国大会通过的国际规范和各成员国国家法中有关国际申请的规定。

PCT 国际规范指条约、细则、规程，其对各缔约国具有法律约束力。除此之外，《PCT 受理局指南》、检索和初审指南是对受理局、国际检索单位和国际初步审查单位的工作人员执行条约及细则规定的任务、处理国际申请、进行国际检索和审查的指导性文件，《PCT 申请人指南》则对申请人及其代理人提交国际申请和办理相关手续具有指导意义，但这些指南并不具有法律约束力。

我国专利法律法规中有关国际申请的特别规定包括：《中华人民共和国专利法》（以下简称《专利法》）第 19 条、《中华人民共和国专利法实施细则》（以下简称《专利法实施细则》）第 11 章、《专利审查指南》第 3 部分、国家知识产权局就实施 PCT 而发布的有关公告，以及国家知识产权局与世界知识产权组织国际局就国家知识产权局作为 PCT 国际检索单位和国际初步审查单位的协议等。

1. 条　　约

条约于 1970 年 6 月 19 日在美国华盛顿签订，并于 1978 年 1 月 24 日生效，同年 6 月开始实施。

1979 年 9 月对条约进行了修正，1984 年 2 月和 2001 年 10 月对条约进行了两次修改。现行条约自 2002 年 4 月 1 日起生效，分为绪则和 8 个章节，共 69 条。其中：

绪则包括第 1~2 条，对国际专利合作联盟建立的宗旨作出了说明，并对条约及其实施细则中的术语进行了定义；

第Ⅰ章包括第3~30条，对国际申请、国际检索、国际公布作出了规定；

第Ⅱ章包括第31~42条，对国际初步审查作出了规定；

第Ⅲ章包括第43~49条，涉及共同规定；

第Ⅳ章包括第50~52条，涉及技术服务；

第Ⅴ章包括第53~58条，涉及有关国际专利合作联盟大会、执行委员会、世界知识产权组织国际局、技术合作委员会、财务等方面的行政规定；

第Ⅵ章包括第59条，涉及争议的解决，即当缔约国之间就条约或者细则的解释或适用发生争议时的解决途径；

第Ⅶ章包括第60~61条，涉及对条约的修订和对条约某些规定的修改；

第Ⅷ章包括第62~69条，涉及如何加入或者退出条约、条约如何在成员国生效、成员国对某些条款的保留、逐步适用等问题。

2. 细　　则

细则自1970年6月19日通过以来，经过了多次修改。现行细则分为6个部分，共96条。其中：

第一部分为绪则，包括第1~2条；

第二部分包括第3~52条，与条约第Ⅰ章有关；

第三部分包括第53~78条，与条约第Ⅱ章有关；

第四部分包括第79~83条，与条约第Ⅲ章有关；

第五部分包括第84~89条，与条约第Ⅴ章有关；

第六部分包括第89条之二~96条，与条约各章有关，对各种文件的传送、代理人和共同代表、文件中的明显错误、通信、文档保存和获得以及译本的取得等问题作了详细规定；

费用表部分涉及PCT国际阶段费用项目、费用减免等规定。

3. 规　　程

规程分为8个部分及7个附件。

(1) 8个部分

第一部分包括第 101~115 条，有关一般事务的规程；

第二部分包括第 201~218 条，有关国际申请的规程；

第三部分包括第 301~337 条，有关受理局的规程；

第四部分包括第 401~436 条，有关世界知识产权组织国际局的规程；

第五部分包括第 501~520 条，有关国际检索单位的规程；

第六部分包括第 601~617 条，有关国际初步审查单位的规程；

第七部分包括第 701~716 条，有关国际申请以电子形式提出和处理的规程；

第八部分包括第 801~805 条，有关第三方意见的规程。

(2) 7个附件

附件 A 列出了国际申请的国际阶段所使用的各种表格，但该附件并未附在规程中，其全文电子版可从 http：//www.wipo.int/pct/en/forms/下载；

附件 B 对如何判断发明的单一性作了说明；

附件 C 列出了核苷酸和氨基酸序列表的表述标准；

附件 D 列出了根据细则 86.1（ⅰ）从公布的国际申请的扉页中摘出并包含在公报中的信息；

附件 E 列出了根据细则 86.1（ⅴ）在公报中公布的信息，例如条约 22 和 39 规定的适用于每一个缔约国的期限等；

附件 F 列出了国际申请的电子归档和处理标准；

附件 G 列出了收到和转付费用的有关规则。

4. PCT 受理局指南

为指导受理局执行条约和细则规定的任务，保证不同的受理局对所有国际申请的处理方式达到统一，世界知识产权组织国际局制定了《PCT 受理局指南》。该指南共有 19 章，还包括 2 个附件。

5. 检索和初审指南

为指导国际检索和初步审查单位执行有关操作，世界知识产权组织国际局制定了检索和初审指南。该指南分为 8 个部分，共 22 章。

该指南有助于条约、细则和规程中有关国际检索和审查规定的适用。当对国际检索和审查有疑问时，需要参考条约有关条款本身，必要时参考华盛顿外交会议备忘录❶及 PCT 大会所给予的解释。

6. PCT 申请人指南

为帮助申请人正确利用 PCT 申请体系，并向申请人提供必要的信息，世界知识产权组织国际局发布了《PCT 申请人指南》。该指南分为国际阶段和国家阶段两卷。申请人可通过 https：//www.wipo.int/pct/en/guide/index.html 查询《PCT 申请人指南》的最新信息。

7. 中国国家法中有关国际申请的特别规定

《专利法》第 19 条为中国申请人根据 PCT 提出国际申请，以及国家知识产权局依法处理国际申请提供了法律依据。

《专利法实施细则》第 11 章是关于国际申请的特别规定，其中包括针对国际申请进入中国国家阶段的条件和程序的规定，以及国际申请进入国家阶段后有别于普通国家申请的特殊规定。

《专利审查指南》第 3 部分根据 PCT 法律规范、《专利法》及其实施细则关于国际申请的相关规定，对于国际申请进入国家阶段的初步审查实质审查和事务处理作出了具体规定。

8. 国家知识产权局与世界知识产权组织国际局签署的协议

根据条约 16（3）（b）和条约 32（3）的规定，国家知识产权局作为 PCT 国际检索单位和国际初步审查单位与世界知识产权组织国际局于 1992 年 9 月 28 日签署了第一份协议。该协议规定了双方的权利和义务，并于 1994 年 1 月

---

❶ 参见 https：//www.wipo.int/pct/en/texts/washington.html。

1 日生效，随后又经过了多次续签和内容调整。

9. 关于国际申请有关费用的若干公告

关于国际申请的有关费用，国家知识产权局发布了如下公告：

（1）《关于执行新的行政事业性收费标准的公告》（第 244 号），2017 年 6 月 16 日；

（2）《关于停征和调整部分专利收费的公告》（第 272 号），2018 年 6 月 15 日。

第 2 章　PCT 体系职能机构和国际申请文件简介

1. 职能机构

国际申请程序由多个职能机构参与完成，本节将介绍主要职能机构的名称和相应职责。

1.1　国际局（IB）

国际局是指世界知识产权组织国际局（以下简称"国际局"）。国际局对 PCT 的实施承担中心管理的任务。

国际局的职责包括：保存全部依据条约提出的国际申请文件正本；出版公布国际申请文件；在申请人、受理局、国际检索单位、国际初步审查单位以及指定局（或选定局）之间传递国际申请和与国际申请有关的各种文件。此外，国际局还可以作为受理局接受任何 PCT 缔约国的国民或居民提交的国际申请。同时，国际局还负责整个 PCT 系统的国际协调；负责向成员国及其国家局/地区局提供帮助、传播有关 PCT 系统的信息；负责 PCT 会议及培训课程等。

1.2　受理局（RO）

受理国际申请的国家局或政府间组织被称为受理局。其中，国家局是指缔约国授权颁发专利的政府机关，政府间组织是指地区 PCT 的缔约国授权发给地区专利的政府间机关。（条约2）

国家知识产权局作为受理局的主要职责是：受理中国国民，或者在中国有经常居所或者营业所的外国人、外国企业或外国其他组织提出的国际申请，并按照条约、细则和规程的有关规定对国际申请进行受理条件审查、形式审查和费用审查等。国家知识产权局作为受理局接受的语言是中文和英文。（协议）

1.3 国际检索单位（ISA）和国际初步审查单位（IPEA）

负责对国际申请进行国际检索的国家局或政府间组织被称为国际检索单位。国际检索单位由国际专利合作联盟（PCT联盟）大会指定。（条约16）

负责对国际申请进行国际初步审查的国家局或政府间组织被称为国际初步审查单位。（条约32）

现在共有24个国际检索单位，分别是奥地利专利局（AT）、澳大利亚专利局（AU）、巴西国家工业产权局（BR）、加拿大知识产权局（CA）、智利国家工业产权局（CL）、中国国家知识产权局（CN）、欧亚专利局（EA）、埃及专利局（EG）、欧洲专利局（EP）、西班牙专利商标局（ES）、芬兰国家专利与注册委员会（FI）、以色列专利局（IL）、印度专利局（IN）、日本特许厅（JP）、韩国知识产权局（KR）、菲律宾知识产权局（PH）、俄罗斯联邦知识产权专利商标局（RU）、瑞典专利注册局（SE）、新加坡知识产权局（SG）、土耳其专利商标局（TR）、乌克兰国家知识产权局（UA）、美国专利商标局（US）、北欧专利协作组织（XN）、维谢格拉德专利局（Visegrad Patent Institute, XV）。这些国际检索单位也是国际初步审查单位。

国家知识产权局作为国际检索单位和国际初步审查单位的职责是按照条约、细则、规程的相关规定对国际申请要求保护的发明进行国际检索和初步审查。国家知识产权局可以作为中国、安哥拉、柬埔寨、加纳、印度、伊朗、肯尼亚、老挝、利比里亚、泰国、津巴布韦的受理局和部分国际局受理的国际申请的国际检索单位和国际初步审查单位。（协议）

1.4 指定局（DO）和选定局（EO）

申请人在国际申请中指定的、要求对其发明给予保护的那些缔约国被称为指定国，被指定国家的国家局或加入条约的地区性专利组织的政府间组织即为指定局。（条约2）

自2004年1月1日起，国际申请一经提出，申请人自动指定在国际申请

日时受条约约束的所有成员国。自动指定不仅包括缔约国，而且还包括地区专利组织。（细则49）

申请人选择了国际初步审查程序，在国际初步审查要求书中所指明的预定使用国际初步审查结果的缔约国被称为选定国，选定国的国家局即为选定局。加入条约的地区性专利组织的政府间组织可以作为选定局。（条约2）

自2004年1月1日起，国际初步审查要求一经提出，申请人自动选定所有指定国。自动选定不仅包括缔约国，而且还包括地区专利组织。（细则53.7）

国家知识产权局作为指定局和选定局，在国际申请进入国家阶段的程序开始后，其职责为：在条约允许的限度内根据《专利法》及其实施细则进行初步审查、国家公布，参考国际检索报告和专利性国际初步报告（如果有的话）的结果进行实质审查、授权或驳回，以及可能发生的其他程序。❶

2. 国际申请文件

一份国际申请应当包括请求书、说明书、一项或几项权利要求、一幅或几幅附图（需要时）和摘要。［条约3（2）］

国际申请文件一份由受理局保存，即"受理本"；一份送交国际局，即"登记本"；另一份送交主管国际检索单位，即"检索本"。登记本是国际申请的正本。（条约12）

对于纸件形式的国际申请，国家知识产权局作为受理局仅要求申请人提交一份申请文件，并将其转化为电子形式作为登记本以电子方式传送给国际局；对于电子形式的国际申请，国家知识产权局在收到原始申请文件后将其打包作为登记本，通过电子方式传送给国际局。无论是纸件申请还是电子申请，均由受理局准备受理本和检索本。（细则21）

条约和细则对国际申请文件格式和内容的撰写方式规定了统一标准。申请人准备的国际申请文件只要符合该标准，就应被受理局接受，也就意味着可以被所有的指定国接受。"任何缔约国的本国法不得就国际申请的形式或内容提出与本条约和细则的规定不同的或其他额外的要求。"［条约27（1）］

---

❶ 参见《专利审查指南》第3部分第1章。

2.1 请求书（PCT/RO/101 表）❶

申请人在请求书中标明申请的有关信息，主要信息包括：
(1) 发明名称（第Ⅰ栏）；
(2) 申请人和/或发明人信息（第Ⅱ、Ⅲ栏）；
(3) 代理人信息（第Ⅳ栏）；
(4) 优先权事项（第Ⅵ栏）；
(5) 国际检索单位以及在先检索结果（第Ⅶ栏）；
(6) 申请人建议的随摘要一同公布的附图号（第Ⅸ栏）。

2.2 说明书、权利要求、附图和摘要

(1) 说明书应对发明作出清楚和完整的说明，足以使本领域的技术人员能实施该项发明。（条约5）

(2) 权利要求应确定要求保护的内容。权利要求应清楚和简明，并应以说明书作为充分依据。（条约6）

(3) 附图用于理解发明。（条约7）

(4) 摘要是说明书、权利要求书和附图所包含的公开内容的概要。（细则8）

(5) 请求书、说明书、权利要求书和摘要中不允许有附图。[细则11.10（a）]

(6) 说明书、权利要求书和摘要可以包括化学式或数学式。[细则11.10（b）]

(7) 说明书和摘要可以包括表格；任何权利要求只有在其主题需要利用表格来限定时，才能包括表格。[细则11.10（c）]

典型的国际申请程序流程参见图1-2-1。

---

❶ 请求书由国际局统一制定，2004年以前每半年更新一次，2004年以后适时更新。申请人可以从国际局网站上下载中英文版的请求书。

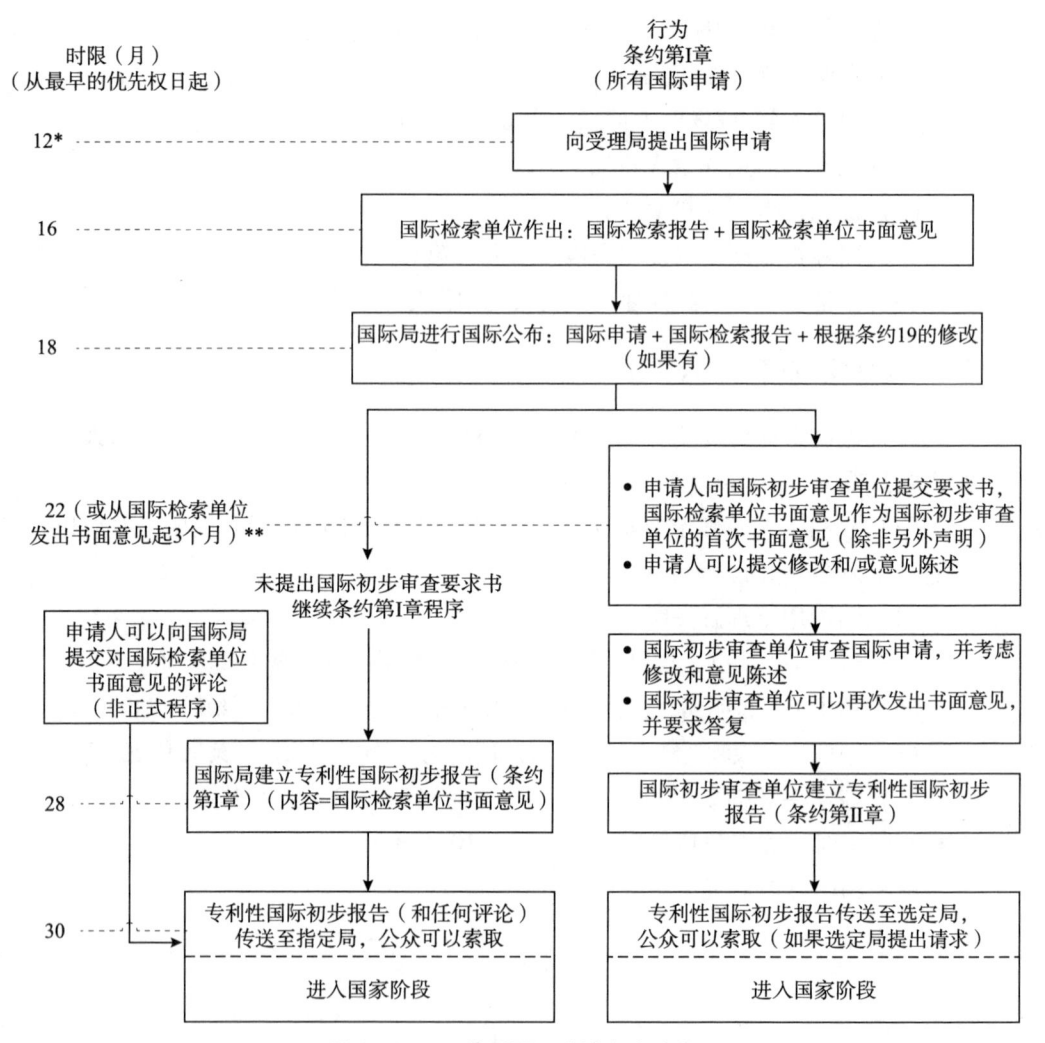

```
时限（月）                              行为
（从最早的优先权日起）                  条约第Ⅰ章
                                     （所有国际申请）

12* ----------------------→  向受理局提出国际申请
                                        ↓
16  ----------------------→  国际检索单位作出：国际检索报告 + 国际检索单位书面意见
                                        ↓
18  ----------------------→  国际局进行国际公布：国际申请 + 国际检索报告 + 根据条约19的修改
                                        （如果有）
                                        ↓
                         ┌──────────────┴──────────────┐
                         ↓                             ↓
22（或从国际检索单位       未提出国际初步审查要求书      • 申请人向国际初步审查单位提交要求书，
发出书面意见起3个月）**    继续条约第Ⅰ章程序              国际检索单位书面意见作为国际初步审查
                                                        单位的首次书面意见（除非另外声明）
                                                      • 申请人可以提交修改和/或意见陈述

    ┌─────────────┐                                    ↓
    │申请人可以向国际局│                              • 国际初步审查单位审查国际申请，并考虑
    │提交对国际检索单位│                                修改和意见陈述
    │书面意见的评论  │                                • 国际初步审查单位可以再次发出书面意见，
    │（非正式程序）  │                                  并要求答复
    └─────────────┘                                    ↓
28  ---------------→  国际局建立专利性国际初步报告（条约    国际初步审查单位建立专利性国际初步
                      第Ⅰ章）（内容=国际检索单位书面意见）  报告（条约第Ⅱ章）
                                        ↓                              ↓
30  ---------------→  专利性国际初步报告（和任何评论）      专利性国际初步报告传送至选定局，
                      传送至指定局，公众可以索取            公众可以索取（如果选定局提出请求）
                      ─────────────────────────          ─────────────────────────
                              进入国家阶段                        进入国家阶段
```

图1-2-1　典型国际申请程序流程

* 如果国际申请在自优先权日起12个月之后但在优先权期限届满后2个月内提出，则可以按规定请求恢复优先权。

** 指定对于条约22作出保留国家的申请人必须在19个月期限届满前提出国际初步审查要求书。

第 2 部分　受理审查阶段

　　受理局依据条约和细则的规定对国际申请进行检查和处理。受理局的主要工作是接收国际申请，并进行国家安全审查、受理条件审查和形式审查。条约、细则和规程是受理局执行国际申请审查工作的法律文件，《PCT 受理局指南》是受理局执行国际申请审查工作的指导性文件。

第1章 绪　　言

1. 国际申请的接收

目前，国家知识产权局作为受理局接收申请人通过专利业务办理系统（网页版和客户端版）、面交或邮寄提交的国际申请文件和其他文件，其中专利业务办理系统用于电子形式文件的制作提交，面交和邮寄用于纸件形式文件的提交。

以口头、电话、实物等形式提交的文件不具有法律效力。

1.1 专利业务办理系统

专利业务办理系统可以提交发明专利申请、实用新型专利申请、外观设计专利申请、PCT 国际专利申请、外观设计国际申请、PCT 进入国家阶段申请，提交专利复审、无效宣告请求，电子接收专利局发出的各类通知书、决定和其他文件，缴纳专利费用，办理专利法律手续及专利事务服务等业务。

申请人可使用专利业务办理系统中的 PCT 电子申请系统办理 PCT 国际专利申请业务。该系统提供网页版（见图 2-1-1）和客户端（见图 2-1-2），系统基本任务包括：（1）在申请人、代理机构与专利局之间，实现在线电子申请的递交、发文、查询等，构建一个高效、互动、准确的电子申请平台。（2）与专利局内各审查子系统之间建立联系，适应电子申请的业务需要及专利局内部无纸化审查的发展需要。申请人、代理机构可通过网页版和客户端提交 PCT 新申请和中间文件，专利局服务器接收到文件之后会自动将新申请或中间文件的基本信息及实体导入内部审查系统中。

图 2-1-1　PCT 电子申请系统网页版界面

图 2-1-2　PCT 电子申请系统客户端界面

提交文件时，申请人应当使用数字证书对其进行验证并加密。提交文件成功后，客户端将自动同步接收电子回执，电子回执记载文件的收到日。

1.2 面交或邮寄

申请人可以通过面交或邮寄两种方式提交纸件形式的国际申请文件和其他文件。通过面交或邮寄方式提交的文件，以文件到达受理局之日为收到日。受理局在收到国际申请文件后，发出"收到据称为国际申请的文件的通知书"（PCT/RO/125 表）确认收到国际申请并告知收到日；对于其他文件，受理局不发出确认收到的通知。

面交地址：北京市海淀区蓟门桥西土城路 6 号国家知识产权局专利局受理大厅（PCT 窗口）。需要注意的是，地方代办处不接收国际申请的相关文件。

邮寄地址：北京市海淀区蓟门桥西土城路 6 号国家知识产权局专利局受理处 PCT 组，邮编 100088。

2. 申请文件审查前的处理

2.1 给出国际申请号

对于以面交或邮寄方式提交的国际申请，受理局记录文件收到日，给出国际申请号并发出"收到据称为国际申请的文件的通知书"（PCT/RO/125 表）。

对于通过电子方式提交的申请，受理局服务器在收到全部申请文件后，自动给出国际申请号并记录收到日，同时以电子回执的方式告知申请人相关信息。

国际申请号的格式：PCT/2 位数国别代码+4 位数年份/6 位数流水号。

对于国家知识产权局作为受理局受理的 PCT 申请，6 位数流水号分为以下两种情况：

➢ 纸件申请：流水号自 000001 开始自小到大排序
➢ 电子申请：流水号自 070001 开始自小到大排序

例如：2024 年国家知识产权局作为受理局收到的 PCT 申请，申请号为 PCT/CN2024/000001（纸件）或 PCT/CN2024/070001（电子）。

2.2 著录项目信息的采集和校对

受理局在对申请文件审查前将进行著录项目信息的采集和校对。

纸件提交的国际申请由受理局审查员进行人工采集和校对。为保证准确性，采用"双采双校"模式，即由两名受理局审查员分别进行著录项目信息采集，再分别由审查系统进行一次机器校对，由受理局审查员进行一次人工校对。电子提交的国际申请由审查系统自动进行著录项目的采集。

2.3 文件电子化

受理局对所有申请文件按照标准格式进行电子化处理，主要包括扫描和代码化加工。

扫描：纸件形式的文件经人工扫描后录入审查系统，电子形式的文件自动将原始数据导入审查系统。

代码化加工：代码化加工是将说明书、权利要求书、摘要以及附图（如果有的话）等的文字部分加工为 XML 格式。其中纸件形式及图形格式的电子形式文件由受理局进行人工代码化加工后导入审查系统，XML 格式的电子申请自动将原始数据导入审查系统。

第 2 章　国家安全审查

根据《专利法》及其实施细则的规定，任何单位或者个人将在中国完成的发明或者实用新型向外国申请专利的，应当事先报经国务院专利行政部门进行保密审查。向国家知识产权局提交专利国际申请的，视为同时提出了保密审查请求。

国家知识产权局作为受理局，根据上述法律法规的要求，对受理的国际申请进行国家安全审查。

1. 国家安全审查通过

当国际申请不涉及国家安全时，受理局审查员作出"国家安全审查通过"结论，案卷自动转至受理局审查系统继续进行受理条件审查等后续工作。

2. 国家安全审查未通过

当国家安全许可被拒绝或者在优先权日起 13 个月未获得（并且看来不能获得）通过时，受理局审查员作出"国家安全审查未通过"结论，并发出"因国家安全原因不再传送登记本和检索本的通知书"（PCT/RO/147 表），不再向国际局及国际检索单位传送登记本和检索本。

3. 审查结论待定

当不能确定申请是否涉及国家安全时，受理局将组织专家进行评审，在审查系统中作出待定的审查结论，暂不传送登记本和检索本。受理局审查员最晚应当在自优先权日起 17 个半月之内作出国家安全审查结论,并将该结论记录在审查系统中。

3.1 随后的国家安全审查结论为"通过"

当随后的国家安全审查结论为"通过"时,案卷转至受理局审查系统继续进行受理条件审查等后续工作。审查合格后,登记本传送至国际局,检索本传送至国际检索单位。

3.2 随后的国家安全审查结论为"不通过"

当随后的国家安全审查结论为"不通过"时,受理局审查员发出"因国家安全原因不再传送登记本和检索本的通知书"(PCT/RO/147 表),并且不再向国际局及国际检索单位传送登记本和检索本。

第 3 章 受理条件审查

在受理局受理条件审查中，常用的通知书如下：

PCT/RO/103　改正据称的国际申请的通知书

PCT/RO/104　关于据称的国际申请不能作为和将不作为国际申请的通知书

PCT/RO/105　国际申请号和国际申请日通知书

PCT/RO/145　提交说明书或权利要求书或相关部分的译文和缴纳后提交费（如果适用）的通知

PCT/RO/151　向作为受理局的国际局传送据称的国际申请的通知书和缴费通知

1. 确定国际申请日的条件

国家知识产权局作为主管受理局，确定国际申请日的条件应满足条约 11(1) 的要求。

受理局应以收到国际申请文件之日作为国际申请日，但以该局在收到申请时认定该申请符合下列要求为限：

（ⅰ）申请人并不因为居所或国籍的原因而明显缺乏向该受理局提出国际申请的权利；

（ⅱ）国际申请是用规定的语言撰写；

（ⅲ）国际申请至少包括下列项目：

　（a）说明是作为国际申请提出的；

　（b）至少指定一个缔约国；

　（c）按规定方式写明的申请人的姓名或者名称；

　（d）有一部分表面上看像是说明书；

（e）有一部分表面上看像是一项或几项权利要求。[条约 11（1）]

1.1 提出国际申请的权利

根据条约 11（1）的要求，受理局审查员首先审查申请人是否有权向作为受理局的国家知识产权局提交国际申请，即至少一个申请人的国籍或居所为中国。当没有任何一个申请人的国籍或居所是中国时，国家知识产权局不作为国际申请的主管受理局，申请文件将传送给作为受理局的国际局，处理方式参见第 2 部分第 3 章第 5 节"不作为国际申请的主管受理局时的处理"。

1.2 国际申请使用的语言

受理局审查员应审查国际申请是否使用中文或英文之一撰写。如果出现说明书和/或权利要求书使用中文和英文混合提交的情形，在确定申请日后，应当通知申请人改正（PCT/RO/145 表）。需要注意，为了确定国际申请日，仅需检查说明书（不含序列表）和权利要求书是否使用规定的语言撰写。当说明书和权利要求书未使用规定的语言撰写时，国家知识产权局不作为国际申请的主管受理局，申请文件将传送给作为受理局的国际局，处理方式参见第 2 部分第 3 章第 5 节"不作为国际申请的主管受理局时的处理"。

1.3 其他最低要求

受理局审查员应审查据称的国际申请是否包含：
（1）作为国际申请提出的说明。对于纸件申请，该说明已印刷在请求书表格中。对于电子申请，该说明在制作请求书表格时自动生成。
（2）申请人的姓名或名称。为确定申请日，仅需检查请求书是否填写了"申请人"一栏即可（即能够确认申请人的身份）。
（3）看来是说明书的部分。
（4）看来是一项或几项权利要求的部分。

如果不包含上述内容之一，受理局审查员应发出"改正据称的国际申请的通知书"（PCT/RO/103 表），通知申请人根据条约 11（2）提供必要的改正。

2. 给出国际申请日

如国际申请满足条约 11（1）的全部要求，则申请文件的实际收到日确定为国际申请日。

受理局审查员应尽快将"国际申请号和国际申请日通知书"（PCT/RO/105 表）发送申请人。需要注意的是，若国家安全审查状态为待定，应在通知书中勾选"尚未获得必要的国家安全审查许可"一项。

3. 不满足条约 11（1）缺陷的处理

如果国际申请未满足条约 11（1）的全部要求，受理局审查员应发出"改正据称的国际申请的通知书"（PCT/RO/103 表），通知申请人根据条约 11（2）提供必要的改正，对于缺少说明书和/或权利要求书的情况，也可以通知申请人根据细则 4.18 通过确认援引加入遗漏项目（说明书或权利要求书）的方式对缺陷进行改正。

3.1 改正的期限

对于不满足条约 11（1）的缺陷，改正的期限为：

（1）对于发出"改正据称的国际申请的通知书"（PCT/RO/103 表）的，自发文日起 2 个月；

（2）对于没有发出"改正据称的国际申请的通知书"（PCT/RO/103 表）的，自首次收到据称的国际申请之日起 2 个月。

需要注意的是，（1）（2）中所述的期限不能延长。

如果答复"改正据称的国际申请的通知书"（PCT/RO/103 表）的期限（自发文日起 2 个月）超过自优先权日起 12 个月，则受理局审查员应在发出"改正据称的国际申请的通知书"（PCT/RO/103 表）时勾选相应的方框，即"该通知答复的期限届满迟于最早的优先权日起 12 个月。因此，任何根据条约 11（2）作出的改正在 12 个月期限届满后到达受理局，为了 PCT 程序的目的可能会导致优先权被视为无效［细则 26 之二.2（b）］。除非国际申请是自最早的优先权日起 14 个月内提交的 [细则 26 之二.2（c）（iii）]"，以便将可能超期的情况通知申请人。

如果在"改正据称的国际申请的通知书"（PCT/RO/103 表）发文日起 2 个月届满之后，但在发出"关于据称的国际申请不能作为和将不作为国际申请的通知书"（PCT/RO/104 表）之前，受理局收到必要的改正或书面意见确认援引加入遗漏项目，应认为所述改正或者书面意见是在该期限内收到的。

3.2 改正的处理

3.2.1 通过后提交遗漏项目的方式进行必要的改正

如果申请人在规定的期限内通过后提交遗漏项目的方式来满足条约 11（1）的要求，受理局审查员以收到改正之日作为国际申请日，具体操作参照第 2 部分第 3 章第 2 节"给出国际申请日"。关于通过后提交遗漏项目的详细处理，参见第 2 部分第 7 章第 2 节"遗漏项目的处理"。

对于那些要求了优先权，而改正后的国际申请日是自（最早的）优先权日起 12 个月之后的国际申请，参照第 2 部分第 5 章"优先权审查"的相关情形处理。

3.2.2 通过援引加入遗漏项目的方式进行的改正

如果申请人在规定的期限内通过确认援引加入遗漏项目的方式来满足条约 11（1）的要求，受理局审查员应发出通知（PCT/RO/114 表）确认所遗漏项目包含在在先申请中，同时将收到国际申请文件之日确定为国际申请日，具体操作参照第 2 部分第 3 章第 2 节"给出国际申请日"。关于援引加入遗漏项目的详细处理，参见第 2 部分第 7 章第 2 节"遗漏项目的处理"。

4. 不能给予国际申请日情况的处理

如果在规定的期限内，受理局没有收到申请人关于条约 11（1）所述缺陷的改正或者收到的改正仍不能满足条约 11（1）的要求，或者缺陷不能通过援引加入遗漏项目的方式克服，当期限届满后，受理局审查员应作如下处理：

(1) 理论上，受理局审查员应在已经标注国际申请号的所有文件上删除国际申请号中的字母"PCT",同时在任何与据称的国际申请有关的后续信件中也不再带上述字母的号码。实践中,由于受理局审查员在上述情况下并不就申请文件进行"PCT"字样的标注,因此无须再行删除,仅需确认该申请不作为国际申请即可;

(2)通知申请人(PCT/RO/104 表),该申请将不作为国际申请处理,并将该通知书的副本传送给国际局;

(3)应国际局要求传送登记本,且保存据称的国际申请文件和与其有关的信件;

(4)退还已经收到的国际申请费和/或检索费。

5. 不作为国际申请的主管受理局时的处理

如果据称的国际申请没有任何一个申请人的国籍或居所是中国,或者撰写据称的国际申请所使用的语言不是中文或英文,则国家知识产权局将不作为主管受理局受理该国际申请,受理局审查员应作如下处理:

(1)在审查系统中记载实际收到日;

(2)通知申请人将据称的国际申请传送给作为受理局的国际局(PCT/RO/151 表);

(3)将 PCT/RO/151 表的副本和据称的国际申请文件一起传送给国际局,除非由于国家安全的原因该申请不能传送;

(4)退还已经收到的国际申请费和/或检索费。

第 4 章　形式审查

受理局形式审查中，常用的通知书如下：

PCT/RO/106　通知改正国际申请中的缺陷
PCT/RO/107　有关遗漏部分或者错误提交项目或部分的通知
PCT/RO/108　通知提出更正请求
PCT/RO/109　关于更正请求的决定的通知书
PCT/RO/110　改正优先权要求和/或请求恢复优先权要求的通知书
PCT/RO/111　关于优先权要求的通知书
PCT/RO/112　关于国际申请中不得使用的词语等的通知书
PCT/RO/114　确认援引项目或部分决定的通知书
PCT/RO/126　关于不以援引的方式加入后提交页的通知书
PCT/RO/129　关于请求恢复国际申请日的通知书
PCT/RO/132　无其他可适用表格时的通知书
PCT/RO/146　关于依职权进行某些改正的通知书
PCT/RO/156　改正请求书中按照细则 4.17 所作声明的通知
PCT/RO/158　拒绝恢复优先权请求和/或提交声明或其他证据的通知
PCT/RO/159　关于恢复优先权请求决定的通知

1. 依据细则 11 的形式审查

在确定国际申请日之后，受理局审查员对国际申请进行形式审查。

受理局审查员审查国际申请是否符合细则 11 规定的形式要求：

（1）请求书、说明书、权利要求书、摘要、说明书的序列表部分是打字或印刷的；

（2）说明书和权利要求书的文字内容没有分栏、歪斜、修改标记等情况；

（3）说明书、权利要求书和摘要不包含附图，但可以包含化学式、数学式和/或表格；

（4）满足细则 11 涉及的其他形式要求。

如果国际申请中存在不符合细则 11 规定的形式要求，受理局审查员通知（PCT/RO/106 表）申请人在规定的期限（不少于发文日起 2 个月）内改正，并将通知书副本送达国际局，必要时送达国际检索单位。

2. 请求书（PCT/RO/101 表）的形式审查

受理局审查员审查请求书是否使用正确的 PCT/RO/101 表。如果不符合该要求或相关内容填写不完整，应通知申请人在规定的期限内改正（PCT/RO/106 表）。

2.1 申请人或代理人的档案号

档案号是为了方便申请人或代理人识别和管理国际申请，由申请人或代理人填写入请求书中的内容。档案号可以由拉丁字母或者阿拉伯数字或者两者共同组成，其长度不得超过 25 个字符。

一般来说，同一代理机构在提交不同申请文件时，应使用不同的档案号。当同一代理机构使用相同档案号提交国际申请时，受理局审查员可在与代理机构确认的情况下，依职权修改档案号。

2.2 发明名称

国际申请在请求书第 I 栏和说明书首页开头均指明发明名称，且两处指明应一致。细则 4.3 中规定，发明名称应当简短（用英文或者译成英文时，最好是 2～7 个词）和明确。但在受理局审查时，通常不需要审查发明名称是否简短明确。若发明名称不能够较好地表明发明主题，可由国际检索单位审查员在制定国际检索报告时进行修改。

如果国际申请未写明发明名称，受理局审查员通知申请人在规定的期限内改正该缺陷（PCT/RO/106 表），并把通知书副本传送给国际局和国际检索单位。

如果发明名称仅在请求书中写明而未在说明书首页上写明,或者情况相反,或者请求书与说明书发明名称不一致,受理局审查员应通知申请人在规定的期限内改正发明名称(PCT/RO/106 表),并把通知书副本传送给国际局和国际检索单位。其中对于发明名称存在拼写错误的,可以通知申请人提交明显错误更正请求(PCT/RO/108 表)。在与申请人沟通确认的情况下,受理局审查员也可对发明名称中的拼写错误依职权修改。

2.3 申请人和发明人

2.3.1 申请人和/或发明人身份

在确定申请人和/或发明人身份时,受理局审查员审查:

(1)第Ⅱ和第Ⅲ栏中,同一人是否仅被写明一次;

(2)当第Ⅲ栏续页填写内容时,右边三个方格之一是否作出标记(针对纸件申请);

(3)发明人是否为自然人。

如上述审查项不符合要求,受理局审查员通知申请人在规定的期限内改正(PCT/RO/106 表),或者在经核实的情况下,依职权修改该信息,并相应地通知申请人(PCT/RO/146 表)。

此外,若请求书未指明发明人,应发出 PCT/RO/132 表通知申请人改正。

2.3.2 姓名(或名称)和地址

受理局审查员审查姓名(或名称)和地址内容时,应审查:

(1)自然人是否是按照"姓在前名在后"的方式撰写,且没有写出职务和学位;法人是否写出其正式全称。

(2)地址是否包括所有有关的行政区划名称、门牌号码、邮政编码(如果有的话)。

(3)如果姓名(或名称)和地址是中文书写的,是否音译或意译成英文,以及上述音译/意译是否正确。

当(1)(2)(3)审查结论之一是否定时,应通知申请人在规定的期限内改正(PCT/RO/106 表)。适用时,也可以依职权修改,例如,姓名或名称可以依职权进行音译或意译的修改。

具体操作中，若受理局审查员针对此部分依职权修改，除在请求书中作出必要的标注并制作 PCT/RO/146 表，还需要在审查系统中修改相应的著录项目信息。

2.3.3 国籍和居所

审查国籍和居所时，受理局审查员应审查：

（1）申请人是否写明其国籍和居所。如果未写明国籍，应通知申请人在规定的期限内改正（PCT/RO/106 表）。如果未写明居所，受理局审查员可以推定其与地址中写明的国家相同，依职权添加相应信息，并相应地通知申请人（PCT/RO/146 表）。

（2）国籍和/或居所是否使用国家全称、公认的简称或者 WIPO 标准 ST.3 中的双字母代码。如果不符合要求，可以依职权进行修改，并相应地通知申请人（PCT/RO/146 表），也可以通知申请人改正该缺陷（PCT/RO/106 表）。

需要说明的是，仅仅是发明人的自然人，不需要任何有关国籍和/或居所的说明。因此，在请求书中有关于仅仅是发明人的国籍和/或居所的说明时，受理局审查员可以依职权删除该信息，并相应地通知申请人（PCT/RO/146 表）。

2.3.4 指　定

所有申请人的指定国集合应一般包含全部 PCT 缔约国。

所有申请人的指定国集合未包含全部 PCT 缔约国时，受理局审查员可以提醒申请人在规定的期限内改正（PCT/RO/132 表）。

2.3.5 电子邮件授权

如果申请人选择了通过电子邮件授权"作为随后纸件通知书的预送本"，或者"仅使用电子形式（随后将不邮寄纸件通知书）"的接收，受理局审查员应对电子邮件地址进行审查：如果未填写电子邮件地址，或者所填写的电子邮件地址明显不符合电子邮件地址形式规范的，应通知申请人在规定的期限内改正（PCT/RO/106 表）。如果申请人填写了电子邮件地址但未勾选具体授权类型，应通知申请人在规定的期限内予以明确（PCT/RO/106 表）。

2.4 代理人或共同代表、通信地址

受理局审查员审查请求书第Ⅳ栏"代理人或共同代表；或通信地址"处填写是否正确。审查是否按规范写明代理机构、共同代表或通信地址中的名称（或姓名）和地址（写法参见本节2.3）、电话、传真和代理人登记号。如果没有写明，通知申请人在规定的期限内改正（PCT/RO/106表）。如果此栏进行了填写，但未作相应勾选，可以由受理局审查员依职权修改，并相应地通知申请人（PCT/RO/146表）。

此栏针对不同勾选，特殊说明如下。

2.4.1 代理人

国家知识产权局作为受理局，代理人栏应当填写依法设立的专利代理机构，而不是具体的代理人个人。因此，如果请求书中勾选了"代理人"，该代理人应当是依法设立的代理机构，受理局审查员应核实该代理机构是否记录在国家知识产权局发布的《专利代理机构以及分支机构名册》中。

需要注意的是，关于委托，应满足《专利法》第18条的规定，在中国没有经常居所或者营业所的外国人、外国企业或者外国其他组织在中国申请专利和办理其他专利事务的，应当委托依法设立的专利代理机构办理。中国单位或者个人在国内申请专利和办理其他专利事务的，可以委托依法设立的专利代理机构办理。

如果此栏填写了代理人，但实际所填写的并非具有职业资格的代理机构，可以依职权修改认定为通信地址，并相应地通知申请人（PCT/RO/146表）。同时，还应当注意：

（1）中国内地的单位或者个人提交PCT国际申请时，或者作为代表人与其他申请人共同申请的，可以委托专利代理机构办理，也可以自行办理。

（2）在中国内地没有经常居所或者营业所的香港、澳门或者台湾地区的申请人单独提交PCT国际申请的，或者作为代表人与其他申请人共同申请的，应当委托专利代理机构办理。若不委托依法设立的代理机构，该国际申请将被视为撤回。

（3）在中国内地没有经常居所或者营业所的外国人、外国企业或者外国

其他组织在中国单独提交 PCT 国际申请的，或者作为代表人与其他申请人共同申请，应当委托专利代理机构办理。若不委托依法设立的代理机构，该国际申请将被视为撤回。

在规定的期限内未收到申请人的答复意见，或者期限届满时答复意见仍不合格时，申请人有中国单位或者个人的，将其作为联系人继续后续流程；否则，应发出 PCT/RO/117 表，宣布该国际申请被视为撤回。

2.4.2 共同代表

如果请求书中勾选了"共同代表"，受理局审查员应当核实该人是否是申请人之一。如果勾选的是共同代表但实际并非申请人之一，可以依职权修改认定为通信地址，并相应地通知申请人（PCT/RO/146 表）。

2.4.3 通信地址

如果未指定代理机构或填写共同代表，申请人可以填写专门的通信地址作为纸件通知书的接收地址。对于纸件申请，如果该栏填写的内容是通信地址的，申请人应在纸件请求书的对应选项框勾选；对于电子申请，申请人在填写地址的自动勾选对应选项框。

2.5 指　　定

当在第Ⅵ栏中要求了德国、日本和韩国三个国家的优先权时，受理局审查员审查请求书第Ⅴ栏是否标记排除了德国、日本和韩国三个国家的指定。

如果申请时请求书中标记排除了这三个国家，但是没有要求相应的优先权，依职权删除第Ⅴ栏的事项，并及时通知申请人和国际局（PCT/RO/146 表），也可发出通知书要求申请人改正（PCT/RO/132 表）。

2.6 优先权要求

2.6.1 优先权审查

关于请求书中优先权要求的审查，详见第 2 部分第 5 章第 1 节"优先权要求"。

受理局审查员应当审查以下事项：

（1）在先申请是否是在或向《保护工业产权巴黎公约》成员国提出的，或者是在或向非成员国的任何世界贸易组织成员提出的。

（2）优先权要求是否包含了在先申请日期、在先申请的申请号和在先申请提交的国家/地区专利局/PCT受理局的名称。当缺少在先申请提交的国家/地区专利局/PCT受理局的名称，或者该名称与优先权文件中的相应事项不一致时，只要掌握的信息足以作出指明或改正（例如，从优先权文件中得到），就可以依职权补充或改正（PCT/RO/146表）。

（3）提出在先申请的日期是否在国际申请日前的12个月期限之内。

如果对优先权的审查结论是否定的，应通知申请人在规定的期限内改正（PCT/RO/110表）。需要注意，如果国际申请日是在优先权期限届满后2个月内，应通知申请人提出优先权恢复的请求（PCT/RO/110表）。

2.6.2 优先权恢复

关于请求书中优先权恢复的审查，详见第2部分第5章第3节"优先权恢复"。

如果请求书中包含优先权恢复请求[第Ⅵ栏及补充栏1（v）项]，或申请人单独提交了该请求，应审查申请人是否：

（1）恢复优先权请求在优先权期限届满之日起2个月内提交；

（2）已经要求了在先申请的优先权；

（3）有关于未在优先权期限内提交国际申请的原因说明；

（4）缴纳了优先权恢复费用；

（5）提交了支持在优先权期限内没有提交国际申请的声明或证据（必要时）。

国家知识产权局作为受理局，接受"适当的注意"和"非故意的"两种标准。

如果对优先权恢复请求审查的结论是肯定的，应通知申请人恢复优先权（PCT/RO/159表）。

如果对优先权恢复请求审查的结论是否定的，应通知申请人相关缺陷（PCT/RO/158表），并详细写明理由，同时给申请人合理的期限答复意见。

2.7 国际检索单位、在先检索结果的利用和在先检索的情况

2.7.1 国际检索单位

此栏申请人填写其选择的国际检索单位。目前，国家知识产权局作为受理局，申请人可选择国家知识产权局（ISA/CN）或欧洲专利局（ISA/EP）❶ 作为国际检索单位。

2.7.2 主管国际检索单位

细则 4.1（b）（ⅳ）和 4.14 之二规定，如果关于国际申请有两个或两个以上执行国际检索任务的主管国际检索单位，必须用其全称或两个字母的代码将申请人选择的主管单位填写在规定的位置上。对于向国家知识产权局提交的 PCT 申请，申请人可以选择的主管国际检索单位详见国家知识产权局相关公告。

申请人向作为受理局的国家知识产权局提交 PCT 申请时，根据规定在请求书第Ⅶ栏填写主管国际检索单位。受理局审查员在审查请求书第Ⅶ栏时，应当审查是否正确填写了主管国际检索单位。如果填写得不符合规范，但受理局审查员可以根据填写内容判断主管国际检索单位的，可以依职权进行修改并相应地通知申请人（PCT/RO/146 表）；申请人未填写或受理局审查员不能确定国际检索单位的，应通知申请人改正（PCT/RO/132 表）。

2.7.3 在先检索结果的利用和在先检索的情况

如果申请人要求在全部或部分在先检索结果的基础上作出国际检索报告，受理局审查员应审查请求书第Ⅶ栏中是否作出相应的说明。

2.8 声　　明

对于声明的审查，参见第 2 部分第 6 章第 2 节"声明审查"。

2.9 清　　单

对于清单的内容，受理局审查员应审查：

---

❶ 指定欧洲专利局作为 PCT 国际检索单位试点项目，于 2020 年 12 月 1 日首次启动，目前该试点将继续延长至 2026 年 11 月 30 日。

（1）是否正确填写清单。如果没有，依职权作出必要的标注，并通知申请人（PCT/RO/146表）。

（2）国际申请文件的页数和所附的文件是否与清单中指明的一致。如果直至向国际局传送登记本时仍未收到清单中指明的随同国际申请一起提交的文件，应依职权删除清单中对该文件的说明；如果清单未指明事实上已经提交的所有文件，应依职权补充填写清单，并通知申请人（PCT/RO/146表）。

（3）关于序列表页数是否单独指明。

（4）是否指明提出国际申请的语言。如果没有指明或者指明的语言与实际提交语言不符，以说明书和权利要求书的语言为准，应依职权予以指明，并通知申请人（PCT/RO/146表）。

（5）指明的和摘要一起公布的附图是否包含在说明书附图中。如果指明的附图不包含在说明书附图中，应通知申请人改正（PCT/RO/132表）。

受理局审查员不需要检查申请人是否指明附图中的哪一幅图和摘要一起公布，但如果发现在国际申请正文中（例如在摘要的纸页上，或者在国际申请所附的单独的纸页上）有对摘要附图的明确指明，应审查该指明是否与清单中的指明一致。如果不一致，应通知申请人改正（PCT/RO/132表）；如果清单中没有包含对摘要附图的指明，需要依职权在请求书第Ⅸ栏中加入该指明，并通知申请人（PCT/RO/146表）。

2.10 申请人、代理人或共同代表签字或盖章

受理局审查员审查请求书第Ⅸ栏是否有申请人签字或代理机构盖章。如果申请人填写了签字人姓名和签字人身份，还需审查二者是否一致。

如不符合上述要求，应通知申请人在规定的期限内改正（PCT/RO/106表）。

2.11 附　　录

受理局审查员审查申请是否包括任何有关的附录。如果附录或附件是在国际申请日提交的，应要求申请人明确这些纸页是否作为国际申请的一部分（PCT/RO/132表）：

（1）如果作为申请的一部分，应清楚地标明并依职权重新编页，是否涉及费用。

(2) 如果不作为申请的一部分：

① 但需作为登记本的一部分，应随登记本一同传送给国际局；

② 且不作为登记本的一部分传送给国际局，应依职权修改附录信息。

3. 申请文件的形式审查

受理局审查员在对说明书、权利要求书、摘要、附图等申请文件进行形式审查时，应首先审查国际申请是否完整，审查内容如下：

（1）核实请求书的清单和文件的页数，以便确定文件清单中提及的页数与实际收到的页数是否一致；若文件清单中提及的页数与实际收到的页数不一致，受理局应以实际收到的页数为准，对请求书的清单作出依职权修改，并告知申请人和国际局（PCT/RO/146 表）。需要注意的是，计算国际申请费用时应以实际收到的页数作为缴费基础。

（2）核实全部的编页以及独立的纸页，以便确定申请文件是否有明显遗漏以及各部分是否清晰。

关于遗漏项目和/或部分的审查，参见第 2 部分第 7 章"遗漏项目/部分"。

除审查国际申请是否完整，受理局审查员还应对申请文件的说明书、权利要求书、摘要等内容进行形式审查。此外，如果受理局审查员发现，国际申请的文字内容含有细则 9 所述的不得使用的词语，则通知申请人删除（PCT/RO/112 表）。

3.1 说明书

（1）审查请求书清单，确认说明书的页数是否与清单中一致，若不一致且有明显差异，与申请人确认文件是否完整（PCT/RO/132 表）。

（2）审查说明书的文字和排版是否满足细则 11.9 的相关规定，如果不满足，则应通知申请人提交替换页（PCT/RO/106 表）。

（3）审查说明书内容，检查是否有明显错误，如有需要发出通知书告知申请人注意，必要时向国际检索单位审查员提交明显错误更正请求（PCT/RO/108 表）。

（4）审查说明书中的附图说明，确认附图说明中提及的附图与实际提交的附图是否一一对应。如果发现没有附图说明中提及的附图，或附图说明中提及的附图与实际提交的附图不一致，可分以下几种情况处理：

① 附图说明中提及的附图比实际提交的附图多，受理局审查员认为可能是涉及附图遗漏时，参照第 2 部分第 7 章第 3 节"遗漏部分的处理"审查处理。

② 附图说明中缺少对部分附图的说明，应发出通知说明这一情况（PCT/RO/132 表）。但说明书的其他部分有对该部分附图的说明，附图说明未在一处集中写明，不属于形式缺陷，也不应影响"说明书中包括附图说明"的肯定性判断。

③ 当确认说明书中确实缺少部分或全部附图说明，或附图说明有重复等情况时，受理局审查员应发通知告知国际局和申请人这一事实（PCT/RO/108 表或 PCT/RO/132 表）。若申请人主张在说明书中增加附图说明，则属于对说明书的实质性修改，受理局不予接受。申请人可依据细则 91 自优先权日起 26 个月内提出明显错误更正请求，表明该错误和错误的更正对主管单位来说均是明显的。对说明书的更正应由国际检索单位许可。国际检索单位审查员将发出"关于更正请求决定的通知书"（PCT/ISA/217 表）以决定是否许可更正。

3.2 权利要求书

（1）审查请求书清单，确认权利要求书的页数是否与清单中一致；

（2）审查权利要求书的文字和排版是否满足细则 11.9 的相关规定，如果不满足，则应通知申请人提交替换页（PCT/RO/106 表或 PCT/RO/132 表）；

（3）审查权利要求是否连续编号，如果没有连续编号，应通知申请人注意，必要时提交修改（PCT/RO/132 表）。

3.3 摘　　要

审查申请是否包含摘要。如果国际申请缺少摘要，应要求申请人提交所缺的摘要（PCT/RO/106 表），并通知国际局和国际检索单位。

3.4 附　　图

确认附图的页数是否与请求书清单中提及的一致，并审查说明书的附图说明中提及的附图是否与附图中的图一一对应。

如果说明书提及了附图，而实际没有附图或附图不完整，应发出通知书告知申请人附图遗漏（PCT/RO/107 表），具体参照第 2 部分第 7 章"遗漏项目/部分"审查处理。

审查附图的文字和排版是否满足细则 11.9 的相关规定，如果不满足，则需要通知申请人提交替换页（PCT/RO/106 表）。

3.5 核苷酸和/或者氨基酸序列表

关于核苷酸和/或者氨基酸序列表的审查，参见第 2 部分第 8 章第 1 节"随新申请提交的核苷酸和/或氨基酸序列表的审查"。

3.6 对保藏微生物或其他生物材料的记载

关于对保藏微生物或其他生物材料的记载的审查，参见第 2 部分第 9 章第 2 节"生物材料保藏的形式审查"。

4. 委托书的审查

如果申请人委托了代理机构或者共同代表，受理局审查员应审查国际申请是否提交申请人与代理机构签署的委托书、委托书中是否有委托人和被委托人签章、是否明确委托的范围包括 PCT 国际阶段，以及委托书中的发明名称是否与请求书和说明书中的一致。

如果上述审查结论之一是否定的，应通知申请人改正缺陷。如果是未提交委托书，应告知申请人相应缺陷（PCT/RO/106 表）；如果是有关委托书本身具体内容的缺陷，可进行说明（PCT/RO/132 表）。

5. 其他文件的处理

国家知识产权局作为受理局，可能收到除申请文件之外的其他文件。当收到其他文件时，受理局审查员应及时处理，必要时传给国际局和/或国际检索单位、国际初步审查单位。

第5章 优先权审查

1. 优先权要求

1.1 要求优先权的条件

如果请求书第Ⅵ栏包含一项或多项优先权要求,受理局应审查:

(1) 在先申请是否是向《保护工业产权巴黎公约》成员国提出的,或者是向非成员国的世界贸易组织成员提出的。

(2) 优先权要求是否包含以下事项(细则4.10):

① 当在先申请是国家申请时,提交在先申请的日期、在先申请号、向其提出在先申请的国家名称;

② 当在先申请是地区申请时,提交在先申请的日期、在先申请号、根据适用的地区专利条约有权授予地区专利的组织名称;

③ 当在先申请是国际申请时,国际申请日、国际申请号、向其提交在先申请的受理局。

(3) 提出在先申请的日期是否在国际申请日前的 12 个月期限之内。

需要注意的是,如果优先权期限的最后一日是主管局❶的法定假日或者是主管局不接受申请的日期,期限应顺延到主管局的下一个工作日。

1.2 不符合要求优先权条件时的处理

如果优先权要求不符合细则 4.10 的要求,或者优先权要求中的任何一个

---

❶ 细则96.2 (a) 规定:"为本条细则之目的,'主管局'应当指受理局(包括作为受理局的国际局)、国际检索单位、指定补充检索单位、国际初步审查单位或国际局。"

事项与优先权文件中的相应事项不一致，应通知申请人改正有关的优先权要求（PCT/RO/110 表），并将通知书的副本传送给国际局。如图 2-5-1 所示，选择 PCT/RO/110 表中的第 1 项。

如果国际申请日是在优先权期限届满后 2 个月内，应告知申请人可以提出对优先权进行恢复的请求（PCT/RO/110 表）。如图 2-5-1 所示，选择 PCT/RO/110 表中的第 2 项。

---

1. □ 通知申请人在下面指明的期限内向受理局提交一份通告以改正优先权要求中的缺陷，如附件 A 所示。
   本通知书的答复期限［细则 26 之二.1（a）］：
   ——自（最早的）优先权日起 16 个月内；或
   ——如果（最早的）优先权要求的改正或增加导致（最早的）优先权日改变，自变化后的（最早的）优先权日起 16 个月内，
   以先届满的期限为准，并且在任何情况下都确保此通告可以在自国际申请日起 4 个月届满之前提交。
   未在规定的期限内答复此通知，为 PCT 程序目的将导致涉及的优先权要求被视为无效。［细则 26 之二.2（b）］
2. □ 国际申请的申请日是在优先权期限届满之日 2 个月内（细则 2.4），通知申请人可在下面指明的期限内向受理局提出恢复优先权的请求，如附件 B 所示。
   请求恢复优先权的期限［细则 26 之二.3（e）］：
   ——在优先权期限届满之日 2 个月内

图 2-5-1　PCT/RO/110 表"不符合要求优先权条件"样页

当缺少在先申请提交的国家、地区专利局、受理局的名称，或者该名称与优先权文件中的相应事项不一致时，只要掌握的信息足以作出指明或改正（例如从优先权文件中得到），受理局就可以依职权补充或改正（PCT/RO/146 表）。

2. 优先权的改正、增加

2.1　期　　限

优先权改正或增加期限为自优先权日起 16 个月之内，或者如果所作的改正或增加将导致优先权日改变，期限是自改变了的优先权日起 16 个月内，以先届满的任一个 16 个月期限为准。但前提是，改正或增加优先权的请求可以

在自国际申请日期 4 个月届满之前提交。需要注意的是，如果改正或增加优先权要求的请求是在提前公布请求之后收到的，该改正或增加优先权要求的请求应视为未提交。[细则 26 之二.1（a）]

期限的比较方式为：如果改正或增加的优先权要求可能导致最早的优先权日发生变动，则自变动了的优先权日起 16 个月与原优先权日起 16 个月相比以先到期为准，再与国际申请之日起 4 个月相比，以后到期为准。

2.2 优先权的改正

如果所要求的优先权不符合有关优先权要求的规定，申请人可以主动或者通过答复通知书（PCT/RO/110 表）的方式改正优先权要求。

（1）如果申请人改正后的优先权要求满足相关规定，受理局应告知申请人改正后的优先权要求（PCT/RO/111 表），并把该通知书的副本传送给国际局和国际检索单位，见图 2-5-2。

通知申请人对国际申请中的优先权要求作如下处理。
1. ☒ 优先权要求的改正
    按照于_____收到的申请人的通告，下列优先权要求已被改正为：

优先权号	优先权日	国家/地区/受理局

□ 尽管未指明在先申请号。
□ 尽管下面优先权要求中的指明与优先权文件中的相应指明不同。
□ 尽管国际申请的申请日是在优先权期限届满之后，但是国际申请日在该优先权期限届满之日 2 个月内。

图 2-5-2　PCT/RO/111 表"申请人改正后的优先权要求满足相关规定"样页

（2）如果在规定期限内，申请人未提交改正优先权要求的答复，或者改正后的优先权要求仍然不满足相关规定，应告知申请人该优先权要求被视为无效（PCT/RO/111 表）。需要注意的是，当存在以下情形时，不能以优先权要求未满足相关规定而认为优先权要求无效：
① 未写明优先权要求的在先申请号；
② 优先权要求中的事项与优先权文件中的相应事项不一致；
③ 国际申请日晚于优先权期限届满日，但是国际申请日在自该届满日起

的 2 个月期限内。

（3）如果申请人提交的改正不符合细则 4.10 列举的要求，且规定的改正期限（自优先权日起 16 个月）尚未届满，应通知申请人改正缺陷或者改正剩余的缺陷（PCT/RO/110 表）。

如果在细则 26 之二.1（a）规定的期限届满前，申请人没有提交一份改正优先权要求的请求，除细则 26 之二.1（c）另有规定，该优先权要求应视为未提出（视为无效）。根据具体情况，受理局或者国际局应当作出上述宣布，并应相应地通知申请人。在受理局或者国际局根据具体情况作出上述宣布之前，并且在不迟于细则 26 之二.1（a）规定的期限届满日起 1 个月内，收到的任何改正优先权要求的请求应当被视为在期限届满前收到的，应认为符合期限要求。

如果申请人希望改正一项优先权要求，但是改正优先权的期限已届满，申请人可以在优先权之日起 30 个月届满前，并且缴纳由规程规定的特别费用后，要求国际局将有关信息公布。

2.3 优先权的增加

申请人可以在规定的期限内请求增加一项或者多项优先权要求，增加的优先权要求应符合细则 4.10 列举的要求。

如果增加后的优先权符合规定，受理局应通知申请人增加后的事项（PCT/RO/111 表），并把该通知书的副本、增加优先权的请求及请求书替换页的副本传送给国际局和国际检索单位，见图 2-5-3。

| 2. ☒ 优先权要求的增加 |||
| 按照于_____收到的申请人的通告，增加下列优先权要求： |||
优先权号	优先权日	国家/地区/受理局

☐ 尽管未指明在先申请号。
☐ 尽管下面优先权要求中的指明与优先权文件中的相应指明不同。
☐ 尽管国际申请的申请日是在优先权期限届满之后，但是国际申请日在该优先权期限届满之日 2 个月内。

图 2-5-3　PCT/RO/111 表 "增加的优先权符合规定" 样页

如果增加不符合细则 4.10 列举的要求，且规定的改正期限尚未届满，受理局应通知申请人改正缺陷或者改正剩余的缺陷（PCT/RO/110 表）。如果申请人在期限届满后要求增加优先权，应通知申请人不能增加该信息（PCT/RO/111 表）。但可以提醒申请人注意，申请人可以在自优先权日起 30 个月内并缴纳由规程规定的特别费用的情况下，请求国际局公布相关信息。

3. 优先权恢复

3.1 优先权恢复审查

如果 PCT 申请的国际申请日在优先权期限届满日之后，但是在该优先权期限届满日起的 2 个月内，申请人可以请求受理局恢复优先权。

优先权恢复请求的提交期限是优先权届满之日起 2 个月内，但是如果申请人已请求提前公布，则在国际公布技术准备完成之后提交的恢复请求应当被认为没有及时提交。

如果请求书中［请求书第Ⅵ栏及补充栏 1（v）项］或者单独的请求文件中收到了优先权恢复请求，应审查申请人是否：

（1）已经要求了优先权。

（2）合理期限内提交一份在优先权期限内没有提交国际申请原因的说明。

（3）缴纳了优先权恢复费用。缴费期限是优先权日届满之日起 2 个月内，受理局可以延长该期限至缴费期限届满后 2 个月。

（4）合理期限内提交支持在优先权期限内没有提交国际申请的声明或证据。国家知识产权局作为受理局，接受"适当的注意"和"非故意"两种标准。对于"非故意"标准，申请人仅需要说明并非故意在优先权期限内没有提交国际申请，不需要提供证据；对于"适当的注意"标准，申请人需要说明原因，并提交证据证明尽管采取了必要的措施，但是因某些合理的情况致使未能满足期限的要求。申请人请求恢复优先权应先考虑是否适用"适当的注意"的标准，如果实际情况不适用"适当的注意"标准，再考虑适用"非故意"标准。

如果对优先权恢复请求审查的结论是肯定的，应通知申请人恢复优先权（PCT/RO/159 表），并将副本传送至国际局。需要注意的是，当接受恢复时，需择一勾选恢复标准是"适当的注意"还是"非故意"，当恢复标准为"适当

第 5 章 优先权审查

的注意"时，还应在附件写明恢复理由。

如果对优先权恢复请求审查的结论是否定的，应通知申请人此缺陷（PCT/RO/158 表），并详细写明理由，同时给申请人合理的期限答复意见，见图 2-5-4。如果申请人在期限内答复并满足优先权恢复的要求，应告知申请人予以恢复优先权的结论（PCT/RO/159 表）。如果申请人期满未答复 PCT/RO/158 表，也应告知申请人拒绝恢复优先权的原因（PCT/RO/159 表），见图 2-5-5。

受理局已收到申请人提交的恢复优先权的请求： ☐ 在递交国际申请时包含在 PCT/RO/101 表中。 ☐ 于＿＿＿＿＿＿收到。 恢复优先权的请求涉及下列优先权：		
优先权号	优先权日	国家/地区/受理局
通知申请人受理局**拒绝或部分拒绝**其恢复优先权的请求，理由如下（如必要时，更完整的内容参见附件）： 1. ☐ 恢复优先权的请求未在细则 26 之二.3（e）*规定的期限内收到。 2. ☐ 国际申请的国际申请日在自该优先权期限届满日起的两个月之后［细则 26 之二.3（a）］。 3. ☐ 在国际申请中未包含在先申请的优先权要求［细则 26 之二.3（c）］。 4. ☐ 没有说明未能在优先权期限内提出国际申请的原因［细则 26 之二.3（b）（ⅱ）］。 5. ☐ 没有提供所要求的支持未能在优先权期限内提出国际申请的理由的必要证明和/或证据，或该必要证明和/或证据不充分［细则 26 之二.3（f）］。 6. ☐ 细则 26 之二.3（d）规定的有关恢复优先权的费用未缴纳或未缴足。 7. ☐ 未符合受理局适用的优先权恢复标准（合理理由和/或非故意的标准）的原因见本表格附件。 通知申请人： ☐ 从该通知书的发文日起算在＿＿＿＿＿＿月的期限内，提供记录、证据或声明［细则 26 之二.3（g）］。 ☐ 缴纳优先权恢复费 ☐ 根据细则 26 之二.3（e）*规定的期限 ☐ 根据细则 26 之二.3（e）*［细则 26 之二.3（d）］规定的期限届满后＿＿＿＿＿＿月的期限内。 ☐ 根据细则 26 之二.3（e）*［细则 26 之二.3（b）（ⅱ）］提交说明未在期限内提出国际申请的原因的说明。 ☐ 根据细则 26 之二.3（e）*［细则 26 之二.3（c）］在期限内增加优先权要求。 * 恢复优先权的请求是根据细则 26 之二.3（e）在优先权期限届满之日起两个月内提出，如果申请人同时根据条约 21（2）（b）要求提前公布其国际申请，根据细则 26 之二.3（a）、（c）和（d）应该在国际公布技术准备工作完成之前提出请求，即使是在两个月的期限届满之前。 ☒ 本通知副本同时传送国际局。		

图 2-5-4 PCT/RO/158 表"否定优先权恢复请求审查"样页

依据申请人的请求：			
□ 在递交国际申请时包含在 PCT/RO/101 表中，或			
□ 于_____收到恢复优先权的请求涉及下列优先权：			
优先权号		优先权日	国家/地区/受理局

受理局决定：
□ 依据下列标准予以**恢复优先权**，即对未能在优先权期限内提交国际申请的情况：
　　□ 附件所述"合理理由"的原因
　　□ "非故意的"　　□ 附件所述的原因
□ **拒绝恢复优先权**的请求，依据发文日为_____的拒绝恢复优先权请求和/或提交声明或其他证据的通知（PCT/RO/158 表）中提到的如下理由：
　1. □ 恢复优先权的请求未在细则 26 之二.3（e）规定的期限内收到。
　2. □ 国际申请的国际申请日在自该优先权期限届满月起的两个月之后［细则 26 之二.3（a）］。
　3. □ 在国际申请中未包含在先申请的优先权要求［细则 26 之二.3（c）］。
　4. □ 没有说明未能在优先权期限内提出国际申请的原因［细则 26 之二.3（b）（ii）］。
　5. □ 没有提供所要求的支持未能在优先权期限内提出国际申请的理由的必要证明和/或证据，或该必要证明和/或证据不充分［细则 26 之二.3（f）］。
　6. □ 细则 26 之二.3（d）规定的有关恢复优先权的费用未缴纳或逾期缴纳。
　7. □ 其他拒绝原因见本表格附件。
□ 受理局决定不传送下述文件或部分文件至国际局［细则 26 之二.3（h 之二）］：_____
□ 受理局考虑了申请人依据细则 26 之二.3（h 之二）提出的不传送文件或部分文件至国际局的请求，但是受理局仍然决定传送该文件或部分文件至国际局。
本通知副本同时传送国际局。

图 2-5-5　PCT/RO/159 表"告知申请人是否恢复优先权的请求"样页

3.2　优先权恢复证据的传送

通常情况下，受理局应将优先权恢复声明和证据传送至国际局。但是如果存在如下情况，不传送相关文件或者部分：

（1）该文件或部分明显不是为使公众了解国际申请的目的；

（2）公开或允许公众获得该文件或部分会明显损害任何人的个人或经济利益；并且

（3）没有更重要的公共利益需要获取该文件或部分。

如果受理局决定不传送相关文件或其部分，或者应申请人请求不传送相关文件或其部分，则应勾选 PCT/RO/159 表中"受理局决定不传送下述文件或部分文件至国际局［细则 26 之二.3（h 之二）］"，并在该选项后自由撰写处描述不传送的相关文件或其部分。如果申请人请求受理局不传送证据，但是经受理局审查认为不符合上述三种情况，则受理局仍然传送文件，并勾选 PCT/RO/159 表中"受理局考虑了申请人依据细则 26 之二.3（h 之二）提出的不传送文件或部分文件至国际局的请求，但是受理局仍然决定传送该文件或部分文件至国际局"。

4. 优先权文件副本

申请人应于优先权日起 16 个月内向受理局或者国际局提交优先权文件。但国际局在该期限届满后收到的任何优先权文件，如果是在国际申请的国际公布日之前到达国际局的，应认为国际局已在优先权日起 16 个月期限的最后一天收到。申请人有三种提交优先权文件的方式：

（1）申请人提交优先权文件

申请人主动提交优先权文件的，应当提交由提出在先申请所在的国家局/地区组织或受理局出具的认证副本。目前国家知识产权局作为受理局接受的认证副本的形式有两种：一种是带有绶带和印章钢印封面的纸质认证副本，另一种是带有绶带和印章钢印封面的光盘电子形式认证副本。两种形式的认证副本均应提交原件，目前不接受由申请人在线提交的优先权文件扫描文件。

如果受理局收到优先权文件，应审查请求书中的优先权事项是否与该文件中的相应事项一致：

① 如果一致，应尽快将优先权文件传送给国际局。

② 如果不一致或不完整，应要求申请人改正或提供这些事项（PCT/RO/110 表），并提醒申请人注意优先权改正的期限。同时，应把优先权文件和上述通知书副本一起传送给国际局。

（2）受理局制作优先权文件

如果在先申请是向中国提出的，即在先申请是向国家知识产权局专利局提出的国家申请，或者在先申请是国家知识产权局专利局作为受理局的 PCT 申请，那么申请人可以在缴纳优先权文件费的前提下，请求受理局制作优先权文件并直接传送给国际局。申请人可以通过标记 PCT/RO/101 表第Ⅵ栏的相应方框来请求受理局制作并传送优先权文件,也可以在请求书表格以外的文件(例如,单独的信函文件)中提出相应请求。

如果在先申请不是向国家知识产权局专利局提出的,但要求作为受理局的国家知识产权局准备优先权文件,受理局应发通知告知申请人。

(3)从数字图书馆获取优先权文件

申请人可以在请求书中填写或单独提供在先申请的数字查询服务(Digital Access Service)码(以下简称"DAS查询码"),请求国际局根据DAS查询码从数字图书馆获取在先申请文件。

第6章 声　　明

1. 国家要求的声明

为一个或多个指定国所适用的本国法的目的，请求书可以包括下述一项或多项按照规程规定的方式撰写的声明：

（1）细则51之二.1（a）（ⅰ）所述发明人身份的声明；

（2）细则51之二.1（a）（ⅱ）所述申请人有权在国际申请日申请并被授予专利的声明；

（3）细则51之二.1（a）（ⅲ）所述申请人在国际申请日有权要求在先申请优先权的声明；

（4）细则51之二.1（a）（ⅳ）所述应按照规程规定的方式签字的发明人资格的声明；

（5）细则51之二.1（a）（ⅴ）所述不影响新颖性的公开或丧失新颖性的例外的声明。

上述五种类型的声明均须采用规范的措辞。

1.1 发明人身份的声明

如果发明人的姓名和地址已在请求书中以其他方式写明，则不必作出该声明。

发明人身份的声明应采用以下措辞：

关于［本］［PCT／……］国际申请，

……地址的……（姓名）是［该］［本］国际申请所要求保护主题的发明人。

发明人身份的声明应采用上述规范措辞，如果措辞逻辑不当，受理局审查员应发出"改正请求书中按照细则 4.17 所作声明的通知"（PCT/RO/156 表）提示申请人。对于中文申请，填写的姓名和地址应该中英文对照书写。对于英文申请，用英文填写姓名和地址。

1.2　关于申请人有权在国际申请日申请并被授予专利的声明

关于申请人有权在国际申请日申请并被授予专利的声明应采用以下措辞，为解释申请人权利的需要，可以包括、省略、重复或重排下面所列事项。

关于［本］［PCT/……］国际申请，

……（姓名）由于下列情形有权提出申请并被授予专利：

（ⅰ）……地址的……（姓名）是［该］［本］国际申请所要求保护主题的发明人

（ⅱ）……（姓名）有权作为发明人……（发明人的姓名）的雇主

（ⅲ）……（姓名）与……（姓名）之间的协议，日期为……

（ⅳ）……（姓名）向……（姓名）的权利转让，日期为……

（ⅴ）……（姓名）对……（姓名）的同意，日期为……

（ⅵ）……（法院名称）发出的法院指令，执行从……（姓名）向……（姓名）的转让，日期为……

（ⅶ）通过……（转让类型）的方式从……（姓名）向……（姓名）的权利转让，日期为……

（ⅷ）从……（日期）起，申请人姓名/名称从……（姓名）变更为……（姓名）

申请人有权在国际申请日申请并被授予专利的声明应采用上述规范措辞，如果措辞逻辑不当，受理局审查员应提示申请人（PCT/RO/156 表）。对于中文申请，填写的姓名、法院名称、转让类型应该中英文对照书写。对于英文申请，用英文填写姓名、法院名称、转让类型。

1.3　关于申请人有权要求在先申请优先权的声明

关于申请人有权要求在先申请优先权的声明应采用以下措辞，为解释申请人权利的需要，可以包括、省略、重复或重排下面所列事项。

关于［本］［PCT/……］国际申请，

……（姓名）由于下列情形有权要求在先申请优先权：

（ⅰ）该申请人是在先申请所要求保护主题的发明人

（ⅱ）……（姓名）有权作为发明人……（发明人姓名）的雇主

（ⅲ）……（姓名）与……（姓名）之间的协议，日期为……

（ⅳ）……（姓名）向……（姓名）的权利转让，日期为……

（ⅴ）……（姓名）对……（姓名）的同意，日期为……

（ⅵ）由……（法院名称）发出的法院指令，执行从……（姓名）向……（姓名）的转让，日期为……

（ⅶ）通过……（转让类型）的方式从……（姓名）向……（姓名）的权利转让，日期为……

（ⅷ）从……（日期）起，申请人姓名从……（姓名）变更为……（姓名）

申请人有权要求在先申请优先权的声明应采用上述规范措辞，如果措辞逻辑不当，受理局审查员应提示申请人（PCT/RO/156 表）。对于中文申请，填写的姓名、法院名称、转让类型应该中英文对照书写。对于英文申请，用英文填写姓名、法院名称、转让类型。

1.4 关于发明人资格的声明

发明人资格的声明仅为指定美国而作出，应采用如下措辞：

发明人资格声明［细则4.17（ⅳ）和51之二.1（a）（ⅳ）］为指定美国目的：

我在此声明我相信我是本申请中要求保护的发明的原始发明人或者共同的原始发明人。

本声明是关于本国际申请的，且是本国际申请的一部分（如果本声明与国际申请一起提出）。

本声明是关于PCT/……号国际申请的（如果本声明是根据细则26之三提供的）。

我在此声明上述国际申请由我申请或由我授权他人申请。

我在此承认本申请中任何故意作假的声明将依据《美国法典》第18篇第1001条［United States Code（U.S.C.）］受到罚款或不多于五（5）年的监禁

或二者并罚的惩罚。

  姓名：……

  居所：……［城市，美国的州（如适用）或国家］

  邮寄地址：……

  发明人的签字：……（该签字必须是发明人的签字，而不是代理人的签字）

  日期：……

  发明人资格的声明应采用上述规范措辞，如果措辞逻辑不当，受理局审查员应提示申请人（PCT/RO/156 表）。对于中文申请，填写的姓名、居所、邮寄地址应该中英文对照书写。对于英文申请，用英文填写即可。

1.5　关于不影响新颖性的公开或缺乏新颖性的例外的声明

  关于不影响新颖性的公开或缺乏新颖性的例外的声明应采用以下措辞，必要时可以包括、省略、重复或重排下面所列事项。

  关于不影响新颖性的公开或缺乏新颖性的例外的声明［细则4.17（v）和51之二.1（a）（v）］

  关于［本］［PCT/……］国际申请，

  ……（姓名）声明，［该］［本］国际申请的主题曾被公开如下：

  （ⅰ）公开的种类（按适用的情况包括）：

    （a）国际展览会

    （b）公布

    （c）滥用

    （d）其他（请予说明）

  （ⅱ）公开的日期：……

  （ⅲ）公开的题目（在适用时）：……

  （ⅳ）公开的地点（在适用时）：……

  不影响新颖性的公开或缺乏新颖性的例外的声明应采用上述规范措辞，如果措辞逻辑不当，受理局审查员应提示申请人（PCT/RO/156 表）。如果是中文申请，填写的相关信息应中英文对照书写。如果是英文申请，用英文填写相关信息即可。

2. 声明审查

对于声明的内容，受理局审查员应审查：

（1）PCT/RO/101 表第Ⅷ栏关于声明的方框是否标记以及声明的份数是否正确填写；如果标记并填写，审查方框中指出的声明是否包含在第Ⅷ（ⅰ）至（ⅴ）栏及其续页中；如果没有正确地作出标记，或者声明的份数没有在该栏的右列中正确地指明，应依职权改正该方框或相关的指明，并通知申请人（PCT/RO/146 表）。

（2）是否所有发明人都在"发明人身份的声明"中签字并注明日期；发明人的签字可以在同一份声明中，也可以在多份声明中。

（3）声明是否使用规程规定措辞撰写。

（4）对于中文提交的国际申请，声明中涉及姓名或地址的内容，是否使用了中英文对照填写。

除此之外，受理局不对声明作进一步的审查，特别是不审查作出声明的人的姓名和地址与请求书表格第Ⅱ和第Ⅲ栏指明的申请人或发明人的姓名和地址是否一致，也不审查声明所适用的国家。

如果对于声明审查的结论是否定的，应要求申请人改正有关的声明（PCT/RO/156 表），并将通知书副本传送给国际局。

需要注意的是，受理局不能对声明依职权修改，例如，不能添加、改变或删除声明中的任何内容。

3. 声明的改正或增加

申请人可自优先权日起 16 个月内对声明进行改正或增加，应直接向国际局提交。国际局在上述期限届满后但在国际公布的技术准备工作完成之前收到声明的改正或增加的，将视为在优先权日期 16 个月期限的最后一天收到。如果受理局收到了声明的改正或增加，将不审查声明是否在期限内提交，也不审查声明是否符合要求，而是将声明直接传送至国际局。

第7章 遗漏项目/部分

1. 遗漏的定义

1.1 遗漏项目

说明书被遗漏和/或权利要求书被遗漏，即申请文件中不包含说明书和/或权利要求书，称为遗漏项目。

1.2 遗漏部分

说明书、权利要求书或者附图的一部分被遗漏，或者看似被遗漏，称为遗漏部分。

全部附图被遗漏应作为"遗漏部分"而非"遗漏项目"对待，因为根据条约11，附图不属于条约11（1）中所列的"项目"，附图应理解为说明书的一部分。

2. 遗漏项目的处理

2.1 通知申请人

如果国际申请遗漏项目，受理局应发出"改正据称的国际申请的通知书"（PCT/RO/103表），通知申请人根据条约11（2）提供必要的改正，或者根据细则4.18通过确认援引加入遗漏项目（说明书和/或权利要求书）的方式对缺陷进行改正，见图2-7-1。

第 7 章　遗漏项目/部分

该申请不符合条约11（1）规定的给出国际申请日的条件，通知申请人在上面指明的期限内改正据称的国际申请，理由如下：

视情况勾选
{
1. ☐ 申请人因居所和国籍的原因明显不具有向本受理局提出国际申请的权利[条约11（1）（i）和细则18及19]。
2. ☐ 说明书没有用要求的语言（规定语言之一）撰写，规定的语言是：_____[条约11（1）（ii）和细则12.1（a）及20.1（c）]。
3. ☐ 权利要求书没有用要求的语言（规定语言之一）撰写，规定的语言是：_____[条约11（1）（ii）和细则12.1（a）及20.1（c）]。
4. ☐ 申请没有说明是作为国际申请提出的[条约11（1）（iii）（a）和细则4.2]。
5. ☐ 申请没有按规定写明申请人的姓名或名称[条约11（1）（iii）（c）和细则20.1（b）]。
6. ☐ 申请从表面上看不像是说明书的部分[条约11（1）（iii）（d）和细则5]（参见附件）。
7. ☐ 申请从表面上看不像是一项或几项权利要求的部分[条约11（1）（iii）（e）和细则6]（参见附件）。
}

当第6和/或第7项适用时，通知申请人，在上面指明的期限内，申请人可以选择：

必须勾选 → ☒ （i）根据条约（1）（2）提交必要的改正；或

有优先权时应勾选 → ☐ （ii）根据细则20.6（a）确认，涉及条约11条（1）（iii）（d）和/或（e）的项目是根据细则4.18通过援引加入（详见附件）；
并且如果有意见，请说明。

注意：

必须勾选 → ☒ 除了根据细则20.6（b）遗漏部分被认为包含在国际申请中的情况以外，如果改正是在期限之内收到，国际申请日为改正收到之日，如果改正未在期限之内收到，该申请将不被认为是国际申请。

比较通知书届满日和优先权日，如果通知书届满日在优先权日起12个月后，应勾选，提示申请人 → ☐ 该通知答复的期限届满迟于最早的优先权日起12个月。因此，任何根据条约11（2）作出的改正在12个月期限届满后到达受理局，为了PCT程序的目的可能会导致优先权被视为的无效[细则26之二.2（b）]。除非国际申请是自最早的优先权日起14个月内提交的[细则26之二.2（c）（iii）]。

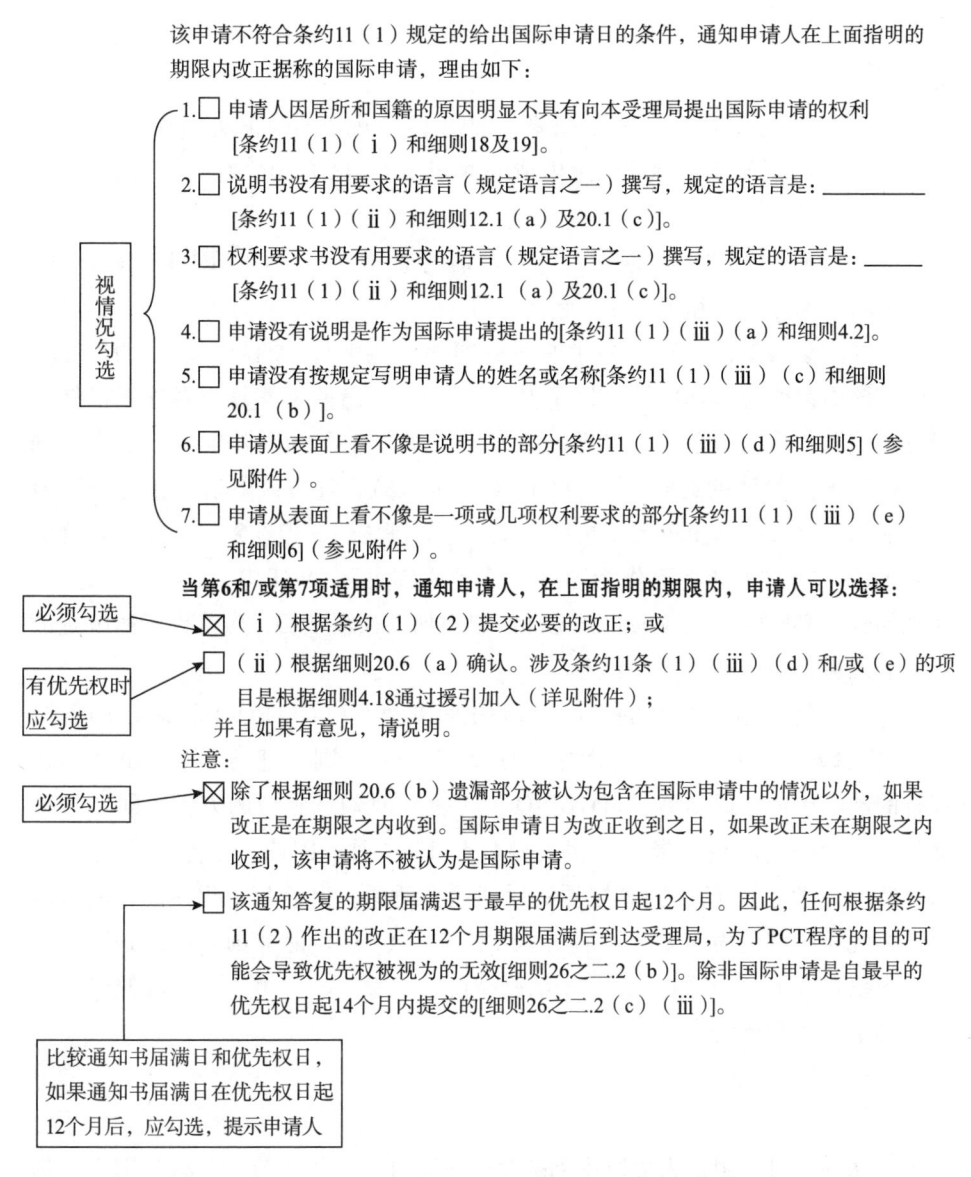

图 2-7-1　PCT/RO/103 表"通知申请人遗漏项目"样页

2.2 改正的期限

申请人可以应受理局发出的 PCT/RO/103 表提交改正文件，也可以主动提交改正文件。

对于不满足条约 11（1）的缺陷，细则 20.7 规定的改正期限为：

（1）发出"改正据称的国际申请的通知书"（PCT/RO/103 表）的，自发文日起 2 个月；

（2）没有发出"改正据称的国际申请的通知书"（PCT/RO/103 表）的，自首次收到据称的国际申请之日起 2 个月。

需要注意的是，（1）（2）中所述的期限不能延长。期限内改正的，受理局宣布该申请作为国际申请（PCT/RO/105 表）；逾期未答复或者答复仍然不能克服遗漏项目的缺陷的，受理局将发出"关于据称的国际申请不能作为和将不作为国际申请的通知书"（PCT/RO/104 表），宣布该申请不作为国际申请。如果在 PCT/RO/103 表发文日起 2 个月届满之后，但在发出"关于据称的国际申请不能作为和将不作为国际申请的通知书"（PCT/RO/104 表）之前，受理局收到必要的改正或书面意见确认援引加入遗漏项目，应认为所述改正或者书面意见是在该期限内收到的。

如果答复"改正据称的国际申请的通知书"（PCT/RO/103 表）的期限（自发文日起 2 个月）超过自优先权日起 12 个月，则受理局应在发出"改正据称的国际申请的通知书"（PCT/RO/103 表）时勾选相应的方框，即"该通知答复的期限届满迟于最早的优先权日起 12 个月。因此，任何根据条约 11（2）作出的改正在 12 个月期限届满后到达受理局，为了 PCT 程序的目的可能会导致优先权被视为的无效［细则 26 之二.2（b）］。除非国际申请是自最早的优先权日起 14 个月内提交的［细则 26 之二.2（c）（ⅲ）］"，以便将可能超期的情况通知申请人。

2.3 改正方式

遗漏项目时，申请人可以主动提交改正文件，也可以应 PCT/RO/103 表的要求提交改正文件。改正程序的主要流程如图 2-7-2 所示。改正包括"后提交遗漏项目"和"援引加入"两种方式。

第7章 遗漏项目/部分　　55

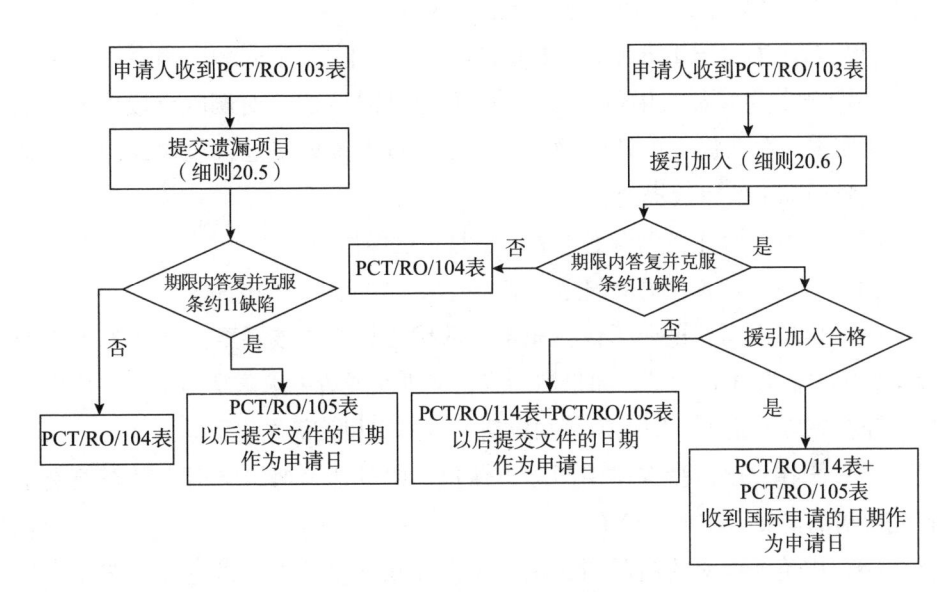

图 2-7-2　遗漏项目改正方式流程

2.3.1　后提交遗漏项目

如果申请人在细则 20.7 规定的期限内通过提交必要的改正满足了条约 11 (1) 的要求，受理局应以收到改正之日作为国际申请日，发出确定国际申请日的通知书（PCT/RO/105 表）。

对于那些国际申请要求了优先权，而改正后的国际申请日是自（最早的）优先权日起 12 个月之后 14 个月之内提出的，如果申请人已经办理请求优先权恢复手续，则进行优先权恢复审查；如果申请人未办理优先权恢复手续，则应发出 PCT/RO/110 表告知申请人逾期事实，提醒申请人可以办理优先权恢复手续。

2.3.2　援引加入

如果在规定的期限内，申请人通过确认援引❶加入遗漏项目的方式来满足

---

❶　当说明书与权利要求书同时缺失时，申请人不得通过援引加入方式加入遗漏项目。

条约 11（1）的要求，受理局应审查以下内容：

（1）请求书（PCT/RO/101 表）是否包含根据细则 4.18 的声明。请求书（PCT/RO/101 表）模板中包含该声明，除非申请人提交时删除该段内容。如果该声明未包含在提交申请时的请求书中，审查该说明是否包含在国际申请中，或随国际申请一起提交。

（2）涉及包含在在先申请中的项目是否已经提交。

（3）申请人是否在提交国际申请时要求了在先申请的优先权。

（4）申请人是否提交了该在先申请的优先权文本或者至少该在先申请的简单副本。需要注意的是，如果申请人已经提交或者要求国家知识产权局帮助其制作在先申请副本，则无须通知申请人再提交相关优先权文本。

（5）当在先申请没有使用国际申请提出时的语言时，申请人是否提交了在先申请的译文。（细则 20.6）

（6）申请人提交的遗漏项目是否包含在在先申请中，或包含在在先申请的译文中。

如果上述审查的结论均是肯定的，即申请人已经履行了确认援引加入遗漏项目的所有要求，受理局应发出通知（PCT/RO/114 表）确认所遗漏项目包含在在先申请中，受理局审查员应在智能审查文本中标注，并将通知书副本及申请人提交的文件传送给国际局和国际检索单位。同时，给予收到据称的国际申请文件之日为国际申请日，发出 PCT/RO/105 表。

如果上述审查的结论是否定的，受理局也应发出通知（PCT/RO/114 表）告知申请人不接受援引加入遗漏项目的请求，并将通知书副本及申请人提交的文件传送给国际局和国际检索单位。如果援引加入的期限已届满，援引加入请求仍未满足条件，但是已提交了满足条约 11（2）的必要改正，则受理局依据细则 20.3（b）（i）的规定记录国际申请日，见图 2-7-3。

第 7 章 遗漏项目/部分

接受援引加入 → 1. □ 细则4.18和20.6（a）的要求被履行，项目或者部分被认为在受理局首次收到涉及条约11（1）（ⅲ）的一个或者多个项目之日，已经包含在据称的国际申请文件中。（关于国际申请日的记载的进一步细节见PCT/RO/105表）[细则20.6（b）]。

该决定涉及受理局于_____收到的国际申请中的第_____页

为了细则20.6（a）（ⅱ）目的，该决定是基于以下情况作出的：

  a.□ 根据细则17.1（a）、（b）或者（b之二）提交的优先权文件

  b.□ 根据细则20.6（a）（ⅱ）提交的在先申请的副本

拒绝援引加入 → 2. □ 根据细则4.18和20.6（a）的要求未被遵守，并且根据条约11（1）（ⅲ）涉及的项目或者部分，自受理局首次收到之日起未被认为已经包含于据称的国际申请之中[细则20.6（c）]，理由在本表格的附件中说明。

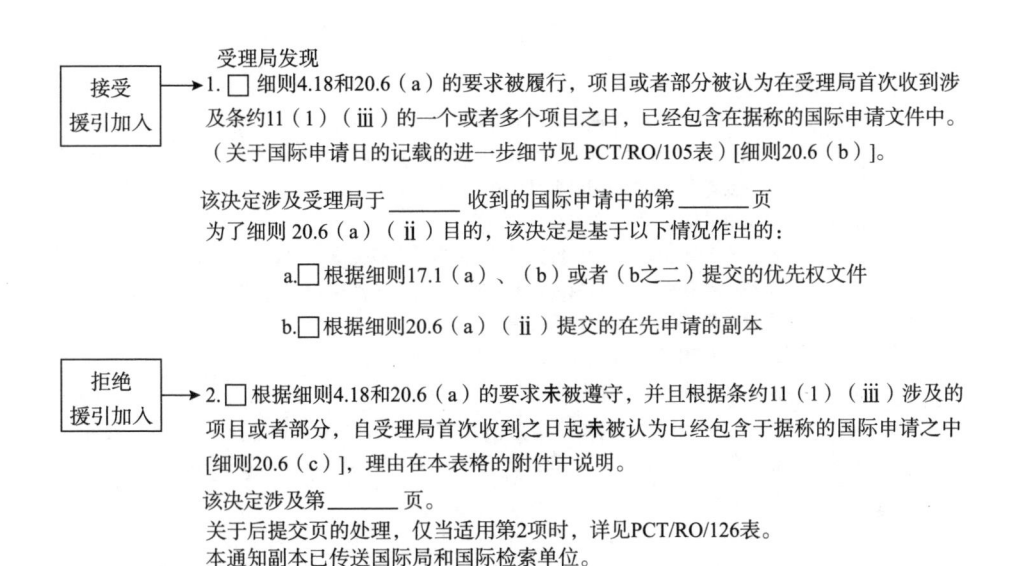

该决定涉及第_____页。
关于后提交页的处理，仅当适用第2项时，详见PCT/RO/126表。
本通知副本已传送国际局和国际检索单位。

图2-7-3　PCT/RO/114表"援引加入遗漏项目"样页

3. 遗漏部分的处理

3.1 通知申请人

如果受理局发现国际申请可能有遗漏，应根据细则20.5（a）通知申请人（PCT/RO/107表）通过提交遗漏部分使据称的国际申请完整，或根据细则20.6（a）确认通过援引方式加入该遗漏部分。

如果答复通知书的期限是在被要求优先权的最早申请的申请日起12个月之后届满，应在PCT/RO/107表相应的方框标记以提醒申请人注意以下事项：通知答复的期限届满迟于最早的优先权日起12个月，受理局在12个月期满后收到的任何遗漏部分不但将导致更改国际申请日，而且还会导致优先权要求被视为无效，除了国际申请是自最早的优先权日起14个月内提交的。

如果更改后国际申请日在优先权日起12个月之后，但是在优先权日起14个月以内，申请人可以请求恢复优先权。如果更改后国际申请日在优先权日起14个月之后，将导致优先权被视为无效，见图2-7-4。

1. 受理局发现：

   视情况勾选
   - a. ☐ 说明书的部分内容遗漏或者看来遗漏（指明页码）：_____
   - b. ☐ 一项权利要求或者多项权利要求中的部分内容遗漏或者看来遗漏（指明页码）：____
   - c. ☐ 部分或者全部附图遗漏或者看来遗漏（指明页码）：_____
   - d. ☐ 某页中提及的附图看来遗漏：_____
   - e. ☐ 部分或者全部说明书的内容错误提交或者看来错误提交（指明页码）：_____
   - f. ☐ 全部权利要求或者一项权利要求的部分内容，或者多项权利要求中的部分内容错误提交或者看来错误提交（指明页码）：_____
   - g. ☐ 部分或者全部附图错误提交或者看来错误提交（指明页码）：_____

2. 通知申请人，在上面指明的期限内，申请人可以选择：

   必须勾选 → ☒ （ⅰ）提交使得据称的国际申请完整或正确的遗漏部分或者正确的项目或部分；或者

   有优先权时应勾选 → ☐ （ⅱ）根据细则20.6（a），确认遗漏部分或者正确的项目或部分根据细则4.18以援引的方式加入（详见附录）；

   若有意见，请说明。

3. 如果在上面指明的期限内申请人未向受理局提交遗漏的附图，国际申请中涉及这些附图的标记将视为不存在[条约14（2）]。

4. 注意：

   必须勾选 → ☒ 如果在满足条约11（1）所有要求之日以后（并且已给出国际申请日）但在上面指明的期限以内，申请人向受理局提交使得国际申请完整或正确的遗漏部分或者正确的项目或部分，视情况而定，那么受理局会将国际申请日更改为其收到这些内容的日期[细则20.5（c）或者细则20.5之二（c）]。

   答复期限晚于优先权日起12月应勾选 → ☐ 该通知答复的期限届满迟于最早的优先权日起12个月。根据2.（ⅰ）段中提及的情况，受理局在12个月期满后收到的任何遗漏部分或者正确的项目或部分不但将导致更改国际申请日，为了PCT程序的目的，而且还会导致优先权要求被视为无效[细则26之二.2（b）]。除了国际申请是自最早的优先权日起14个月内提交的[细则26之二.2（c）（ⅲ）]。

   本通知副本已传送国际局和国际检索单位。

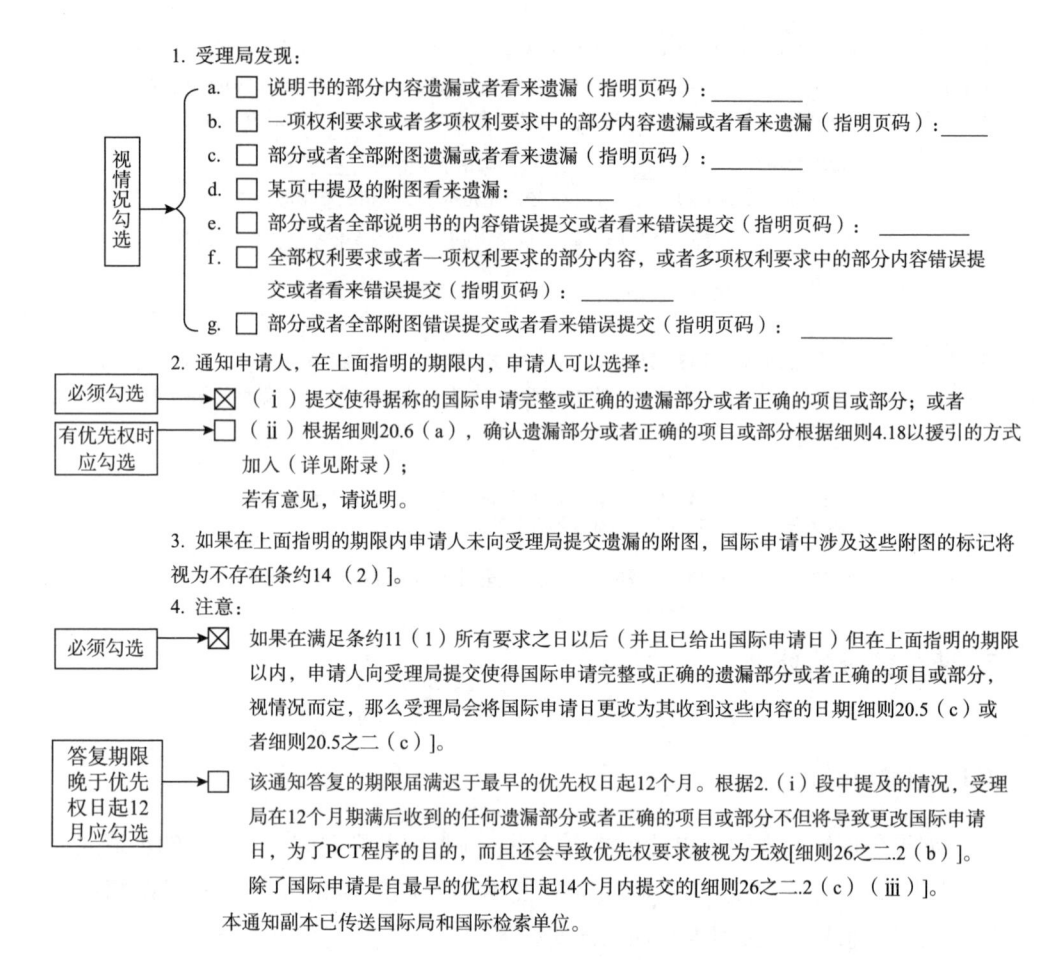

图 2-7-4　PCT/RO/107 表"通知申请人遗漏项目"样页

申请人也可以在受理局没有发出通知的情况下，主动提交修改文件，见图 2-7-5。

第 7 章 遗漏项目/部分

有优先权，勾选了图2-7-4中2.（ⅱ）援引加入的改正方式才有本附件

续第2项

如果申请人希望根据细则20.6（a）确认，遗漏部分或者正确的项目或部分是根据细则4.18通过援引方式加入，那么申请人应在该通知发文日起两个月内[细则20.7（a）（ⅰ）]，向受理局提交下列文件：

1. ☒ 提交书面说明，确认本国际申请中项目或者部分是根据细则4.18通过援引方式加入（无专用表格）。

2. ☒ 在先申请所包含的体现项目或者部分的一页或几页，这几页是申请人意图将其作为国际申请一部分的，其语言为（细则12.1之二）：

    a. ☒ 申请时的语言，是 <u>中文/英文</u>
    b. ☐ 根据细则12.3（a）译文的语言，是 _____
    c. ☐ 根据细则12.4（a）译文的语言，是 _____

（必须勾选）

（RO/CN不存在该情况，不勾选）

3. ☐ 如果申请人还没有履行本细则17.1（a）、（b）或（b之二）关于优先权文件的规定，那么还需要提交在先申请的副本。

4. ☐ 将在先申请翻译为下列语言[细则20.6（a）（ⅲ）]：

    a. ☐ 申请时的语言，是 _____
    b. ☐ 根据细则12.3（a）译文的语言，是 _____
    c. ☐ 根据细则12.4（a）译文的语言，是 _____

（核实优先权文件的语言，不一致时勾选）

（RO/CN不存在该情况，不勾选）

5. ☒ 当涉及说明书、权利要求或者附图的一部分时，指明该部分在在先申请以及根据"4"项所提及的任何译文中的位置（适用时）。

如果受理局发现根据细则4.18和细则20.6的要求被遵守，并且项目或者部分完全包含于在先申请中，则该项目或者部分将被认为在这一日，即受理局首次收到关于条约11（1）（ⅲ）所列一个或多个项目的当天，已经包含在指称的国际申请中。任何错误提交的项目或部分将会保留在国际申请中[见细则20.5之二（d）]。

图 2-7-5 PCT/RO/107 表"申请人主动修改文件"样页

3.2 改正期限

申请人可在细则20.7（a）规定的期限内答复，具体为：

（1）对于发出PCT/RO/107表的，自发文日起2个月内答复；

（2）对于没有发出PCT/RO/107表的，自国际申请之日起2个月。

如果超过改正的期限，后收到的文件不被考虑，申请的收到日和国际申请

日不变,并通知申请人(PCT/RO/126 表)。需要注意的是,后提交的摘要不会导致国际申请日改变。

3.3 改正方式

遗漏部分时,申请人可以主动提交改正文件,也可以应 PCT/RO/107 表提交改正文件。改正程序的主要流程如图 2-7-6 所示。改正有后提交遗漏部分和援引加入两种方式。

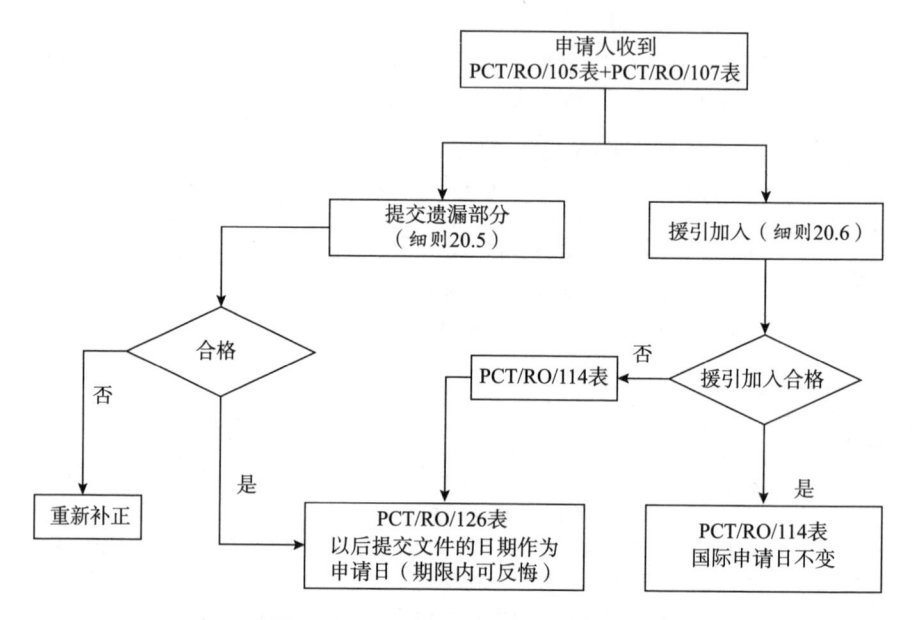

图 2-7-6 遗漏部分改正方式流程

3.3.1 后提交遗漏部分

如果申请人没有确认对遗漏部分采用援引加入,但在规定的期限内提交了使国际申请完整的内容,应以收到改正之日作为国际申请日,同时将改正通知申请人(PCT/RO/126 表),见图 2-7-7。

第 7 章 遗漏项目/部分

告知收到后提交页 → 1. ☐ 通知申请人，受理局已于_____收到申请人为使国际申请完整或正确而提交的（据称的）国际申请的包含遗漏部分或者一个正确的项目或部分的后提交页，即这一收到日迟于受理局首次收到根据条约11（1）（ⅲ）中的一个或者多个项目的收到日。

接受后提交页 → 2. ☐ 因后提交页的收到日，在自根据细则20.5（a）或者细则20.5之二（a）发出的通知（PCT/RO/107表，发文日_____）的发文日起2个月内；或者在未发出上述通知的情况下，在自受理局首次收到条约11（1）（ⅲ）中涉及的国际申请的一个或者多个项目的收到日起2个月内，并且后提交页不为按照细则4.18和20.6（a）的援引加入部分：

视情况勾选
- a. ☐ 后提交页（包含遗漏部分），将包含在申请中并根据条约11（1）的要求尚未全部满足，受理局将在全部要求被满足时给出国际申请日[细则20.5（b）];
- b. ☐ 后提交页（包含正确项目或部分）将包含在申请中，错误提交的项目或部分将被从申请中移除，并且根据条约11（1）的要求尚未全部满足，受理局将在全部要求被满足时给出国际申请日[细则20.5之二（b）];
- c. ☐ 后提交页（包含遗漏部分），将包含在申请中并且国际申请日将更改为受理局收到后提交页的日期，是_____（更改后的国际申请日）[细则20.5（c）];
- d. ☐ 后提交页（包含正确项目或部分），将包含在申请中，错误提交的项目或部分将被从申请中移除，并且国际申请日将更改为受理局收到后提交页的日期，是_____（更改后的国际申请日）[细则20.5之二（c）]。

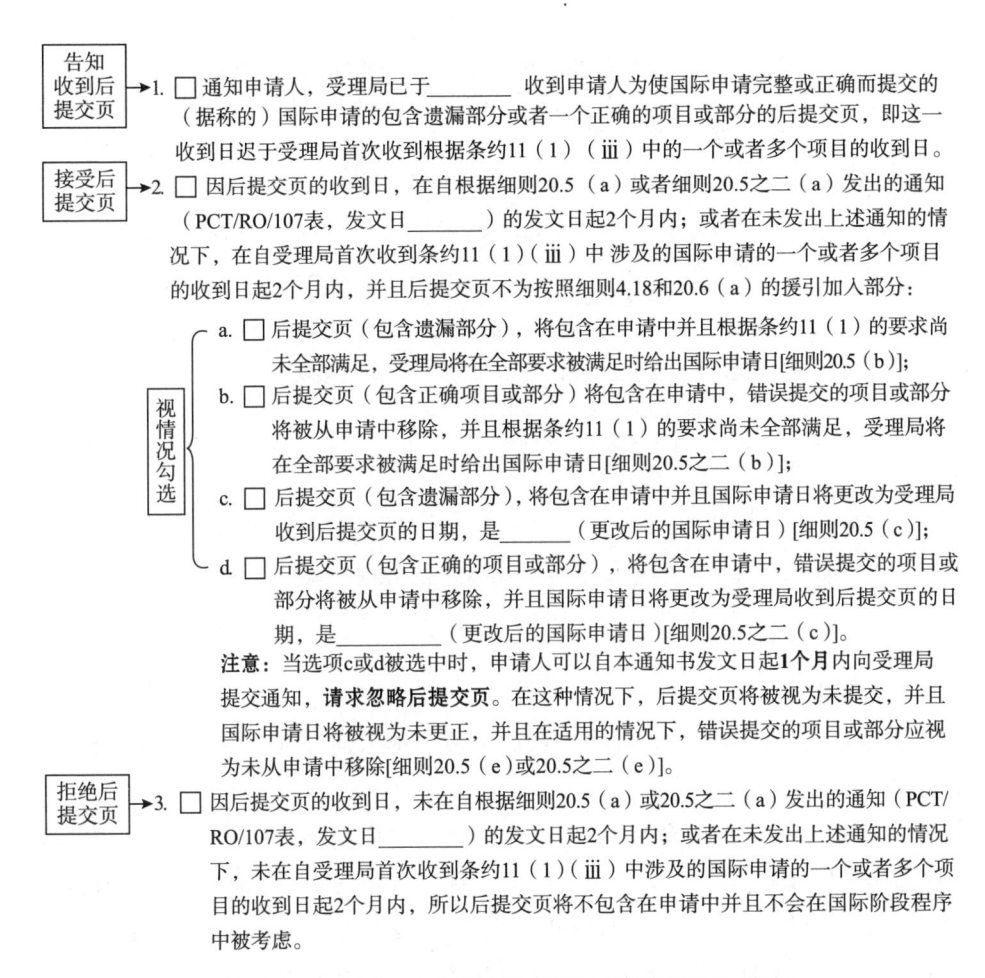

注意：当选项c或d被选中时，申请人可以自本通知书发文日起**1个月**内向受理局提交通知，**请求忽略后提交页**。在这种情况下，后提交页将被视为未提交，并且国际申请日将被视为未更正，并且在适用的情况下，错误提交的项目或部分应视为未从申请中移除[细则20.5（e）或20.5之二（e）]。

拒绝后提交页 → 3. ☐ 因后提交页的收到日，未在自根据细则20.5（a）或20.5之二（a）发出的通知（PCT/RO/107表，发文日_____）的发文日起2个月内；或者在未发出上述通知的情况下，未在自受理局首次收到条约11（1）（ⅲ）中涉及的国际申请的一个或者多个项目的收到日起2个月内，所以后提交页将不包含在申请中并且不会在国际阶段程序中被考虑。

图2-7-7 PCT/RO/126表"后提交遗漏部分"样页

需要注意的是，如果申请人在自该通知书发文日起1个月内提交了忽略有关遗漏部分的请求，受理局审查员应恢复改正前的国际申请日，并向申请人和国际局发送PCT/RO/129表，说明有关遗漏部分被认为未提交过，并且国际申请日将不被更改。如果检索本已经传送，还应通知国际检索单位，见图2-7-8。

1. 通知申请人，在受理局发出关于不以援引的方式加入后提交页的通知书（PCT/RO/126表）将国际申请日更改为受理局收到后提交页的日期后，受理局已经收到申请人请求忽略后提交页的通知。

接受忽略请求 → 2. ☐ 因请求是在规定的期限内收到的，根据细则20.5（e）或20.5之二（e）：

　　a.本国际申请的国际申请日已经被恢复为：_____，即在上述更改之前所适用的日期； ← 恢复至更改前的国际申请日

　　b.后提交页将被视为未提交；并且

　　c.适用时，相关的错误提交项目或部分将保留在国际申请中。

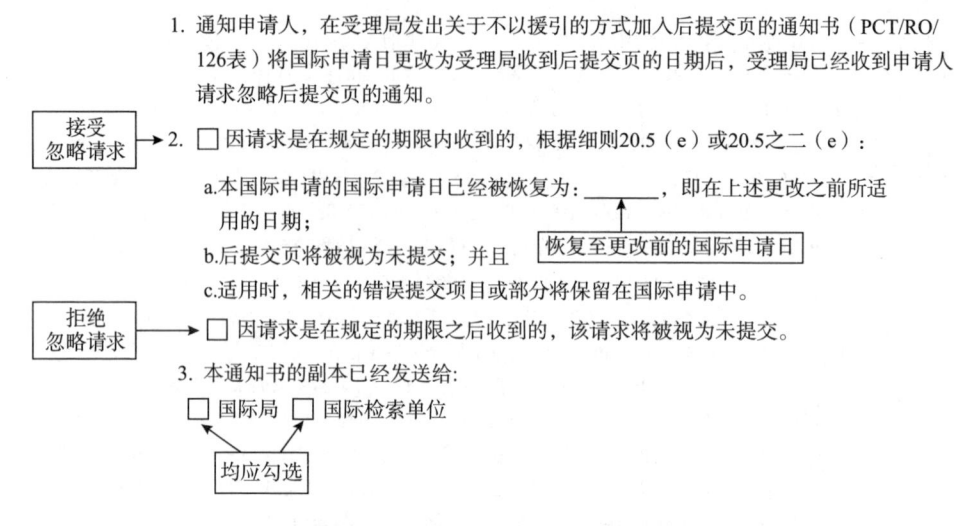

拒绝忽略请求 → ☐ 因请求是在规定的期限之后收到的，该请求将被视为未提交。

3. 本通知书的副本已经发送给：

☐ 国际局　☐ 国际检索单位 ← 均应勾选

图2-7-8　PCT/RO/129表"接受或拒绝遗漏部分的请求"样页

3.3.2　援引加入

如果申请人在规定的期限内确认通过援引加入遗漏部分的方式改正缺陷，应审查：

（1）请求书（PCT/RO/101表）中是否包含依据细则4.18的声明（请求书模板中包含该声明，除非申请人提交时删除该段内容），如果该声明未包括在提交申请时的请求书中，是否随国际申请一起提交；确认遗漏部分根据细则4.18以援引方式加入的书面说明（无专用表格）是否提交；

（2）涉及包含在在先申请中的部分页面是否已经提交；

（3）提交国际申请时是否已经要求在先申请的优先权；

（4）是否已提交在先申请的优先权文本或者至少该在先申请的简单副本；

（5）当在先申请没有使用国际申请提出的语言时，是否提交了在先申请的译文；

（6）申请人提交的遗漏部分是否包含在在先申请中，或包含在在先申请的译文中。（细则20.6和《PCT受理局指南》第205条）

需要注意的是，当国际申请在提交时要求了一项以上的优先权时，可以援引加入任一在先申请的内容。权利要求编号、页数或段落、标记编号以及附图

标记与在先申请不一致的，通常不认为是对在先申请内容的改变。但在后提交的文件中不能增添任何不包含在在先申请中的主题，或者以其他方式对内容进行修改。若随后提交的文件有看上去超出形式缺陷的改正，并且对申请的实质内容作出了修改，受理局应通知申请人根据细则 91 向国际检索单位提出明显错误更正请求（PCT/RO/108 表）。

如果上述审查的结论均是肯定的，受理局应发出通知（PCT/RO/114 表）确认所遗漏部分包含在在先申请中，在智能审查文本中标注"援引加入（细则 20.6）"/"INCORPORATED BY REFERENCE（RULE 20.6）"，并将通知书副本及申请人提交的文件传送给国际局和国际检索单位。

如果上述审查的结论之一是否定的，受理局认为不满足援引加入的条件，也应发出通知（PCT/RO/114 表），不接受援引加入遗漏部分的请求，将申请人提交的文件及通知书副本传送给国际局和国际检索单位。如果援引加入的期限已届满，援引加入请求仍未满足条件，但是已提交了包含遗漏部分的文件，则受理局依据细则 20.5（b）或 20.5（c）重新确定国际申请日。

4. 错误提交项目或部分的处理

在非常有限的特殊情况下，申请人可以把任何错误提交的项目或部分替换为包括在优先权申请中的项目或部分。在申请中有错误提交的项目和部分时，应该允许援引加入完全包括在优先权申请中的正确项目或部分。

申请人在发现错误提交项目或部分时，可以主动提交正确的项目或部分或者通过援引加入的方式加入正确项目或部分，在提交文件时需作出说明。

受理局发现一个完整项目（说明书和/或权利要求书）被错误提交或者看似被错误提交，或者部分（说明书的一部分、权利要求书的一部分、附图的一部分或全部附图）被错误提交或者看似被错误提交，受理局应迅速地通知申请人，提交正确项目或部分或者通过援引加入的方式加入正确项目或部分。如果答复期限在优先权日起 12 个月后，受理局应通知申请人注意这种情况。

4.1 后提交正确的项目或部分

如果满足国际申请日当天或者之前提交正确的项目或部分这一条件，则该正确的项目或部分包括在申请中，错误的相关项目或部分应从申请中删去。

如果满足国际申请日之后提交正确的项目或部分这一条件，则该正确的项目或部分应包括在申请中，错误的相关项目或部分应从申请中删去，依据收到该正确的项目或部分之日重新确定申请日，受理局发出 PCT/RO/126 表确认修改申请文件并重新确定申请日。如果更改了国际申请日，申请人可以 1 个月内反悔请求忽略，视为没有提交正确项目或部分，错误提交的相关项目或部分不删除，不改国际申请日，受理局应发出 PCT/RO/129 表告知文件和国际申请日回退至原始状态。

如果首次收到国际申请，正确的项目或部分已经包含在据称的国际申请中，错误提交的相关项目或部分应保留在申请中，不允许删除错误部分。

4.2 援引加入正确的项目/部分

在申请中有错误提交的项目或部分时，允许援引加入完全包括在优先权申请中的正确项目或部分。

正确的项目/部分将被视为在国际申请日被援引加入，错误提交的项目或部分仍将保留在国际申请中。

如果援引加入满足条件，受理局应发出通知（PCT/RO/114 表）确认所遗漏部分包含在在先申请中，并将通知书副本及申请人提交的文件传送给国际局和国际检索单位。如果援引加入不满足条件，受理局也应发出通知（PCT/RO/114 表）不接受援引加入请求，将申请人提交的文件及通知书副本传送给国际局和国际检索单位。如果援引加入的期限已届满，援引加入请求仍未满足条件，但是已提交了正确的项目或部分，则受理局依据细则 20.5 之二（b）或 20.5 之二（c）重新确定国际申请日。

在根据细则 20.5 之二（d）援引加入正确的项目或部分的情况下，国际检索单位将只需在国际申请的基础上进行国际检索，其中包括援引加入的正确的项目或部分，而无须考虑任何错误提交的项目或部分，虽然错误提交的项目或部分仍保留在申请中。

4.3 可能涉及的费用

如果关于遗漏部分或正确的项目或部分的事实在国际检索单位已开始起草

国际检索报告之后才通知该单位，则国际检索单位可以发出通知书要求申请人缴纳附加费。该通知书应要求申请人在自通知之日起 1 个月内缴纳附加费，并说明应缴纳的费用数额。附加费的数额应由国际检索单位决定，但不超过检索费；附加费应直接向该国际检索单位缴纳。只要附加费在规定期限内付清，国际检索单位应对包括任何正确的项目或部分的国际申请作出国际检索报告。如果未在规定期限内缴纳附加费，国际检索单位将只需在国际申请［权利要求书，并适当考虑到说明书和附图（如果有的话）］的基础上进行国际检索，其中包括错误提交的项目或部分，而无须考虑后提交或者援引加入的任何正确的项目或部分。

第 8 章　核苷酸和/或氨基酸序列表

任何纸件或电子形式的核苷酸和/或氨基酸序列表（本章简称"序列表"），无论是否作为国际申请的一部分，都应符合规程附件 C 的规定。

对于国际申请日在 2022 年 7 月 1 日及以后的 PCT 国际申请，无论是电子申请还是纸件申请，其序列表均应以 ST. 26 标准的电子形式提交。申请日在 2022 年 7 月 1 日之前的 PCT 国际申请，国际申请及后续提交的序列表相关文件仍应符合 ST. 25 标准。

1. 随新申请提交的核苷酸和/或氨基酸序列表的审查

1.1　纸件申请核苷酸和/或氨基酸序列表的审查

如果国际申请以纸件提交，并且包含核苷酸和/或氨基酸序列，序列表应当作为说明书的一个单独部分提交（说明书序列表部分）。此时，应随国际申请一起提交保存在物理数据载体上符合规程附件 C 规定的序列表（以及所要求的声明），在请求书第Ⅸ（f）栏中注明载体的类型和数量，如软盘、CD-ROM、CD-R 或国际检索单位接受的其他数据载体。

在收到带有据称是 ST. 26 XML 格式的电子形式序列表的申请文件时，受理局审查员应：

（1）审查请求书第Ⅸ（f）栏中指出的包含序列表部分的载体的类型和数目，如果有任何不一致，需要对清单进行修改；

（2）审查序列表是否是 ST. 26 XML 格式且作为说明书的一部分提交，如果申请人在提交国际申请的同一日提交了 ST. 26 XML 格式序列表，但未在请求书清单栏指明该序列表作为国际申请的一部分，受理局依职权对清单进行改正，在清单中体现作为说明书一部分的序列表；

（3）审查序列表的基本信息部分与请求书中或申请文件中的相应信息之间是否一致，若不一致，使用 PCT/RO/132 表通知申请人。

1.2 对电子申请核苷酸和/或氨基酸序列表的审查

根据国家知识产权局关于调整核苷酸和/或氨基酸序列表电子文件标准的公告，自 2022 年 7 月 1 日起涉及核苷酸和/或氨基酸序列表的申请，序列表电子文件适用 WIPO ST.26 标准。任何作为说明书一部分的核苷酸和/或氨基酸序列表部分都必须符合 WIPOST.26 标准 [细则 5.2（a）、规程 208 和附件 C 第 4 段]。根据此标准，序列表必须为 XML 格式。

受理局审查请求书第Ⅸ（f）栏关于序列表的清单，并检查序列表是否是 ST.26 XML 格式且作为说明书的一部分提交。如果申请人在提交国际申请的同一日提交了 ST.26 XML 格式序列表，但是清单中未指明该序列表是作为说明书的一部分，受理局需要依职权对清单进行改正，在清单中体现作为说明书一部分的序列表（规程附件 C 第 26 段）。如果是以物理载体提交的 ST.26 XML 格式序列表，受理局核实载体的类型和数目是否与清单中指明的一致。如果有任何不一致，受理局依职权对清单进行改正。针对序列表内容，审查序列表的基本信息部分与请求书中或申请文件中的相应信息之间是否一致，若不一致，使用 PCT/RO/132 表通知申请人。

无论是纸件申请还是电子申请，当收到其他格式序列表时，受理局审查员应：

（1）若提交了 ST.25 TXT 格式的序列表，使用 PCT/RO/132 表通知申请人，确认该文件的内容是否作为说明书的一部分。针对 ST.25 TXT 格式的序列表，申请人可以提交与其内容相同的 PDF 纸件文件将其纳入说明书的一部分，该操作不影响国际申请日。审查请求书第Ⅸ栏第 9 项，是否表明原始提交的序列表不作为说明书的一部分，若不作为说明书的一部分，将文件传送国际局。

（2）若提交了 PDF 格式或纸件的序列表，使用 PCT/RO/132 表通知申请人，确认该文件的内容是否作为说明书的一部分。

（3）上述两种情况均可能导致国际申请页数发生变化，需缴纳与页数相关的适用的费用。

(4) 审查序列表的基本信息部分与请求书中或申请文件中的相应信息之间是否一致，若不一致，使用 PCT/RO/132 表通知申请人。

2. 中间文件方式提交的核苷酸和/或氨基酸序列表的审查

首先，受理局审查员判断以中间文件方式提交的序列表的文件类型。

2.1 依据细则 26 对序列表进行改正的处理

申请人依据细则 26 对序列表中基本信息作出的改正，审查合格后，受理局发出 PCT/RO/132 表通知申请人和国际局同意依据细则 26 接受对序列表的改正。受理局将改正后的序列表连同随附信函转交国际检索单位和国际局。

2.2 后提交的序列表

提出国际申请之后提交的任何序列表原则上不作为该国际申请的一部分。但当申请人声明该序列表作为国际申请的一部分时，例如，国际申请的部分遗漏，参照后提交文件处理（参见第 2 部分第 7 章）。如有疑问时，受理局应向申请人确认序列表是否作为国际申请的一部分，以使国际申请完整或正确（细则 20.5 和 20.5 之二），或者该序列表是为了检索的目的提交的（细则 13 之三.1）。

2.3 通过援引方式加入遗漏或错误提交的部分

如果确认通过援引加入的方式（细则 20.6）提交序列表，受理局可以请国际局协助，对援引加入的序列表与在先申请中的序列表进行比对。

对于通过援引加入或后提交的为使国际申请完整或正确的序列表（细则 20.5 和 20.5 之二），参照援引加入处理（参见第 2 部分第 7 章）。

2.4 仅为国际检索的目的

如果提交国际申请后收到以计算机可读形式提交的序列表（仅为国际检索的目的）提交的序列表，受理局审查员应传送给国际检索单位。

第 9 章　生物材料保藏

1. 保藏的生物材料的记载

1.1　生物材料保藏的记载内容

对保藏的生物材料的记载应说明下列事项：
（1）保藏单位的名称和地址；
（2）在该单位保藏生物材料的日期；
（3）该单位对保藏物给予的保藏号。

1.2　提交期限

生物材料保藏的记载应该包括在提交的国际申请有关保藏的生物材料的记载中。如果未包括，并且：

如果自优先权日起 16 个月内提交至国际局，任何指定局应认为该说明已按时提交。

如果在优先权日起 16 个月期限届满后提交的，但是在国际公布的技术准备工作之前到达国际局，则任何指定局通常情况下都认为生物材料保藏说明在期限的最后一天收到。

如果国际申请提前公布，任何指定局可以认为，未在国际公布准备完成前提交的任何说明是未及时提交。

1.3　关于生物材料保藏事项的记载（或提交）的方式

生物材料保藏事项应在说明书中记载，在说明书中没有包含任何有关生物材料保藏事项的说明的情况下，可以另页说明。建议采用表格PCT/RO/134表另页说明。

2. 生物材料保藏的形式审查

当国际申请涉及保藏的微生物或其他生物材料时，受理局应审查申请文件中是否作出含有已保藏的微生物或其他生物材料记载事项的标记，但不审查微生物或其他生物材料记载事项是否与申请相关。

某些国家的法律要求，根据细则13之二.3（a）提供的对保藏的微生物或其他生物材料的记载应当包括在说明书中（《PCT申请人指南》第Ⅰ卷附件L）。当这些事项以单独的纸页提供时，例如PCT/RO/134表，申请人应将该纸页作为说明书编页（最好在说明书的最后，规程207所述的第二系列中）。在此情形下，不应当对请求书第Ⅸ栏中有关保藏的微生物或其他生物材料的单独说明的选框作出标记。如果对保藏的微生物或其他生物材料的记载是写在单独的纸页上，该纸页最好和请求书一起提交并在清单中注明[规程209（a）]。

当包含对保藏的微生物或其他生物材料记载的纸页，如同细则13之二定义的那样，是在提出国际申请的同一日和说明书分开提交的，即没有作为国际申请的一部分编页时（例如以PCT/RO/134表形式），受理局审查员可以提醒申请人注意某些国家的本国法要求将有关的事项包括在说明书中。如果申请人确认将这些纸页作为说明书的一部分，应将其加入说明书的最后并按规程207重新编页。受理局对这些页可以依职权重新编页。将这些纸页并入说明书中需要改正清单中注明的总页数，申请人可能需要为超过30页的页数缴纳申请附加费。

在实际操作中，如果申请人提供了微生物或其他生物材料记载事项，当保藏的微生物或其他生物材料记载的纸页没有作为国际申请的一部分编页时（例如以PCT/RO/134表形式），受理局审查员应审查单独提交的纸页是否记载生物保藏的保藏号、保藏日期、保藏单位、保藏单位地址，并审查这部分信息是否在说明书中全部提及（因为某些国家的法律要求将有关的生物保藏事项包括在说明书中）。如果单独提交的纸页（例如PCT/RO/134表）并入说明书后，申请文件的总页数不超过30页，无论生物保藏信息说明书中是否全部提及，均将单独提交的纸页（例如 PCT/RO/134 表）并入说明书中，作为说明书最后一页。如果单独提交的纸页（例如 PCT/RO/134 表）并入说明书后，申请文件的总页数超过 30 页，并入将增加申请附加费，则审查生物保藏信息是否在说明书中全部提及。如果没有在说明书中全部提及，可以依职权将单独提交的纸页（例如 PCT/RO/134 表）并入说明书中作为说明书最后一页并通知申请人缴纳相应的费用。

在向国际局传送登记本之后收到的任何有关保藏的微生物或其他生物材料记载的单独纸页应尽快传送给国际局，以便尽量能够在国际公布的技术准备完成之前到达国际局。

第 3 部分　国际检索阶段

　　国际检索阶段是国际申请在国际阶段的重要程序，旨在发现相关现有技术，以对该国际申请的新颖性和创造性给出评价。本部分根据 PCT 法律规范的相关规定对国际检索作出具体说明，主要包括国际检索阶段的主要流程，即检索前的准备工作、检索及审查等程序性内容的描述；以及对于新颖性、创造性、工业实用性等在国际检索阶段的含义及判断等实体内容的阐述。针对相同的问题，还给出了 PCT 法律规范与中国专利法律法规之间的差异。另外，对于国际检索阶段的常见问题，诸如存在单一性缺陷、排除的情况、限制的情况等，给出了具体的处理方式；对于国际检索报告和书面意见的填写等实务操作也给出了详细的指引。

第1章 绪　　言

1. 目　　的

国际检索的目的在于发现有关的现有技术［条约15（2）］，以便确定该国际申请涉及的所要求保护的发明是否具备新颖性或创造性，以及如果该发明是新的并且具备创造性，则其程度如何。［细则33.1（a），检索和初审指南2.02、15.01］

国际检索的另一个目的在于避免或至少减少在国家阶段时的额外检索。（检索和初审指南15.04）

国际检索单位在作出国际检索报告的同时，作出书面意见。书面意见的目的是向申请人提供审查员认为申请文件中存在何种缺陷的初步说明，以便申请人能够对国际申请采取最适当的行动，包括提交国际初步审查请求书或在作出专利性国际初步报告之前提交意见陈述或作出修改等。其主要作用是确定所要求保护的发明是否具备新颖性、创造性和工业实用性，并对影响准确判断发明新颖性、创造性或工业实用性的某些实质性缺陷和该国际申请形式方面的某些缺陷提出意见。［细则43之二.1（a）、66.2（a），检索和初审指南17.02］

2. 国际检索阶段基本操作流程及说明

2.1　国际检索阶段基本操作流程

国际检索阶段基本操作流程参见图3-1-1。

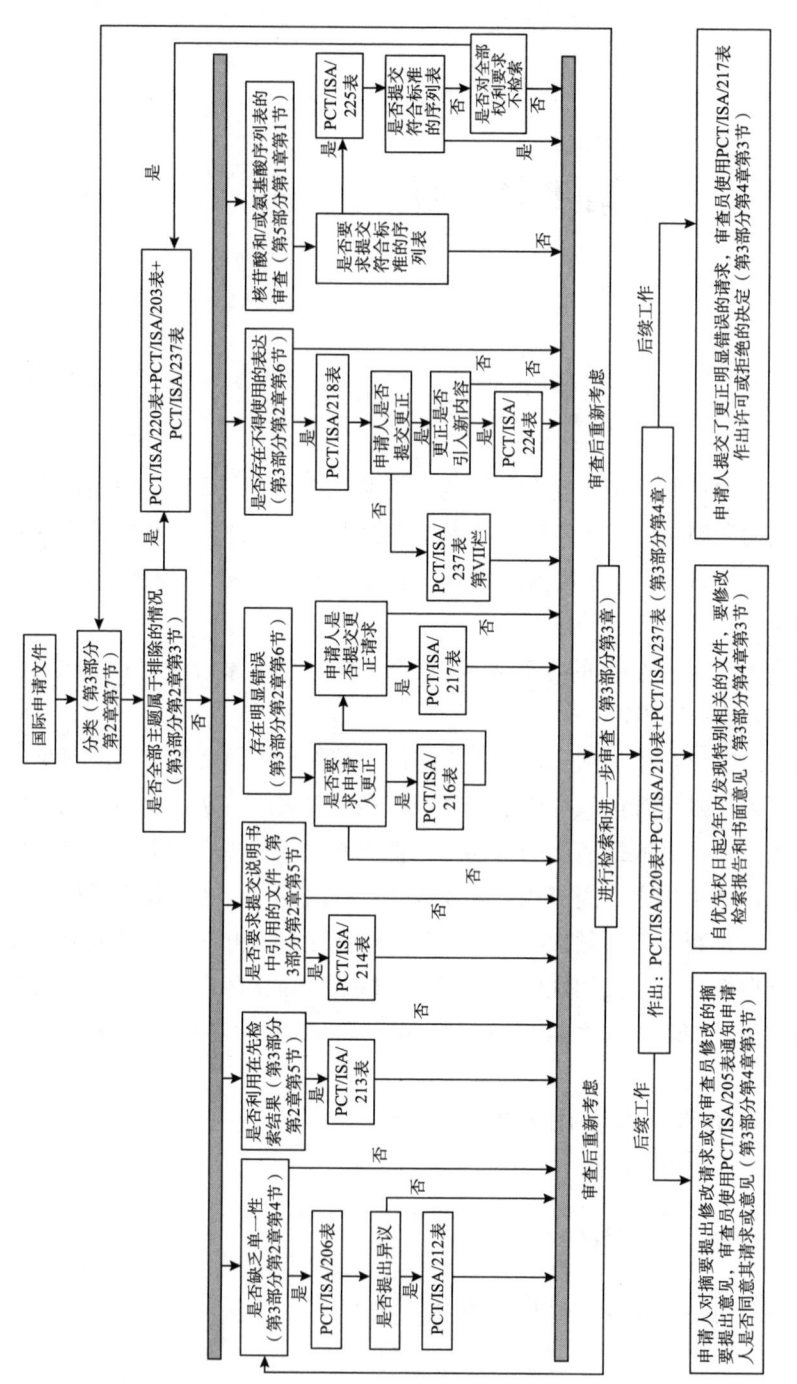

图 3−1−1 国际检索阶段基本操作流程

2.2 流程图中表格名称

PCT/ISA/203　宣布不制定国际检索报告

PCT/ISA/205　修改国际检索单位核准的摘要的通知书

PCT/ISA/206　缴纳附加费和适用时异议费的通知（1个月的等待答复期限）

PCT/ISA/210　国际检索报告

PCT/ISA/212　异议决定通知书或异议被认为没有提出的声明

PCT/ISA/213　退还检索费的通知书

PCT/ISA/216　提出更正请求通知书（无须等待答复）

PCT/ISA/217　关于更正请求决定的通知书

PCT/ISA/218　关于国际申请中不得使用的用语等的通知书（1个月的等待答复期限）

PCT/ISA/220　传送国际检索报告和国际检索单位书面意见或宣布的通知书

PCT/ISA/224　无其他可适用表格时的通知书（视具体情况选择答复期限）

PCT/ISA/225　提供核苷酸和/或氨基酸序列表以及适用情况下缴纳后提交费的通知书（1个月的等待答复期限）

PCT/ISA/233　关于说明书主要部分中自由内容的通知书（1个月的答复期限，但国际检索单位审查员无须等待）

PCT/ISA/237　国际检索单位书面意见

2.3 表格使用的语言及发出

2.3.1 非中间文件表格

国际检索阶段的非中间文件表格有："宣布不制定国际检索报告"（PCT/ISA/203表）、"国际检索报告"（PCT/ISA/210表）、"国际检索单位书面意见"（PCT/ISA/237表）和"传送国际检索报告和国际检索单位书面意见或宣布的通知书"（PCT/ISA/220表）。需要注意，PCT/ISA/237表也有作为中间文件表格的情况，参见第3部分第1章第2.3.3.2节"PCT/ISA/237表作为中间文件表格的情形［细则69.1（b）］"。

对于非中间文件表格，如果申请文件的语言为中文，则国际检索单位审查员需作出中文表格；如果申请文件语言为英文，需作出英文表格。应当注意的是，对于PCT/ISA/220表，需作出与申请文件语言相同语言的通知。

2.3.2 中间文件表格

国际检索单位审查员所用的中间文件表格是指除上述非中间文件表格的表格。当审查员需要填写中间文件表格时，应使用与申请文件语言相同语言的表格。

2.3.3 关于PCT/ISA/237表的特别说明

2.3.3.1 正常作出PCT/ISA/237表的情形

若申请人在国际检索单位审查员完成检索报告以前，未向国际初步审查单位（国家知识产权局）提出初步审查要求，审查员正常作出书面意见，并将PCT/ISA/237表作为非中间文件表格发出，所使用的语言见第3部分第1章第2.3.1节"非中间文件表格"。

2.3.3.2 PCT/ISA/237表作为中间文件表格的情形 ［细则69.1（b）］

如果国际检索与国际初步审查均由国家知识产权局完成，同时申请人在审查员完成检索报告之前提出初步审查要求，并且国际申请根据条约和细则的规定存在缺陷或其他问题，则应发出PCT/ISA/237表，其将被视为国际初步审查单位的第一次书面意见。该表作为中间文件表格与"国际检索报告"（PCT/ISA/210表）连同"传送国际检索报告和国际检索单位书面意见或宣布的通知书"（PCT/ISA/220表）一起发出。

需要注意的是：在上述情形下，自传送PCT/ISA/237表及PCT/ISA/210表之日起3个月届满，或自优先权日起22个月届满之日起（以后到期者为准），作出"专利性国际初步报告"（PCT/IPEA/409表）。［细则43之二.1（c）、54之二.1（a）］

2.3.3.3 不需要作出书面意见（PCT/ISA/237表）的情况 ［条约34（2）（c）、细则69.1（b之二）、检索和初审指南19.22］

如果国际检索与国际初步审查均由国家知识产权局完成，申请人在审查员完成国际检索报告之前已提交了"国际初步审查要求书"（PCT/IPEA/401表），且没有出现因关于修改的声明而需推迟审查的情况（即，在申请人没有选择 PCT/IPEA/401 表第Ⅳ栏第 3 项的情况下），国际申请满足下列条件，则审查员无须作出"国际检索单位书面意见"（PCT/ISA/237 表），而直接作出"国际检索报告"（PCT/ISA/210 表）和"专利性国际初步报告"（PCT/IPEA/409 表）。所述条件为：

（1）要求保护的发明符合条约 33（1）（新颖性、创造性和工业实用性）的规定；

（2）申请符合 PCT 关于国际申请的格式和内容的有关要求；

（3）申请符合关于权利要求、说明书和附图清楚的要求，且权利要求可得到说明书的充分支持，或者审查员不希望就这些问题提出任何意见；

（4）修改没有超出国际申请原始公开的范围；

（5）所有权利要求涉及一项发明，针对该项发明已作出国际检索报告，且专利性国际初步报告要根据所有权利要求作出；以及

（6）如果国际申请涉及核苷酸和/或氨基酸序列，可获得便于进行有意义的国际初步审查格式的核苷酸和/或氨基酸序列表。

2.4 国际检索的期限

国际检索单位必须在以下任一个期限内作出国际检索报告和书面意见（或者宣布不制定国际检索报告）：

（1）自接收到检索本之日起 3 个月；或者

（2）自该申请优先权日起 9 个月，以后到期者为准。（细则 42.1）

需要注意，在实际操作中，国际检索单位审查员一般在审查系统给出的期限内作出国际检索报告和书面意见（或者宣布不制定国际检索报告）。

为了满足上述期限要求，审查员在收到检索本后，应当立即判断该案件是否属于自己的审查领域。如果不属于自己的审查领域，应及时反馈；如果属于自己的审查领域，应及时判断该案件是否存在第 3 部分第 1 章第 2.1 节流程（见图 3-1-1）中出现的下列情形："是否缺乏单一性""是否利用在先检索结果""是否要求提交说明书中引用的文件""存在明显错误""是否存在不得使用的表达""是否要求提交符合标准的序列表"。

2.5 关于申请人主动撤回申请或申请被视为撤回的情况

在国际检索单位审查员收到检索本后，即使申请人提出主动撤回申请

或申请被视为撤回，审查员也应进行国际检索，除非收到终止国际检索的通知。

3. 检索和审查的基础

在进行国际检索之前申请人没有权利对国际申请进行修改，因此，国际检索应当在受理局传送给国际检索单位的国际申请检索本的基础上进行，除非存在明显错误更正、后提交文件和援引加入的情形。

3.1 关于明显错误的更正（细则91.1、91.3，规程511，检索和初审指南15.10）

国际检索单位审查员在许可了明显错误更正的情况下，进行国际检索时需要考虑该明显错误的更正，根据细则91更正存在于申请时提交的国际申请中明显错误的替换页［更正页（细则91.1）］被视为是原始提交的国际申请的一部分。［细则91.3（c）（i）］

关于明显错误更正的具体内容参见第3部分第2章第6.1节"关于明显错误"。

3.2 关于后提交文件（细则20.5、20.5之二）

申请人在提交原始国际申请时，如果遗漏了说明书、权利要求书或者附图的一部分，或者遗漏了所有的附图，申请人可以在规定的期限内，通过提交遗漏部分的方式使国际申请变得完整。若这些遗漏部分被接受，受理局应将国际申请日修改为收到遗漏部分之日。［细则20.5（c）］

如果申请人提交了遗漏部分，国际检索单位审查员通常会收到审查系统界面通知或者电话通知。收到通知后，审查员通常需要在审查系统中查看中间文件以及受理局发出的"关于不以援引的方式加入后提交页的通知书"（PCT/RO/126表），根据所述通知书确认申请人后提交部分是否被接受，并确认国际申请日，进而确定检索和审查的文本。

申请人在提交原始国际申请时，如果错误地提交了说明书、权利要求书以及说明书附图中的一个完整项目，或者错误地提交了说明书、权利要求书或者附图的一部分，申请人可以在规定的期限内，通过提交正确的项目或部分予以改正。若这些正确的部分被接受，受理局应将国际申请日修改为收到该正确的项目或部分之日。[细则20.5之二（c）]

如果在作出国际检索报告和书面意见后，审查员收到了有关申请人后提交部分申请文件的通知，则应当根据中间文件给出的信息决定是否需要重新作出国际检索报告和书面意见。若申请日有改变，则需重新作出国际检索报告和书面意见。

3.3 关于援引加入

申请人在提交原始国际申请时遗漏了某些项目或部分，或错误地提交了某些项目或部分，如果这些遗漏的项目或部分全部，或这些正确的项目或部分包含于在先申请中，并且申请人在受理局首次收到该国际申请文件之日要求了该在先申请的优先权，申请人可以通过援引在先申请中相应内容的方式加入遗漏的项目或部分，或正确的项目或部分，并保留原国际申请日。其中"项目"是指全部说明书或全部权利要求，"部分"是指部分说明书、部分权利要求或者全部或部分附图。[细则4.18、20.5（a）、20.5之二（a）]

如果申请人提出了援引加入的请求，国际检索单位审查员通常会收到审查系统界面通知或者电话通知。收到通知后，审查员需要查看中间文件以及受理局发出的"确认援引项目或部分决定的通知书"（PCT/RO/114表），并根据所述通知书确认申请人请求援引加入的项目或部分是否被接受，进而确定检索和审查的文本；在由援引加入而导致国际申请日发生变化时，在审查系统中会收到受理局发出的"关于不以援引的方式加入后提交页的通知书"（PCT/RO/126表），审查员通过查看该通知书获知进行检索和审查的国际申请日。如果审查员在作出国际检索报告和书面意见后，收到有关援引加入的通知，应当根据中间文件给出的信息决定是否需要重新作出国际检索报告和书面意见。若检索和审查基础有变化，或者申请日有改变，均须重新作出国际检索报告和书面意见。

（1）如果受理局接受申请人要求援引加入国际申请的项目或部分，则上述项目或部分视为已经包含在申请日提出的国际申请中，国际申请日不变。[细则4.18、20.6（b），规程309]

（2）如果受理局拒绝接受申请人要求援引加入国际申请的项目或部分，可能会发生如下两种情况［细则20.6（c）］：

① 国际申请日未改变，申请人要求援引加入的项目或部分不包含在国际申请中；

② 国际申请日有改变，申请人要求援引加入的项目或部分包含在国际申请中，改变的国际申请日可由PCT/RO/126表第二项b复选框查找得到。

国家知识产权局作为指定局/选定局允许申请人通过援引在先申请的方式加入遗漏项目或部分而保留原国际申请日。［中国《专利法实施细则》第45条、《专利审查指南》第3部分第1章第5.3节］

3.4 确定检索基础时还要考虑的两个因素

确定检索基础时还要考虑以下两个因素：国际申请提交时使用的语言，以及国际申请中所公开的核苷酸和/或氨基酸序列表。

（1）国际检索基础的语言（细则12、检索和初审指南15.14）

国家知识产权局作为国际检索单位可接受的语言是中文和英文。如果国际申请提出时使用的是中文或者英文，则国际检索应该在国际申请提交时使用的语言的基础上进行；如果国际申请提交时使用的是中文和英文之外的其他语言，则国际检索应在申请人提交的该国际申请的中文或英文译文的基础上进行。

（2）核苷酸和/或氨基酸序列表（细则13之三、检索和初审指南15.12）

如果申请包含一个或多个核苷酸和/或氨基酸序列表，其国际检索基础的确认参见第5部分第1章第1节"国际检索阶段对序列表的审查"。

第 2 章 检索前的准备工作

1. 说明书和附图

条约 5 规定:"说明书应对发明作出清楚和完整的说明,足以使本技术领域的技术人员能实施该项发明。"这种公开的要求应当由说明书完成,如有附图,同时借助附图来完成。细则 5 规定了与说明书内容有关的各项要求。这些规定的目的是:

(1) 确保国际申请包括使所属领域技术人员能够实施该项发明所需的全部技术信息;和

(2) 使读者能够理解发明人对所属领域所作的贡献。(检索和初审指南 4.02)

1.1 与说明书内容有关的要求

说明书应首先写明发明名称。该名称应与请求书中的发明名称相同,并应:

(1) 说明发明所属的技术领域。

(2) 指出就申请人所知,对发明的理解、检索和审查有用的背景技术,最好引用反映这些背景技术的文件。

(3) 将要求保护的发明予以公开,应使人能理解该技术问题(即使不是明确说明也可以)及其解决方案,如果具有有益的效果,应该对照背景技术说明该发明的有益效果。

(4) 如果有附图,简略地说明附图中的各幅图。[细则 5.1 (a) (ⅰ) ~ (ⅳ)]

说明书与附图应当保持一致，尤其附图标记以及其他标号应当保持一致。如果因修改说明书而将整个段落删除的情况，审查员不必太严格地要求删除附图中的全部多余标记。但说明书或权利要求书中所用的所有附图标号或标记均应当在附图中出现。（检索和初审指南4.09）

（5）至少说明申请人认为实施要求保护的发明的最佳方式。在适当的情况下，应举例说明，如果有附图的话，还应参照附图；如果指定国的法律不要求描述最佳实施方式，而允许描述任何实施方式（不论是否是最佳方式），则不描述所知的最佳实施方式在该国并不产生影响［细则5.1（a）（ⅴ）］，申请人无须指出，哪种实施方式或哪个实施例是认定的最佳方式。审查员应当假定申请中公开了最佳方式，除非有证据表明与此假定不一致。（检索和初审指南4.10）

（6）如果从发明的描述或者性质不能明显看出该发明能在工业上利用的方法及其制造和使用方法，应明确指出这种方法；如果该发明只能被使用，则应明确指出该使用方法。这里的"工业"一词应如在《保护工业产权巴黎公约》中那样作最广义的理解。［细则5.1（a）（ⅵ）］

此外，在适用情况下，说明书还包括"序列表"和"序列表自由格式"部分。（检索和初审指南4.03）

1.1.1 结构和功能

为了充分满足条约5和细则5.1（a）（ⅲ）及（ⅴ）的各项要求，如果各部件的功能特征不是一目了然的，则不仅应从发明的结构特征，而且还应从其功能特征方面进行描述。实际上，在某些技术领域（例如，计算机），清楚地描述功能可能比过于详细地描述结构更为合适。（检索和初审指南4.11）

1.1.2 充分公开

第一次提交的国际申请应满足充分公开的要求，即说明书应对所有权利要求中要求保护的发明都作出清楚和完整的说明，以使所属领域技术人员能够实施。（检索和初审指南4.12）

如果公开不充分，不足以使所属领域技术人员能够实施所要求保护的发明，则权利要求的保护范围也可能会太宽，不能得到说明书和附图的支持。因

此，在此情形下，该申请可能既不符合充分公开的要求，也不符合权利要求得到说明书支持的要求。(检索和初审指南4.12)

1.1.3 一般问题
1.1.3.1 术语和标记一般来说，只应使用在有关技术领域里公认的技术术语、标记和符号［细则 10.1（e）］

如果所属技术领域存在任何约定的国际标准，则在切实可行的情况下应采用这些标准。(检索和初审指南4.24)

例如：① 计量单位应用公制单位，或者，如果首先用其他方式表示，也应加注公制单位。［细则10.1（a）］

② 温度应用摄氏度表示，或者，如果首先用其他方式表示，也应加注摄氏度数。［细则10.1（b）］

③ 对于热、能、光、声和磁的表示，以及对数学公式和电的单位的表示，应遵循国际通用的规则；对于化学公式，应使用通用的符号、原子量和分子式。［细则10.1（d）］

也可采用鲜为人知的或特别制定的技术术语，但需经过充分定义，且无一般公认的等同概念。一般不允许用已有确切含义的术语表示其他不同的含义。(检索和初审指南4.22)

当专有名词或类似用语仅仅表示材料或物品的来源或涉及一系列不同的产品时，用专有名词或类似用语表示材料或物品是不合乎要求的。如果采用这种名词，一般应对产品作出充分的指明，使所属领域技术人员不依赖于该名词就可实施发明。但如这类用词已成为国际上认可的标准说明性术语，且已具有确切含义（例如，"Bowden"电缆、"Bellville"洗衣机），则可以使用且不需对其所表示的产品作进一步指明。(检索和初审指南4.25)

1.1.3.2 计算机领域发明的特殊情况

对于计算机领域发明的特殊情况，不能依赖使用编程语言中程序列表作为发明公开的唯一方式。同其他技术领域一样，说明书应基本上用自然语言撰写，可能还附有流程图或有助于理解的其他辅助手段以使所属领域技术人员可以理解发明。如果简单引用按常规计算机编程语言编写的程序有助于说明发明的一个实施方案，也是容许的。(检索和初审指南4.23)

1.1.3.3 说明书中引用的文献

(1) 涉及背景技术或发明公开部分的文献引用(检索和初审指南 4.26)

① 如果参考文献是针对背景技术的,它可以在原始提交的申请中,也可以在以后引入该申请中。

② 如果参考文献直接与发明公开的内容有关(例如,请求保护的设备中的一个部件的细节),则根据条约 5 的规定,该参考文献必须记载在原始提交的申请中,并清楚地写明文件的出处,使其易于检索到。

③ 如果参考文献中的内容对于国际申请满足条约 5 的要求是必不可少的,则应当将该内容写入说明书,因为考虑到发明的必要特征,专利说明书应当是独立完整的,即不需要参考其他任何文件就能够理解。

(2) 引用在国际申请日之前未公布的参考文献(检索和初审指南 4.27)

① 引用国际申请日之前未公布的,在国际申请日前递交的专利申请,不应当视作发明公开的一部分,除非在该国际申请的公开日或该公开日之前公众能获得所引用的专利申请。对于在国际申请的公开日或该公开日之前能为公众获得的专利申请的引用,可以用所引用的实际内容替代并可由审查员加以考虑。

② 如果可以证明教科书和期刊的内容已在国际申请日之前确定,尽管其内容在国际申请日之前未公布,但是在国际申请的公开日或该公开日之前能为公众获得,也可允许引用这些教科书和期刊。

1.2 附　　图

当附图的不清楚影响到对发明的理解时,应引用条约 5 指出其缺陷。细则 11.10~11.13 规定了对附图的各种形式要求。(检索和初审指南 4.28)

1.3 不得使用的表达

国际申请中不应包括违反道德的用语和附图;违反公共秩序的用语和附图;贬低申请人以外任何特定人的产品或者方法的说法,或者贬低申请人以外任何特定人的申请或者专利的优点或者有效性的说法(仅仅与现有技术作比较本身不应被认为是贬低行为);根据情况明显是无关或者不必要的说明或者其他事项。[细则 9.1(ⅰ)~(ⅳ)]

更详细的内容参见第 3 部分第 2 章第 6.2 节"关于'不得使用的表达'"。

1.4 表格填写

说明书或附图在形式上或内容上存在缺陷的,需填写 PCT/ISA/237 表的第Ⅶ栏。对说明书和附图的清楚性提出意见的,需填写 PCT/ISA/237 表的第Ⅷ栏。具体填写参见第 3 部分第 4 章第 2.2.8 节"第Ⅶ栏 国际申请中的某些缺陷"和第 2.2.9 节"第Ⅷ栏 对国际申请的某些意见"。

1.5 PCT 法律规范与中国专利法律法规有关说明书和附图规定的区别

PCT 法律规范与中国专利法律法规有关说明书和附图的规定的区别参见表 3-2-1。

表 3-2-1 PCT 法律规范与中国专利法律法规有关说明书和附图规定对比

对比项目	PCT 法律规范	中国专利法律法规
附 图	请求书、说明书、权利要求书和摘要中不应有附图,即附图是一个单独部分〔细则 11.10（a）〕	附图是说明书的一个组成部分（《专利法实施细则》第 20 条、《专利审查指南》第 2 部分第 2 章第 2.3 节）
小标题	说明书的小标题包括"工业实用性"〔细则 5.1（a）（ⅵ）、规程 204（a）（ⅵ）〕	说明书的小标题不包括"工业实用性"（《专利法实施细则》第 20 条第 2 款）

2. 权利要求

权利要求应确定要求保护的内容。权利要求应清楚和简明,并应以说明书作为充分依据。(条约 6)

2.1 权利要求的形式和内容

2.1.1 请求保护的主题应以发明的技术特征来确定〔细则 6.3（a）〕

(1) 权利要求必须用"发明的技术特征"来撰写,权利要求中不应当包含任何涉及如商业效益或其他非技术内容的说明,但是对发明目的的描述如果有助于限定发明,则应当允许写入权利要求中。(检索和初审指南 5.04)

(2) 权利要求的每一技术特征不必全用结构特征限定,也可以使用功能性限定，但需满足下面的条件：

① 所属领域的技术人员不需花费创造性劳动就能找到实现该功能的某些方式；或

② 这些方式在申请中已充分公开。

正如权利要求的任何其他限定那样，功能性限定也必须被评价和考虑。关于权利要求中的功能性限定是否能够得到说明书支持的问题，参见第 3 部分第 2 章第 2.7.2.2 节"功能性限定的权利要求与公开内容的关系"。(检索和初审指南 5.04)

需要注意，《专利审查指南》第 2 部分第 2 章第 3.2.1 节的相关规定为：通常，对产品权利要求来说，应当尽量避免使用功能或者效果特征来限定发明。只有在某一技术特征无法用结构特征来限定，或者技术特征用结构特征限定不如用功能或效果特征来限定更为恰当，而且该功能或者效果能通过说明书中规定的实验或者操作或者所属技术领域的惯用手段直接和肯定地验证的情况下，使用功能或者效果特征来限定发明才可能是允许的。

(3) 允许涉及技术应用的用途权利要求。(检索和初审指南 5.04)

2.1.2　权利要求的两部分撰写方式

在适当的情况下，权利要求应包括前序部分和特征部分。权利要求分两部分撰写的目的是清楚地说明请求保护的发明主题的必要技术特征中哪些是现有技术。如果说明书中的背景技术部分对此进行了足够清楚的描述，可以不采用这种撰写方式。[细则 6.3 (b)、检索和初审指南 5.08]

有时发明的性质可能不适合以这种两部分的方式撰写权利要求，例如这将导致歪曲或错误地理解发明或现有技术的情况，可以不采用这种撰写方式。(检索和初审指南 5.06)

如果权利要求存在划界不当的情况，审查员可以在国际检索单位的书面意见中告知申请人。如果申请人不接受，审查员不应再坚持。(检索和初审指南 5.05)

2.1.3　权利要求引用说明书和附图的情况

权利要求在说明发明的技术特征时，除非绝对必要，不得引用说明书和附图。特别是不得使用"如说明书……部分所述"或"如附图 2 中所示"等用语。如果引用了说明书和附图，应当要求申请人说明这是绝对必要的。如一种情况是要求保护的发明包含用附图表示的某种特定形状，该形状既不易用词语限定，也不易用简单的数学式限定。另一特殊的例子是涉及化学产品的发明，其特征只能用图形或图表限定。[细则 6.2（a）、检索和初审指南 5.10]

2.1.4　附图标记

如果国际申请有附图，在权利要求提到的技术特征后面最好加上有关该特征的附图标记。在使用附图标记时，最好将其放在括号内。如果加上附图标记并不能使人更容易地理解权利要求，就不应加附图标记。[细则 6.2（b）、检索和初审指南 5.11]

2.2　权利要求的种类

2.2.1　基本类型

权利要求有两种基本类型，即物体（产品、装置）的权利要求和活动（方法、用途）的权利要求，相应简称为产品权利要求和方法权利要求。（检索和初审指南 5.12）

允许在同一国际申请中存在不同类型的权利要求，只要满足细则 13.1 单一性的要求即可。（检索和初审指南 5.13）

允许在同一国际申请中写入两项或两项以上的同类独立权利要求，只要它们之间有一个共同的发明构思，且从整体上满足条约 6 关于权利要求应当"简明"的规定。（检索和初审指南 5.14）

2.2.2　独立权利要求与从属权利要求

所有国际申请应当包括一项或多项记载发明必要技术特征的独立权利要求。任何独立权利要求后可跟随一项或多项从属权利要求。（检索和初审指南 5.15）

2.2.2.1　从属权利要求的引用

引用两项以上其他权利要求的从属权利要求应该仅以择一方式引用。多项从属权利要求不能作为其他多项从属权利要求的引用基础。当多项从属权利要求存在非择一引用或多项引多项的情况，导致不能对权利要求进行有意义的检索时，具体处理方式参见第3部分第2章第3节"排除的情况（exclusion）"；如果可以进行检索，则审查员应在书面意见或专利性国际初步报告的第Ⅶ栏指出该缺陷。［细则6.4（a）］

所有引用一项在前权利要求的从属权利要求，以及所有引用几项在前权利要求的所有从属权利要求，都应尽可能用最切实可行的方式归并在一起。［细则6.4（c）］

2.2.2.2 权利要求中的并列选择要素

独立权利要求和从属权利要求都可以包含并列选择要素，但这些并列选择要素应当具有相似的性质，并且可以等同地相互替代。并列选择要素在一项权利要求中的数目和撰写方式应使权利要求清楚和易于理解。（检索和初审指南5.18）

2.3 权利要求的解释

每项权利要求的用词应当被理解为相关领域技术人员赋予它们的通常含义和范围。如果说明书中给出了权利要求中用词的具体含义，审查员应当尽可能地要求申请人修改权利要求，使得权利要求本身的措辞就能清楚理解其含义。另外，还应当从技术角度来理解权利要求。这种理解可以脱离权利要求措辞的严格字面含义。❶（检索和初审指南5.20、A5.20［2］）

2.3.1 "用途"限定的权利要求

特殊用途的物质或组合物的权利要求一般应被理解为其请求保护的是以适合于所述用途的形式存在的物质或组合物。表面上与权利要求定义的物质或组合物相同的已知产物以不适合于所述用途的形式存在，则不破坏该权利要求的新颖性。但是，如果已知产物以实际上适合于所述用途的形式存在，则尽管其从未被描述过具有这种用途，它仍然破坏权利要求的新颖性。（检索和初审指南5.21）

---

❶ 作为国际检索和初审单位，国家知识产权局参照《专利审查指南》，选择检索和初审指南中A5.20［2］作为指导原则。

2.3.2 前序部分中发明目的或目标用途的引用

当前序部分引用了要求保护的发明目的或目标用途时，必须判断该目的或用途的描述是否导致要求保护的发明与现有技术之间存在结构差异或方法步骤差异。如果存在差异，则引用的目的或目标用途可用于限定权利要求。（检索和初审指南 5.22）

例如，一项"用于切肉的机器"的权利要求只叙述了该装置的功能（即切肉）而没有任何明确的结构限定。只要现有技术中具备切割功能的机器能够切肉，这种用语在评价新颖性和创造性时就不起任何作用。如果权利要求涉及"一种用于钢水的模具"，即暗示出对该模具的某些限定，所以熔点远低于钢的塑料冰块盘就不包括在该权利要求范围内。（检索和初审指南 5.23）

2.3.3 封闭式和开放式权利要求（检索和初审指南 5.24）

在评价新颖性或者创造性时，审查员应考虑权利要求中使用的是哪种类型的过渡用语，例如，"由……组成""包含"或"基本上由……组成"。检索的主题将依所使用的过渡用语而定。

（1）当一项权利要求使用封闭式类型的过渡用语，例如"由……组成"时，其权利要求不能被解释为包括含有该权利要求所述以外结构要素或方法步骤的产品或方法。例如，如果一项权利要求表述为"仅由 A、B 和 C 构成的产品"，则不能被理解为包括公开具有 A、B、C、D 或任何其他附加特征或成分的产品的现有技术，因而与此现有技术相比具备新颖性。

（2）当一项权利要求使用开放式类型的过渡用语时，其可以解释为包括含有该权利要求中没有述及的结构组成部分或方法步骤的产品或方法。例如，如果一项权利要求表述为包含 A、B 和 C 的产品，其可以被理解为包括公开具有 A、B、C、D 和任何附加特征或要素的产品的现有技术，而且与此现有技术相比较不具备新颖性。

（3）当一项权利要求使用"基本上由……组成"类型的过渡用语时，权利要求的范围解释为介于以封闭形式撰写的封闭式权利要求和开放式权利要求之间。"基本上由……组成"类型的过渡用语将权利要求的范围限定为要求保护的发明的具体材料或步骤和那些对基本特性或新特性没有实质性影响的内容。在进行检索和审查时,当说明书或权利要求中没有清楚地说明上述基本特性和新特性实际上是什么时,"基本上由……组成"应该被理解为等同于开放式(例如,"含有")。

2.3.4 装置加功能类型权利要求(检索和初审指南 5.25)

如果权利要求用功能或特性来限定一个装置或步骤,而没有用具体的结构或材料或操作特征限定,则这种限定应该解释为能够实现所述功能或具有所述特性的任何结构或材料或操作。如果权利要求中对装置作了进一步的说明,则应解释为包括那些进一步的具体限定。例如,如果一项权利要求表述了限制液体流速的阀门装置,则将被审查员解释为包含对阀门装置的进一步具体限定,而不是任何限制流速的装置。

但是,对于这种装置加功能类型权利要求是否清楚和简明的问题以及要求保护的发明对所属领域技术人员而言是否充分公开的问题应该分别判定。

2.3.5 方法定义的产品权利要求

当权利要求用制造产品的方法来限定产品时,这种权利要求整体上是产品权利要求,该产品具有由权利要求中所述的制造方法得出的特征。由方法限定的产品权利要求所限定的产品的专利性并不依赖于其制造方法。仅仅依据权利要求的产品是由新方法制造的事实,不能认为该产品具备新颖性。如果现有技术中存在该产品,该产品未公开制造方法,并且现有技术的产品显示出与要求保护的发明实质相同或者没有区别,则这种产品权利要求不具备新颖性。即使现有技术中描述的产品由不同的方法制成,并且权利要求中的产品与现有技术中描述的产品相同,或者由之显而易见,则该权利要求不具备专利性。(检索和初审指南 5.26、A5.26 [1])

如果一件产品只能以制造产品的方法步骤来限定,或者制造方法给最终产品带来区别特征,审查员应在确定检索主题和根据现有技术判断专利性时考虑该方法步骤。(检索和初审指南 5.27)

2.3.6 方法权利要求中的产品和装置限定

为检索和审查目的必须考虑方法权利要求中出现的产品和装置限定,以判

断其中的产品和装置是否导致权利要求与现有技术之间存在差异。（检索和初审指南 5.28）

2.4 权利要求与说明书和附图的一致性

2.4.1 权利要求缺少必要技术特征（检索和初审指南 5.29）

当说明书可能明示或暗示出权利要求中没有记载的某一技术特征对实施发明是必不可少时，审查员应当要求申请人修改权利要求，使其包括这一特征。反之，如果申请人在答复意见中，令人信服地说明这一特征对所属领域技术人员是清楚的，而说明书对该特征属于必要技术特征的说明是不准确的，则审查员应当要求申请人对说明书进行修改。

2.4.2 说明书和附图包括的发明的一种或几种实施方案明显超出权利要求覆盖的主题范围（检索和初审指南 5.29）

当说明书和附图包括的发明的一种或几种实施方案明显超出权利要求覆盖的主题范围时（例如，权利要求都是限定采用电子管的电路，而其中一种实施方案却用半导体作替代物），应当要求申请人修改权利要求或说明书和附图，消除这种不一致性的现象，以避免在以后解释权利要求的含义时出现任何可能的不确定性。但可以忽略那些不会造成权利要求含义不清的不一致情形。

需要注意，PCT 法律规范与中国专利法律法规关于此种情况存在差别：当说明书和附图包括的发明的一种或几种实施方案明显超出权利要求覆盖的主题范围时，中国专利法律法规未规定要求申请人修改权利要求或说明书和附图。

2.4.3 说明书中暗示保护范围可能以某种含糊的、不确切的方式而得以扩展的情况（检索和初审指南 5.30）

说明书中暗示保护范围可能以某种含糊的、不确切的方式而得以扩展，例如，说明书指称权利要求的保护范围扩展到了覆盖发明精神的任何说明；或权利要求仅针对若干特征的组合，而说明书暗示请求保护的不仅是作为整体的这种组合，而且还请求保护其中各个特征或这些特征的部分组合的任何说明。对于上述情况，审查员应当以权利要求不符合条约 6 的规定为由提出反对意见。

2.5 权利要求的清楚和简明

权利要求应当清楚，不仅要求每一项权利要求应当清楚，而且要求所有权利要求作为一个整体应当清楚。（检索和初审指南 5.31）

每项权利要求都必须以合理的清楚程度寻求保护的发明范围。权利要求的语言是否清楚必须根据具体申请公开的内容、现有技术的教导和完成发明时所属领域技术人员对权利要求的解释来分析。如果所属领域技术人员能够以合理的确定性判定权利要求的保护范围，则权利要求是清楚的。权利要求的宽泛不等同于不清楚。如果权利要求涵盖的主题的范围是清楚的，并且申请人没有另外指出他意图的发明范围与权利要求限定的范围不同，则权利要求满足清楚的要求。（检索和初审指南 5.32）

独立权利要求应当清楚地说明限定发明所需的全部必要技术特征。（检索和初审指南 5.33）

2.5.1 关于权利要求清楚问题的某些情形

2.5.1.1 含糊或模棱两可形式的措辞（检索和初审指南 5.34）

权利要求中不允许使用会导致保护范围不清楚的含糊或模棱两可的措辞，如"薄""宽""强"等相对的或者类似的措辞，除非这类措辞在具体领域中具有公认的含义，如"高频放大器"相对于放大器具有确定的含义。

如果修改不会使申请的主题扩展至超出国际申请原始提交时的内容，则宜于要求申请人定义或者删除含糊的或者模棱两可的措辞。不能依靠不清楚的术语来区别现有技术与要求保护的发明。

2.5.1.2 效果限定（检索和初审指南 5.35）

一般情况下，如果权利要求采用达到的效果来限定发明或其特征，审查员应当以不清楚为由提出反对意见。当要求保护的范围大于说明书能够支持的范围时，可以以权利要求缺乏支持为由提出反对意见。

但是，如果发明只能用其效果加以限定，而且该效果是所属领域技术人员根据发明已公开的内容和一般常识，不必通过"过度的实验"（参见第 3 部分第 2 章第 2.7 节"要求保护的发明的清楚和完整公开"）就能够实现，例如，如果该效果通过说明书中适当说明的实验或操作得到了直接或肯定的反复验证，则不应当提出反对意见。

2.5.1.3 参数限定（检索和初审指南 5.36）

允许仅用参数限定产品的情况：产品不能用任何其他方式充分限定，并且这些参数可以通过说明书中的指示或者通过本领域认可的客观方法清楚和可靠地确定。这同样适用于用参数限定方法中相关的技术特征。

使用非本领域认可的参数，或者使用不能获得的装置测量的参数，可以以不清楚为由加以反对。

应当注意，申请人可能试图用不常见的参数掩盖其发明不具备新颖性的缺陷。

2.5.1.4 "使用特征"限定的设备或产品（检索和初审指南 5.37）

如果一项产品或设备权利要求通过引用该产品或设备的"使用特征"进行限定，可能导致权利要求不清楚。当权利要求不仅限定要求保护的产品本身，而且还限定了该产品与另一个产品（该另一产品不属于要求保护的发明的一部分）的关系时，尤其可能会导致权利要求不清楚。这种权利要求必须通过对权利要求的恰当表述来清楚地限定要求保护的单个产品（例如，一种发动机用气缸盖，其中气缸盖用其在发动机中的连接特征进行限定，此处应当用"可以与……连接"代替"连接"），或者权利要求的主题必须针对第一产品与第二产品的结合（例如"带有气缸盖的发动机"或"包含气缸盖的发动机"）。

在独立权利要求中允许引用第二产品的尺寸和/或相应形状来限定第一产品的尺寸和/或形状（例如，在车辆号码牌的安装支架的例子中，支架框架和固定部分通过与号码牌外形的关系加以限定），所述第二产品不属于要求保护的第一产品部分但在使用中与第一产品相关。

2.5.1.5 "大约"或类似的用词（检索和初审指南 5.38）

审查员应当判断"大约""接近"等词的含义在作为整体的申请的上下文中是否足够清楚。"大约""接近"等词用于特定的值（如"约200℃"）或特定范围（如"约 X 至约 Y"）是允许的。如果采用像"大约"这样的措辞导致不能清楚地将发明与现有技术区分开，应当以不具备新颖性和创造性为由提出反对意见。

2.5.2 关于权利要求清楚问题的其他情形

2.5.2.1 商标或类似的表达方式（检索和初审指南5.39）

商标和类似的表达方式描述的是产品的商业来源特征，而不是与发明有关的产品性质（该特征会随时间而改变）。因此，审查员应当要求申请人删除权利要求中出现的商标或类似的表达方式，除非采用这类表达方式是不可避免的；商标或类似表达方式在其具有的确切含义被普遍认可的情况下才可以允许。

2.5.2.2 "最好是""例如""如""尤其是"的表达方式（检索和初审指南5.40）

对于这类表达方式应当仔细判断，以确保其不致引起模糊不清。这类表达方式对权利要求的保护范围不起限定作用，也即，在任何这种表达方式之后的特征应当被看作完全可选的。

2.5.2.3 "放弃""否定限定""排除"的限定方式（检索和初审指南5.41）

一般情况下，权利要求的主题是通过肯定的特征加以限定的。但是，可以利用"放弃"、"否定限定"（例如，"其中组合物不含水"）、"排除"的方式限定权利要求的范围。

如果申请人在权利要求中采用否定限定来排除其没有作出的发明，而非清楚和简明地说明其所作的发明，则这种否定限定会导致权利要求不清楚。

在权利要求中使用排除的限定方式时，如果替代要素在说明书中有肯定陈述，则它们可以清楚地在权利要求中予以排除。但是，不能仅仅以说明书中缺乏肯定的陈述，就将替代要素从权利要求中排除。

2.5.3 权利要求的简明 ［细则6.1（a）、检索和初审指南5.42］

权利要求应当简明，不仅每一项权利要求应当简明，而且所有权利要求作为一个整体也应当简明。例如，用词的过分重复或者关于细微特征的权利要求数量过多可以被认为不满足该要求。

2.6 权利要求应得到说明书的充分支持

权利要求"应当得到说明书充分支持"。这是指每一项权利要求的主题在

说明书中必须有依据，而且权利要求的范围必须不得宽于说明书和附图可以支持的范围。（条约6、检索和初审指南5.43）

一般情况下，除非有充分的理由确信所属领域技术人员在申请给出的信息基础上，用常规实验方法或分析方法不能把说明书记载的特定内容扩展到权利要求限定的整个范围，否则即认为权利要求得到了说明书的支持。但这种支持必须是针对要求保护的发明的特征；毫无技术内容的或其他相关内容的模糊说明或断言不作为任何依据。审查员只有在有充分理由的情况下，才应当以缺乏支持为由提出反对意见。审查员提出反对意见时，如果可能，反对的理由应得到公开文件的充分支持。（检索和初审指南5.44）

2.7 要求保护的发明的清楚和完整公开

每项权利要求的主题必须以"足够清楚和完整能使所属领域技术人员实施本发明的方式"得到说明书和附图的支持。如果要求保护的发明提供的信息足以使所属领域技术人员在国际申请日时不需进行过度实验就能够实施该发明，则要求保护的发明的公开就被认为是足够清楚和完整的。（检索和初审指南5.45）

公开是针对所属领域技术人员（所属领域技术人员的概念参见第3部分第3章第4.1.2节"所属领域技术人员的含义"）而言的。如果需要，该技术人员会考虑使用他具备的一般知识来补充申请中含有的信息。该公开必须足以使所属领域技术人员基于其在国际申请日之时而不是检索和审查之时所具有的基本知识能够实施本发明。虽然允许合理数量的试错，但所属领域技术人员根据要求保护的发明公开的内容和一般知识，必须不需要"过度的实验"就能够实施本发明。这特别适用于非开创性技术领域。（检索和初审指南5.46）

在判断是否需要过度实验来实施要求保护的发明时，所需考虑的因素包括：

(1) 权利要求的范围；
(2) 发明的性质；
(3) 所属领域技术人员的一般知识；
(4) 本领域的可预见性水平；
(5) 申请中提供的指导量，包括现有技术的引证；和

(6) 根据公开的内容实施要求保护的发明所需要的实验量。（检索和初审指南 5.47）

权利要求的范围与确定过度实验有关，因为所属领域技术人员必须能够实施要求保护的发明的全部范围。例如，如果申请仅仅公开了如何实施要求保护的发明的一部分，则申请人不能要求保护所述发明范围的所有内容。但是，即使在不可预见的领域，也不需要提供覆盖权利要求的范围内的每种可能情况的实例。如果所属领域技术人员不需要过度实验就能够实施要求保护的发明，则代表性的实例以及对这些实例作为一个整体如何实施于权利要求的范围的说明通常是足够的。（检索和初审指南 5.48）

要求保护的发明的主题，对确定所属领域技术人员的一般性知识和现有技术状况是至关重要的。例如，如果各种参数值的选择是所属领域技术人员的公知常识，则这种选择不应该被认为需要过度实验。（检索和初审指南 5.49）

"申请中提供的指导量"是指在说明书、权利要求书和附图中，包括实施例和对其他申请或文件的引证中明示或暗示的信息。所属领域技术人员对本发明的性质已知的越多，对所属领域可预见的内容越多，则申请本身为实施要求保护的发明所需要的信息就越少。例如，如果所属领域技术人员能够容易地预见要求保护发明的特征的效果，则本领域存在可预见性。（检索和初审指南 5.50）

除了进行实验需要的时间和花费之外，还应该考虑实验的性质，例如，实验是仅仅需要常规劳动还是需要超越常规劳动。（检索和初审指南 5.51）

2.7.1 与权利要求书充分对应

多数权利要求是由一个或多个具体的实施例概括而成的。对每一具体的申请案，审查员都应当参照相关的现有技术，判断权利要求概括的范围是否恰当。一项概括恰当的权利要求，其范围应当既不过宽致使超出发明的范围，也不过窄致使剥夺了申请人公开发明应获得的回报。不应当对申请人已经说明的显而易见的改变、等同物的使用提出疑问。尤其是如果可以合理地预期到权利要求覆盖的所有变化都具有申请人在说明书中为其描述的特性和用途，则申请人相应概括的权利要求是恰当的。（检索和初审指南 5.52）

2.7.2 权利要求书与公开内容的关系
2.7.2.1 权利要求与说明书和附图不一致或不相称的情况（检索和初审指南 5.55）

如果在阅读申请之后，所属领域技术人员仍然不能实施权利要求保护的发明，因为权利要求中缺少实现发明的功能或操作的必要要素，则权利要求书与说明书和附图不一致且不相称。

例1 权利要求涉及具有给定所需性能的改进的燃油组合物。说明书对获得具有这种性能的燃油的一种方式提供支持，该方式是其中有一定量的某种添加剂，没有公开获得具有所需性能燃油的任何其他方式。如果权利要求中没有提到任何添加剂，则权利要求没有得到说明书的充分支持。

例2 权利要求与说明书所公开的内容不一致。如，权利要求与说明书中包含的内容相矛盾。

例3 考虑到说明书和附图，权利要求的范围覆盖了申请人没有意识到的领域，如，仅仅是对还没有被研究过的可能性的推测。

2.7.2.2 功能性限定的权利要求与公开内容的关系（检索和初审指南5.56）

如果所属领域技术人员能够理解权利要求中限定的功能还可用其他手段实现，权利要求可以用该功能进行宽泛的限定，即使说明书只给出了一个实施例。

如果申请的全部内容给人的印象是，功能是以一种特定方式实现的，且说明书没有设想其他替代方法，而权利要求包含了完成该功能的其他方式或所有方式，则权利要求不满足得到说明书充分支持的要求。此外，如果说明书中仅以含糊的方式说明其他方式也可以采用，但不能合理地获知这些方式是什么及怎样采用，则权利要求得不到说明书的充分支持。

2.7.2.3 用参数表征的化合物权利要求与公开内容的关系

对于仅用参数表征的化合物权利要求（参见第3部分第2章第2.5.1.3节"参数限定"），只有当通过足够的相关识别特征对发明进行描述，并且该特征能证明申请人在申请日时意识到并描述了要求保护的发明时，用参数表征的化合物才得到说明书的充分支持。例如，只有通过对结构与功能之间已知或公开的相互关系以及对局部结构、物理和/或化学特性、功能特征的说明，或者通

过对这些特征的组合的说明对发明进行描述时，用其参数来表征的化合物才得到说明书的充分支持。(检索和初审指南5.57)

对是否符合条约5充分公开的要求和条约6权利要求得到公开内容支持的要求要分别判断。在某些情况下，权利要求的范围太宽，不能得到说明书和附图的支持，其公开内容也可能不充分，致使所属领域技术人员不能实施要求保护的发明。因此，存在既不满足有关权利要求与公开内容之间关系的要求，也不满足充分公开的要求的情况。(检索和初审指南5.58)

2.8　表格填写

权利要求中存在缺陷时需填写PCT/ISA/237表的第Ⅶ栏和/或第Ⅷ栏，具体内容参见第3部分第4章第2.2.8"第Ⅶ栏　国际申请中的某些缺陷"和2.2.9节"第Ⅷ栏　对国际申请的某些意见"。

3. 排除的情况（exclusions）

在国际检索阶段，如下四种情况属于限制检索（restriction）的情况，均可导致对发明主题不进行检索（检索和初审指南16.28）：

（1）权利要求涉及细则39.1定义的不要求国际检索单位检索的主题；（检索和初审指南15.87）

（2）涉及的权利要求无法作出有意义的检索；

（3）多项从属权利要求不符合细则6.4（a）；

（4）缺乏发明单一性。

上述四种情况中的（1）、（2）和（3）属于"排除的情况"（exclusions），本节将着重介绍这三种情况。

对于由缺乏发明单一性导致的对发明主题不检索的情况在第3部分第2章第4节"单一性"中介绍。

3.1　对排除的情况的解释

对于排除的情况应考虑如下因素：

（1）重点在于实质内容。为了确定主题，审查员不要考虑权利要求的形

式或种类，而要将精力集中在其内容上。(检索和初审指南 9.16)

(2) 根据协议附件 C，对于根据细则 39.1 或细则 67.1 在国际检索或国际初步审查阶段被排除在检索或审查之外的主题，如果在中国国家阶段应当对其进行检索和审查，则在国际检索阶段审查员同样应当对其进行检索和审查。(检索和初审指南 9.02)

(3) 审查员不能仅以国际申请不具备工业实用性为由，将其从国际检索中排除，而应当尽力对这类申请进行检索和审查，除非该申请不清楚以至于不能进行有意义的检索。(检索和初审指南 9.33、9.38)

需要注意，《专利审查指南》第 2 部分第 7 章第 10 节相关的规定为：一件申请的全部主题不具备实用性时，审查员对该申请不必进行检索。

3.1.1　权利要求涉及细则 39.1 定义的不要求国际检索单位检索的主题

所述不要求国际检索单位检索的主题包括：

(1) 科学和数学理论；

(2) 植物或者动物品种或者主要是用生物学方法生产植物或者动物的方法，但微生物学方法和由该方法获得的产品除外；

(3) 经营业务、纯粹智力行为或者游戏比赛的方案、规则或者方法；

(4) 处置人体或动物体的外科手术方法或者治疗方法，以及诊断方法；

(5) 单纯的信息表述；

(6) 计算机程序，在国际检索单位不具备条件检索与该程序有关的现有技术的限度内。

当申请中涉及上述不要求国际检索单位检索的主题时，如果根据合理预期修改的主题不被排除在国际检索之外，那么审查员可以对其进行检索。(检索和初审指南 15.66)

3.1.1.1　不要求国际检索单位检索的主题 (1)(3)(5)(6)

对于这些不要求国际检索单位检索的主题使用涉及"实践应用"或"技术特征"的方法进行判断。术语"实践应用"应当被理解为，要求保护的发明作为一个整体时具有可提供有用、具体及有形结果的实践应用的特征。"技术特征"应当被理解为，要求保护的发明必须涉及一个技术领域，必须与技术问题相关，并且必须具有能够在权利要求中确定请求保护主题的"技术特

征"。(检索和初审指南 9.04)

对上述不要求国际检索单位检索的主题(1)(3)(5)(6)这四种主题只要具有"实践应用"或"技术特征",就应当对其进行检索和审查。例如,一种用特殊的编码来表示字符(如脉冲编码调制)的电报设备或通信系统具有"实践应用"或"技术特征",属于要求国际检索单位进行检索的主题。(检索和初审指南 9.12)

国际检索单位检索的主题(1)(3)(5)相关实例参见表 3-2-2。

表 3-2-2　国际检索单位检索的主题(1)(3)(5)相关实例

类型	不要求国际检索单位检索的主题	要求国际检索单位检索的主题
科学和数学理论(检索和初审指南 9.05)	半导电性的物理理论; 一种除法的简算方法	新的半导体装置及制造方法; 用于执行除法简算方法的计算器
经营业务(检索和初审指南 A9.07)	——	用于实施与商业相关的活动的具有实践应用的计算机可执行的方法或设备; 用于执行组织商业运作的至少部分方案的设备或技术过程
游戏比赛的方案、规则或者方法(检索和初审指南 A9.07)	——	用来进行游戏活动的新设备
单纯的信息表述(检索和初审指南 9.11)	信息表述本身(如声音信号、言语、可视显示); 记录在载体上的信息(如特征在于其主题内容的书籍、特征在于录制的音乐段的留声机唱片、特征在于发出警告的交通信号); 用于表述信息的方法和设备(如特征仅在于显示或记录信息的显示器或记录仪)	具有容量标记的测量设备; 带有特殊形状的沟槽以进行立体声录音的留声机唱片; 侧边装有声道的幻灯片

3.1.1.2　不要求国际检索单位检索的主题(2)(检索和初审指南 9.06)

植物或者动物品种或者主要是用生物学方法生产植物或者动物的方法属于不要求国际检索单位进行检索的主题,但微生物学方法和由该方法获得的产品除外。

(1) 植物或动物品种或者主要是用生物学方法生产植物和动物的方法的判断举例

"本质生物学"方法的判断：在一种方法中，如果人类技术的介入在决定或控制该方法达到所要求的结果方面起了重大作用，则该方法不是"本质生物学"方法。

国际检索单位检索的主题（2）相关实例参见表 3 – 2 – 3。

表 3 – 2 – 3　国际检索单位检索的主题（2）相关实例

不要求国际检索单位检索的主题	要求国际检索单位检索的主题
植物品种	转基因植物
动物品种	基因变异的非人类动物
通过选择将具有某些特性的马集中在一起而有选择性地繁殖马的方法	转基因植物的制备方法； 采用生长激素或利用辐射来处理植物的方法； 利用技术手段处理土壤，以抑制或促进植物生长的方法； 基因变异的非人类动物的获得方法； 利用克隆或者基因控制来得到非人类动物的方法

(2) 微生物学方法和由该方法获得的产品是要求国际检索单位检索的主题

微生物学方法和由该方法获得的产品的实例包括：

① 使用微生物的各种工业方法；

② 生产微生物的各种方法，例如通过基因工程生产微生物的方法；

③ 微生物学方法得到的产品，包括由微生物学方法得到的质粒和病毒；

④ 微生物本身，因为它是由一种微生物学的方法得到的产品，可以受到保护。

3.1.1.3　不要求国际检索单位检索的主题（4）（检索和初审指南 9.08 ~ 9.10)

通过外科手术或治疗对人体或动物体进行处置的方法及在人体或动物体上实施的诊断方法属于不要求国际检索单位检索的主题。

不要求国际检索单位检索的实例包括：

① 在有生命的人体或动物体上实施的外科手术方法（包括美容外科手术方法）。外科手术不限于治愈性处置，更多的是指处置的本性。

② 对有生命的人体或动物体的治疗方法。治疗性处置暗示着对躯体的机

能障碍或疾病所进行的治疗。免疫等预防性方法被视为治疗方法。

③ 在有生命的人体或动物体上实施的诊断方法。诊断方法包括用于医学目的对人体或动物体的状态所实施的探查，所以测量躯体血压的方法或者使 X 射线穿过躯体来获得关于躯体内部状态的信息的方法都能够被排除在国际检索之外。

④ 对已脱离人体或动物的身体组织或体液所实施的处置或对它们进行的诊断方法，而且这些组织或体液再返回到同一体内。

要求国际检索单位检索的实例包括：

① 用于外科手术、治疗或诊断的产品或其仪器或装置；

② 除对有生命的人体或动物体实施的外科手术方法、治疗方法或诊断方法，其他处置方法或者其他的用于测量或记录人体或动物体特性的方法要进行国际检索，例如，对羊进行处理以促进生长，改善羊肉质量或提高羊毛产量，条件是这些方法本质上不具有生物学特性；

③ 使用化学产品对人进行美容的方法；

④ 在死亡的人或动物体上所实施的处置方法和诊断方法；

⑤ 对已脱离人体或动物体的组织或体液所实施的处置或对它们进行的诊断方法，且这些组织或体液不再返回到同一体内，例如，对储存在血库中的血所进行的处置或者对血样所进行的诊断性检测。

3.1.2　涉及的权利要求无法进行有意义的检索

国际申请的说明书、权利要求或者附图不符合规定的要求（例如，清楚、简明或支持等），且不存在可以合理预期的技术主题，将会导致不能对发明主题进行有意义的检索。（检索和初审指南 9.01、9.27）

没有提供符合标准的序列表也可能导致不能进行有意义的检索，具体情况参见第 5 部分第 1 章第 1 节 "国际检索阶段对序列表的审查"。

在说明书、权利要求或者附图不符合例如清楚或者权利要求得到说明书支持等有关规定，且其不符合程度达到了不能进行任何有意义检索的情况下，审查员可以要求申请人进行非正式澄清，尤其是在国际检索单位宣布不制定国际检索报告之前。但是，这并不意味着通知或许可申请人向国际检索单位提出修改。（检索和初审指南 9.34）

如果权利要求中存在对确定权利要求的保护范围造成困难的任何类型的缺陷，例如，含混不清、不一致、模糊或有歧义的表达，那么也可以要求申请人进行非正式澄清。（检索和初审指南9.35）

例1　权利要求1："我的发明价值一百万美元。"

说明书没有提供关于该发明的足够信息，以确定出在对权利要求进行修改后可能合理预期的保护主题。因此，根本不可能对权利要求1进行检索。（检索和初审指南9.28）

例2　权利要求1："含有kryptonite物质的组合物。"

说明书引用了术语"kryptonite"，但是说明书中既没有以周期表中的任何元素为根据来定义所声称的物质，也没有描述关于所声称物质的例如密度、熔点等任何物理特性。因而根本无法对权利要求1进行任何检索。（检索和初审指南9.29）

例3　大量的权利要求。

一件申请包含480项权利要求，其中38项是独立权利要求。由于范围有重叠，无法清楚地区别各项独立权利要求。申请中包括太多的权利要求，并且以这种方式撰写，导致不符合条约6和细则6的规定。在说明书中或者别处也没有任何合理的依据，例如，从一具体段落可指示出预期可能要求保护的主题。因此根本不可能进行任何检索。（检索和初审指南9.30）

3.1.3　多项从属权利要求不满足细则6.4（a）

细则6.4（a）第二句和第三句规定："引用一项以上其他权利要求的从属权利要求（多项从属权利要求）只能择一地引用那些权利要求。多项从属权利要求不得作为另一多项从属权利要求的基础。"

多项从属权利要求不满足细则6.4（a）第二句和第三句的规定可能会导致无意义的检索。（检索和初审指南9.41）

3.2　PCT法律规范与中国专利法律法规关于"排除的情况"的区别

PCT法律规范与中国专利法律法规关于"排除的情况"的区别参见表3-2-4。

表 3-2-4　PCT 法律规范与中国专利法律法规关于"排除的情况"的区别

	PCT 法律规范	中国专利法律法规
外科手术方法	外科手术方法无须被检索，因为其属于被排除的主题［细则 39.1（iv）］	非治疗目的的外科手术方法不必被检索，因为其不具备实用性（《专利法》第 25 条第 1 款第 3 项，《专利审查指南》第 2 部分第 5 章第 3.2.4 节、第 7 章第 10 节）
诊断方法	对已脱离人体或动物体的组织或体液进行的诊断方法，如果所述组织或体液不再返回到同一主体，则该诊断方法需要对其进行检索，因为其不属于被排除的主题（检索和初审指南 9.10）	以有生命的人体或动物体的离体样品为对象，以获得同一主体的疾病诊断结果或健康状况为直接目的的方法无须进行检索（《专利审查指南》第 2 部分第 1 章第 4.3.1.1 节、第 7 章第 10 节）
原子核变换方法和用该方法获得的物质	无具体规定，应进行检索	不必进行检索（《专利法》第 25 条第 1 款第 5 项，《专利审查指南》第 2 部分第 1 章第 4.5 节、第 7 章第 10 节）
工业实用性	不具备工业实用性的主题，应当尽力对其进行检索（检索和初审指南 9.33、9.38）	不具备实用性的主题，不必对其进行检索（《专利审查指南》第 2 部分第 7 章第 10 节）

3.3　表格填写

有关本节中 PCT/ISA/210 表和 PCT/ISA/237 表相关项目的填写参见第 3 部分第 4 章第 1.2.3.1 节"第Ⅱ栏　某些权利要求被认为是不能检索的意见"和 2.2.4 节"第Ⅲ栏　不作出关于新颖性、创造性和工业实用性的意见"。

3.3.1　所有权利要求均无须检索的情况

当国际申请中的所有权利要求均无须进行检索时，审查员应作出"宣布不制定国际检索报告"（PCT/ISA/203 表），同时填写 PCT/ISA/220 表和 PCT/ISA/237 表。［条约 17（2）(a)、检索和初审指南 9.40］

例如，当国际申请的全部权利要求仅涉及半导电性的物理理论时，在 PCT/ISA/220 表和 PCT/ISA/203 表中涉及的主要项目的填写分别如图 3-2-1 和图 3-2-2 所示。

1. ☐ 兹通知申请人，国际检索报告和国际检索单位书面意见已经作出并随本通知传送。

   按条约19提出修改和声明：

   如果申请人愿意，可享受修改国际申请权利要求的权利（见细则46）：

   何时？ 提出修改的期限通常是自国际检索报告送交日起2个月。

   何地？ 直接送往WIPO国际局，优选通过ePCT或者纸件交至

   International Bureau of WIPO，
34 chemin des Colombettes
1211 Geneva 20，Switzerland

   有关更详细的规程，见《PCT申请人指南》国际阶段第9.004~9.011段。

2. ☒ 兹通知申请人，将不作出国际检索报告根据条约17（2）（a）作出的相应宣布和国际检索单位书面意见随本通知书传送。

图3-2-1 PCT/ISA/220表"所有权利要求均无须检索"样页

本国际检索单位根据条约17（2）（a）宣布，对于国际申请将**不制定国际检索报告**，其理由如下：

1. ☒ 国际申请的主题涉及：
   a. ☒ 科学理论
   b. ☐ 数学理论
   c. ☐ 植物品种
   d. ☐ 动物品种
   e. ☐ 本质上是生物学方法的动植物生产方法，微生物方法以及用该方法获得的产品除外
   f. ☐ 经营的方案、规则或方法
   g. ☐ 纯智力活动的方案、规则或方法
   h. ☐ 游戏比赛的方案、规则或者方法
   i. ☐ 处理人体的外科手术或治疗方法
   j. ☐ 处理动物体的外科手术或治疗方法
   k. ☐ 在人体或动物体上实施的诊断方法
   l. ☐ 单纯的信息表述
   m. ☐ 本国际检索单位不具备检索现有技术的计算机程序

2. ☐ 国际申请的下列部分不符合规定的要求，以致不能进行有意义的检索：

   ☐ 说明书   ☐ 权利要求书   ☐ 附图

3. ☐ 没有序列表，不能进行有意义的检索；申请人没有在规定的期限内：

   ☐ 提交符合WIPO标准ST.26的序列表，并且国际检索单位也未获得形式、语言和方式可以被接受的序列表。

   ☐ 在答复根据细则13之三.1（a）的通知提交序列表时，未缴纳后提交费用。

4. 补充意见：（样例）国际申请的全部权利要求仅涉及半导电性的物理理论，属于科学理论的范畴，属于PCT细则39.1（ⅰ）中所列的无须进行国际检索的情形，因此未进行国际检索。

图3-2-2 PCT/ISA/203表"所有权利均无须检索"样页

需要注意：当填写 PCT/ISA/203 表时，不仅要选择国际申请不进行检索的相关项，而且应当选择第 4 项，并在该项下写明不检索的具体原因。（检索和初审指南 15.33）

当作出"宣布不制定国际检索报告"时，无须制定摘要。

3.3.2 某个（些）权利要求或权利要求中的某个（些）并列技术方案不检索的情况

当不针对国际申请中某个（些）权利要求或权利要求中的某个（些）并列技术方案进行检索时，审查员应填写如下表格：PCT/ISA/220 表（图 3-2-3）、PCT/ISA/210 表、PCT/ISA/237 表的相关项目。

---

1. ☒ 兹通知申请人，国际检索报告和国际检索单位书面意见已经作出并随本通知传送。
   按条约 19 提出修改和声明：
   如果申请人愿意，可享受修改国际申请权利要求的权利（见细则 46）：
   何时？ 提出修改的期限通常是自国际检索报告送交日起 2 个月。
   何地？ 直接送往 WIPO 国际局，优选通过 ePCT 或者纸件交至
   International Bureau of WIPO,
   34 chemin des Colombettes
   1211 Geneva 20, Switzerland
   有关更详细的规程，见《PCT 申请人指南》国际阶段第 9.004~9.011 段。
2. ☒ 兹通知申请人，将不作出国际检索报告根据条约 17（2）（a）作出的相应宣布和国际检索单位书面意见随本通知书传送。

图 3-2-3 PCT/ISA/220 表"某个（些）权利要求或权利要求中的某个（些）并列技术方案不检索"样页

需要注意：当权利要求（如权利要求 1）中的某个（些）并列技术方案不进行检索时，其在表格中填写相关项目的表达方式为：权利要求 1（部分）。具体填写参见第 3 部分第 4 章第 1.2.3.1 节"第Ⅱ栏 某些权利要求被认为是不能检索的意见"、1.2.5.3 节"相关文件"、2.2.4 节"第Ⅲ栏 不作出关于新颖性、创造性和工业实用性的意见"和 2.2.6 节"第Ⅴ栏 关于新颖性、创造性或工业实用性的意见"。

3.3.3 根据合理预期修改的主题

当权利要求涉及第 3 部分第 2 章第 3.1.1 节"权利要求涉及细则 39.1 定义的不要求国际检索单位检索的主题"中所述的不要求国际检索单位检索的主题时，如果根据合理预期对该主题进行修改，且修改后的主题不被排除在国际检索之外，那么审查员可以对其进行检索。（检索和初审指南 15.66）在进行检索的情况下，审查员需要在 PCT/ISA/210 表第 Ⅱ 栏第 1 项中除详细说明申请涉及的主题属于不要求国际检索单位检索主题的理由，还要清楚地说明检索所针对的合理预期的修改后的主题，并选中 PCT/ISA/237 表第 Ⅲ 栏第 3 复选框，在该复选框下以"详情参见 PCT/ISA/210 表第 Ⅱ 栏"的方式说明该事实，并且在 PCT/ISA/237 表第 Ⅴ 栏中说明关于新颖性、创造性和工业实用性的声明和解释是基于合理预期的修改后的主题作出的。

4. 单一性

在考虑申请是否满足发明的单一性要求之前，首先应当判断发明主题是否属于被排除的情况［参见第 3 部分第 2 章第 3 节"排除的情况（exclusions）"］，然后仅对那些不被排除的发明主题进行单一性判断。

4.1 单一性基本概念

4.1.1 发明单一性的要求

一件国际申请应只涉及一项发明或者由一个总的发明构思联系在一起的一组发明。（细则 13.1）

4.1.2 发明单一性的要求被认为满足的情况

在同一件国际申请中要求保护一组发明的，只有当这些发明之间存在技术关联，含有一个或者多个相同或相应的特定技术特征时，才应被认为满足发明单一性的要求。"特定技术特征"应指，在每个要求保护的发明作为一个整体考虑时，对现有技术作出贡献的技术特征。（细则 13.2）

4.2 发明缺乏单一性情况的处理

当发明缺乏单一性时，审查员应予以指出。一般情况下，要求申请人对附加发明的检索付费。

审查员应对国际申请的权利要求中首先提到的发明（主要发明）部分作出国际检索报告。如果申请人在规定期限内缴纳了附加费，审查员还应当对国际申请中已经缴纳附加费的发明作出国际检索报告。[条约17（3）（a）]

在能够用微不足道的额外劳动对多于一项发明进行国际检索和作出书面意见时，特别是当发明在构思上非常接近时，审查员可以决定连同首先提到的发明一起完成附加发明的国际检索和书面意见，但仍需指明发明缺乏单一性的情况。（检索和初审指南10.65）审查员在对发明是否缺乏单一性无把握时，不应采用硬性做法，要具体情况具体分析，应采取使申请人获益的做法。（检索和初审指南10.04）

4.2.1 发出缴纳附加费通知书

当发明缺乏单一性而又不属于能够用微不足道的额外劳动对多于一项发明进行国际检索和作出书面意见时，审查员应在发出国际检索报告和书面意见之前发出PCT/ISA/206表，说明申请存在缺乏单一性的缺陷及其理由，区分出不相关联的每个独立的发明并明确附加发明的个数和应缴纳的附加检索费数额，以及如果提出异议需缴纳的异议费。（检索和初审指南10.60）

审查员也可以在"PCT/ISA/206表附件"中针对权利要求中首先提到的发明（主要发明）的检索结果起草"关于部分国际检索结果的通知书"。（检索和初审指南10.61）

对于没有缴纳附加检索费的不满足单一性要求的发明不进行检索。（检索和初审指南10.61）

审查员应就国际申请中已经缴纳了检索费和附加费的发明起草国际检索报告和书面意见。（检索和初审指南10.62）

4.2.2 无须通知申请人缴纳附加检索费的情况下检索附加发明

当可以用微不足道的额外劳动对缺乏单一性的发明进行国际检索和作出书

面意见时，审查员无须通知申请人缴纳附加检索费，但应在国际检索报告和书面意见中写明缺乏发明单一性的情况。（检索和初审指南 10.65）

4.3 异议程序

申请人在缴纳检索附加费时可以提出异议，即附一份说明理由的声明，说明该国际申请符合发明单一性的要求或者说明要求缴纳的附加费数额过高。[细则 40.2（c）]

4.3.1 异议程序的启动

当申请人缴纳了附加检索费和异议费后，缴费清单及异议理由的陈述书将上传至审查系统，审查员应立即通知复核组的组长，启动异议程序。如果申请人明确表示对于部分权利要求不要求检索，则无须缴纳该部分权利要求的附加检索费。在这种情况下，也可以启动异议程序。（检索和初审指南 10.69）

如果异议全部成立，应当将异议费退还申请人；如果异议不成立或者部分不成立，均无须退还异议费。[细则 40.2（e）]

4.3.2 异议程序的操作（参见第 6 部分第 7 章）

4.4 表格填写

发明缺乏单一性的缺陷涉及 PCT/ISA/206 表、PCT/ISA/210 表第Ⅲ栏和 PCT/ISA/237 表第Ⅳ栏，其中，PCT/ISA/210 表和 PCT/ISA/237 表相关项目的填写参见第 3 部分第 4 章第 1.2.3.2 节"第Ⅲ栏 缺乏发明单一性的意见"和 2.2.5 节"第Ⅳ栏 缺乏发明的单一性"。

异议程序涉及 PCT/ISA/206 表第 3 项和 PCT/ISA/212 表（异议决定通知书或异议被认为没有提出的声明）。

4.4.1 PCT/ISA/206 表样页

PCT/ISA/206 表"相关项"样页参见图 3-2-4。

申请人或代理人的档案号	**缴费期限** 自上述发文日起 1 个月❶
国际申请号	国际申请日（年/月/日）
申请人	

1. 国际检索单位

   （i）认为从下面/附加页上指明的权利要求来看，国际申请有_____项（数目）要求保护的发明：

   （ii）从而因下面/附加页上指出的理由认为**国际申请没有满足发明单一性的要求**（细则 13.1、13.2 和 13.3）：

   独立权利要求1、2和3之间……
   （详细说明该国际申请不符合单一性的理由）

   （iii）对于权利要求中首先提及之发明的那些部分：
       □ 已进行部分国际检索（见附件）： ☒ 将制定国际检索报告：

   （iv）仅在缴纳附加费的限度内，对国际申请的其他部分制定国际检索报告。

2. **通知申请人**，在上述期限内缴纳下面指出的附加费数额：

   $$\frac{2100/CNY}{每项附加发明的费用} \times \frac{2}{附加发明数目} = \frac{4200/CNY}{附加费总额/币种}$$

3. 通知申请人，根据细则 40.2（c），**缴纳附加费时可以提出异议**。也就是附一说明理由的声明，说明该国际申请符合发明单一性的要求或说明要求的附加费数额过高；适用情况下，缴纳异议费。如果申请人在缴纳附加费的同时提出异议，通知申请人在上述期限内缴纳异议费 [细则 40.2（e）]　__异议费为200/CNY__（数额/币种）。

   如果申请人在上述期限内没有缴纳所要求的异议费，国际检索单位将宣布异议视为未提出。

4. □ 发现权利要求_____存在条约第 17 条（2）（a）所述的缺陷，按照条约17(2)(b)是不能检索的，并因此没有包括在任何发明内。❷

图 3-2-4 PCT/ISA/206 表"相关项"样页

---

❶ 不得更改此期限。

❷ 此处填写由于下述原因不能进行检索的权项：（i）涉及不要求国际检索单位检索的主题的权利要求；（ii）涉及说明书、权利要求或附图无法作出有意义检索的权利要求；（iii）多项从属权利要求不满足细则6.4（a）第2句和第3句的规定。

4.4.2 PCT/ISA/212 表相关项样页

PCT/ISA/212 表"相关项"样页参见图 3-2-5。

```
☒ 通知申请人，本国际检索单位在审查了对缴纳附加费的异议之后作出下面决定。
  1.☒ 认为异议在如下程度上成立：
      a.☐ 将及时退还全部附加费和（适用的情况下）异议费。
      b.☒ 因下列理由将及时退还数额为 2100/CNY （数额/币种）的部分款：

             该申请包括两项发明，即燃气-蒸汽透平式发动机
        （对应于权利要求1和2）；和燃气蒸汽式内燃机（对应于权利要求3）
                     因此，需要缴纳一份附加检索费

  2.☐ 因下列理由，认为异议不成立，并将不退还附加费和（适用的情况下）异议费：

  3.☐ 国际检索单位宣布异议被认为没有提出，因为申请人尚未在 _____（年/月/日）
      发出的缴纳附加费的通知书（PCT/ISA/206表）指明的期限内缴纳异议费。

注意：
      如果申请人希望将异议和异议决定的副本寄送指定局，应迅速通知国际局。
      本通知的副本（及附件，如果有）已经寄往国际局。
```

图 3-2-5 PCT/ISA/212 表"相关项"样页

4.5 马库什法概念［规程附件 B（f）段］

马库什法是指一项权利要求限定多个可选择要素的情况。在可选择要素具有类似性质的情况下，应当认为这些可选择要素在技术上相互关联，具有相同或相应的特定技术特征：

（a）当马库什组是用于对化合物的选择时，如果满足下列标准，它们被认为具有类似的性质：

（A）所有可选择要素具有一种共同的性能或作用，而且

（B）（1）具有一种共同的结构，即所有可选择要素都共有一种具有重要意义的结构单元，或

（B）（2）在共同的结构不能成为统一标准的情况下，所有的可选择要素应属于该发明所属领域中公认的化合物类别。

（b）在上述（a）（B）（1）段中，"所有可选择要素都共有一种具有重要

意义的结构单元"是指这样的情况，即这些化合物具有一共同的化学结构，该结构占据它们结构中的大部分，或者这些化合物的结构仅有一小部分是相同的，但是该共有结构相对于现有技术构成了结构上的区别部分，并且该共同结构对于该共同的性能或作用是必不可少的。该结构单元可以是一种单一的组成部分，也可以是连接在一起的各独立组成部分的组合。

（c）在上述（a）（B）（2）段中，"公认的化合物类别"是指根据本技术领域的知识可以预期到该类的成员就要求保护的发明而论其表现是相同的。换句话说，每个成员都可以互相替代，而且可以预期所要达到的效果是相同的。

（d）马库什组合中的各个可选择要素可能分类不同，这一事实不单独被拿来作为证明缺乏发明单一性的理由。

（e）考虑这些可选择要素时，如果能证明至少有一种马库什可选择要素相对于现有技术不具备新颖性，审查员应重新考虑发明的单一性问题。重新考虑并非必然意味着提出缺乏单一性的意见。（检索和初审指南10.17）

4.6　中间体与最终产品的单一性［规程附件B(g)］

（a）"中间体"是指中间产物或起始产品。这些产品具有通过一种物理或化学变化生产出最终产品的性能，在上述变化中，中间体失去了原有的本性。

（b）如果能满足下列两个条件，就中间体和最终产品而言，应认为具有发明的单一性。

（A）中间体和最终产品具有相同的基本结构单元，即：

（1）中间体和最终产品的基本化学结构是相同的，或者

（2）两种产品的化学结构在技术上是密切相关的，该中间体引入一个基本结构单元成为最终产品，并且

（B）中间体与最终产品在技术上相互关联，这意味着最终产品直接由该中间体制造，或者是从少数都含有相同基本结构单元的中间体中分离出来的。

（c）在结构未知的中间体和最终产品之间也可能存在发明的单一性问题，例如，在一种具有已知结构的中间体与一种结构未知最终产品之间，或在一种结构未知的中间体与一种结构未知的最终产品之间。在这种情况下，要想满足

单一性的要求，必须有足够的证据表明该中间体与最终产品在技术上是密切相关的，例如，该中间体含有与最终产品相同的基本单元或引入一个基本单元到最终产品中。

（d）可以允许在一件国际申请中包含制备最终产品的不同方法中使用的不同中间体，只要这些中间体具有相同的基本结构单元。

（e）在由中间体转化为最终产品的过程中，该中间体和最终产品不能被一种已知的中间体分隔开来。

（f）如果同一件国际申请请求保护最终产品的不同结构部分的不同中间体，不应认为这些中间体之间存在单一性。

（g）如果中间体和最终产品是族系化合物，每一种中间化合物都必须对应于最终产品的族系中要求保护的一种化合物。然而，某些最终产品也可能在中间产品的族系中没有相应的化合物，这样，这两个族系就不需要绝对一致。（检索和初审指南10.18）

例1（检索和初审指南10.32）

权利要求1：具有结构A的新化合物（中间体）。

权利要求2：A与物质X反应制得的产品（最终产物）。

例2（检索和初审指南10.33）

权利要求1：A与B的反应产物（中间体）。

权利要求2：A和B的反应产物与物质X和Y进一步反应制得的产品（最终产品）。

在例1和例2中，中间体和/或最终产物的化学结构是未知的。例1中权利要求2的最终产品的结构是未知的，例2中权利要求1的中间体和权利要求2的最终产物的结构是未知的。如果有证据表明作为本发明创造性特征的最终产品的性质是由中间体带来的，则单一性存在。例如，例1和例2中的中间体的使用在于改变最终产品的某种性质。该证据可以是说明书中的试验数据，它能表明中间体对最终产物的影响。如果不存在这种证据，则根据中间体－最终产品的联系，它们之间不存在单一性。

5. 在先检索结果、要求申请人提交的资料

5.1 在先检索结果

在先检索结果包括"由同一或其他国际检索单位或国家局作出的在先国际检索、国际式检索或者国家检索的结果"。（细则4.12）

当申请人在请求书（PCT/RO/101表）第Ⅶ栏"在先检索和分类结果的利用"中提出使用在先检索结果的请求，同时满足第3部分第2章第5.2.3节"要求申请人提交在先检索相关资料"时，若在先检索是由国家知识产权局作出的，审查员在制定检索报告时，应尽可能地考虑在先检索结果；若在先检索是由其他国际检索单位或者其他国家局作出的，则审查员在制定检索报告时，可以考虑在先检索结果。

5.1.1 全部或主要利用在先检索结果的情形

如果审查员全部或主要（substantially prevailing portion）利用在先检索结果，应退还75%的检索费，检索费金额依据的是WIPO官网中"PCT申请人指南→CN→国际阶段→附件D"以及国家知识产权局与WIPO于2007年10月3日在日内瓦签订的《中国国家知识产权局与世界知识产权组织国际局就中国国家知识产权局作为PCT国际检索单位和国际初步审查单位的协议》的附件C第二部分（3）。此时，审查员应作出"退还检索费的通知书"（PCT/ISA/213表），与国际检索报告一同发出。[细则16.3、41.1，检索和初审指南2.10（d）]

5.1.2 未利用或仅小部分利用在先检索结果的情形

与5.1.1相反的情形，即如果审查员未利用或仅小部分利用在先检索结果，无须退还检索费。在该种情形下，建议审查员作出"无其他可适用表格时的通知书"（PCT/ISA/224表），在该通知书中告知申请人不予退还检索费的理由，并与国际检索报告一同发出。[细则16.3、41.1，检索和初审指南2.10（d）]

如果申请人在请求书第Ⅶ栏中提出使用在先检索结果的请求，但缺少在先

检索相关资料,审查员可以要求申请人提供。(参见第 3 部分第 2 章第 5.2.3 节"要求申请人提交在先检索相关资料")

5.2 要求申请人提交资料

在国际检索阶段,如发现申请中缺少相关资料或发现申请人提供的资料不符合条约、细则等有关规定,应要求申请人提供相关资料或符合规定的资料。

5.2.1 要求申请人提交序列表

如果申请包含一个或多个核苷酸和/或氨基酸序列的内容,但是没有符合相应标准的序列表,审查员可以作出"提供核苷酸和/或氨基酸序列表以及适用情况下缴纳后提交费的通知书"(PCT/ISA/225 表)通知申请人在规定的期限(通常为 1 个月)内提交符合规程规定标准的序列表,同时要求申请人缴纳 200 元人民币的后提交费。(细则 5.2、13 之三,规程 208、513、附件 C,检索和初审指南 15.12)

若说明书的序列表部分包含规程附件 C 规定的标准中所限定的自由文本,但是自由文本的内容没有以撰写说明书所用的语言出现在该说明书的主要部分中,则审查员作出"关于说明书主要部分中自由内容的通知书"(PCT/ISA/233 表)通知申请人在规定的期限(通常为 1 个月)内将该自由文本添加到说明书的主要部分中。(细则 5.2、13 之三,规程 208、513、附件 C,检索和初审指南 15.13)

具体操作参见第 5 部分第 1 章第 1 节"国际检索阶段对序列表的审查"的相关内容。

5.2.2 要求申请人提交说明书中引用的未公开的文件

如果国际申请中引用了没有公布或者国际检索单位不能得到的文件,而该文件对正确理解发明是重要的,且不了解该文件的内容就不可能作出有意义的国际检索,则审查员应首先发出"无其他可适用表格时的通知书"(PCT/ISA/224 表)通知申请人提供该文件的副本。如果在规定期限(通常为 1 个月)内没有收到该文件的副本,审查员应尝试进行国际检索,并说明对某个(些)或全部技术方案不能进行有意义的检索。(检索和初审指南 15.37)

5.2.3 要求申请人提交在先检索相关资料

如果申请人在请求书中提出要求考虑在先检索结果的请求，审查员需要申请人提交相关在先申请的副本、在先检索结果的副本、在先检索结果中所引用任何文件的副本的，可以发出"提供与在先检索有关的文件的通知书"（PCT/ISA/238 表）要求申请人在 15 天或 1 个月内提交。如果在先申请的语言和/或在先检索结果的语言不是中文或英文，还可以要求申请人提供在先申请和/或在先检索结果的中文或英文译文。

需要说明的是，如果在先检索是由国家知识产权局进行的，审查员无须要求提交任何副本或译文。［细则 12 之二 2.（a）(b)］

此外，如果申请人在请求书（PCT/RO/101 表）续第Ⅶ栏选择如下复选框，审查员可以不要求提交某些副本或译文，见图 3-2-6。

续第Ⅶ栏　　在先检索和分类结果的利用
1. 申请人根据细则 4.12 提出的请求
1.1 □ 请第Ⅶ栏中指明的国际检索单位（ISA）**考虑下面指明的在先检索的结果**（参见续第Ⅶ栏第 1 项的说明，一个以上在先检索结果的利用） 　　申请日（年/月/日）　　　申请号　　　国家（或地区专利局） 　　□ 声明［细则 4.12（ii）］：除了在适用的情况下，提交申请的语言不同，本国际申请与已进行了在先检索的申请相同或实质上相同。
1.2 必要时＊，在先检索结果的提交 □ 文件的获得［细则 12 之二.1（c）和（d）和 12 之二.2（b）］：下列文件，国际检索单位（ISA）能够以其可以接受的形式和方式得到，因此无须申请人向受理局或国际检索单位提交。 　　□ 在先检索结果的副本； 　　□ 在先申请的副本； 　　□ 使用国际检索单位接受的语言的在先申请的译文； 　　□ 使用国际检索单位接受的语言的在先检索结果的译文； 　　□ 在先检索结果中引用的任何文件的副本［如果知道的话，请在下面写明哪些文件国际检索单位（ISA）可以得到］：
□ 申请人请求受理局向国际检索单位（ISA）传送在先检索结果副本［细则 12 之二.1（b）和（d）］：（如果在先检索不是由第Ⅶ栏中指明的国际检索单位（ISA）作出的，**而是由受理局为同一局的单位作出的**；或在先检索的结果**受理局能够获得**）：申请人**请求受理局准备并向国际检索单位传送**在先检索结果的副本。
＊申请人仅在第 1 项中的情况均未出现时才需向受理局或国际检索单位（ISA）提供在先检索结果的副本。（参见清单第 10 项并参见续第Ⅶ栏第 1 项的说明）

图 3-2-6　PCT/RO/101 表"续第Ⅶ栏　在先检索和分类结果的利用"样页

(1) 申请人选中"声明"项时,审查员不要求申请人提交在先申请的副本或译文;[细则12之二.2(c)]

(2) 申请人选中第1.2的第1复选框"文件的获得"项时,审查员不要求申请人提交相应的副本或译文;[细则12之二.1(d)]

(3) 申请人选中"申请人请求受理局向国际检索单位(ISA)传送在先检索结果副本"项时,审查员不要求申请人提交相应的副本。[细则12之二.1(b)]

需要注意的是,如果审查员没有得到应由受理局提供的上述副本或译文,应当与受理局审查员联系。

6. 明显错误和不得使用的表达

申请人可以依据细则91.1的规定在自优先权日起26个月内,对原始国际申请或后提交的其他文件中出现的非明显故意的错误(如,语言错误、拼写错误)提出更正请求。[细则91.1(a)、91.2,检索和初审指南8.01]

6.1 关于明显错误

可以更正的错误看起来必须是"明显的",即对主管单位而言,在合适的日期内以下事实是明显的:

(1) 非故意出现在相关文件中的;以及

(2) 除了所提议的更正方式不会再有其他更正方式。[细则91.1(c)、检索和初审指南8.01]

合适的日期应当是[细则91.1(f)、检索和初审指南8.07]:

(1) 当原始国际申请的一部分中存在声称的错误时,合适的日期是国际申请日;

(2) 当除原始国际申请的其他文件中,包括国际申请的改正或修改中存在声称的错误时,合适的日期是该包含声称的错误的文件的提交日。

6.1.1 更正请求的提出 [细则91.1(a)(b)(h)]

当说明书、权利要求书、附图或其改正文件中存在明显错误时,检索审查员可以通知申请人向国际检索单位对可更正的明显错误提出更正请求。[使用"提出更正请求通知书"（PCT/ISA/216 表）]申请人可以根据审查员的通知提出更正请求，也可以主动提出更正请求。

如果审查员发现申请人递交的明显错误更正的请求是针对请求书中出现的明显错误的，可以通知（使用 PCT/ISA/216 表）申请人将该更正请求递交到受理局。[细则91.1（d）和（e）、检索和初审指南8.12]

由于根据细则91可以更正的任何错误并不妨碍作出检索报告，所以尽管审查员可以通知申请人提出明显错误更正请求，但不提倡作出这样的通知。（检索和初审指南8.13）

6.1.2 更正的许可或拒绝

审查员仅对说明书、权利要求书、附图或其改正中存在明显错误的更正请求作出许可或拒绝的决定。[细则91.1（b）（ii）、91.3（a）]

审查员在国际检索报告作出之前或之后收到更正请求的，都必须通过填写"关于更正请求决定的通知书"（PCT/ISA/217 表）作出许可或拒绝更正的决定。

6.1.2.1 可更正的明显错误

可更正的明显错误的例子包括语言错误、拼写错误和语法错误，只要更正后公开的含义不改变即可。明显错误不仅限于这类错误，还包括对于说明书、权利要求书或附图的更正。主管单位对于声称的错误是否明显的认定应只能基于说明书、权利要求书和附图，而不依赖任何外部文件。在考虑说明书、权利要求书或附图中的错误是否明显因而可更正的时候，优先权文件的内容不应该考虑在内。[细则91.1（d）、检索和初审指南8.05]

6.1.2.2 不能更正的错误

如果更正不属于明显错误的性质（例如，包括权利要求的删除、说明书段落的遗漏或者某些附图的遗漏），审查员将拒绝更正。[细则91.1（c）]

审查员依据细则91.1（g）拒绝更正的错误包括：

(1) 遗漏了国际申请的一项或多项（请求书、说明书、权利要求书、附图或摘要），或者遗漏了国际申请的一页或多页；

(2) 摘要中的错误；

（3）根据条约19的修改中的错误；除非根据细则91.1（b）（ⅱ）主管国际初步审查单位许可其错误的更正；（参见第4部分第2章第3.1.2节"国际初步审查单位许可和拒绝的更正"）

（4）优先权要求错误或者根据细则26之二.1（a）改正或增加优先权声明中的错误，该错误的更正可能导致优先权日的改变。

6.1.3 明显错误更正的考虑

如果审查员根据细则91.1许可了明显错误的更正，应在国际检索报告中考虑该更正，同时应在国际检索报告中说明该报告已将更正考虑在内。[细则43.6之二（a）]

如果国际检索单位许可明显错误更正或者收到明显错误更正的请求，发生在已开始起草国际检索报告之后，为了国际检索的目的，审查员不必考虑该许可的明显错误更正或者收到的申请人提交的更正明显错误请求。在这种情况下，审查员应在PCT/ISA/217表中说明这种情况。[细则43.6之二（b）]

审查员在检索报告发出后收到明显错误更正请求的，其处理方式参见第3部分第4章第3.3节"收到申请人更正明显错误的请求"。

应当注意的是：国际申请进入国家阶段后，如果国家阶段的审查员根据细则91.1的规定判断后，认为明显错误的更正不会被许可，则可以忽略国际阶段所许可的更正。[细则91.3（f）]

6.1.4 更正的生效日期[细则91.3（c）]

在对明显错误的更正被许可的情况下，更正生效的时间为：

（1）如果所述错误存在于申请时提交的国际申请中，自国际申请日起生效；

（2）如果所述错误存在于除申请时提交的国际申请的文件中，包括存在于国际申请的改正或修改中，自该文件提交日起生效。

6.1.5 表格填写

明显错误的更正涉及填写的表格包括PCT/ISA/216表和PCT/ISA/217表，也包括PCT/ISA/210表和PCT/ISA/237表。

6.1.5.1 PCT/ISA/216 表的填写

审查员采用 PCT/ISA/216 表通知申请人对于明显错误提出更正请求。在发出 PCT/ISA/216 表后，审查员无须等待并继续检索程序，见图 3-2-7。

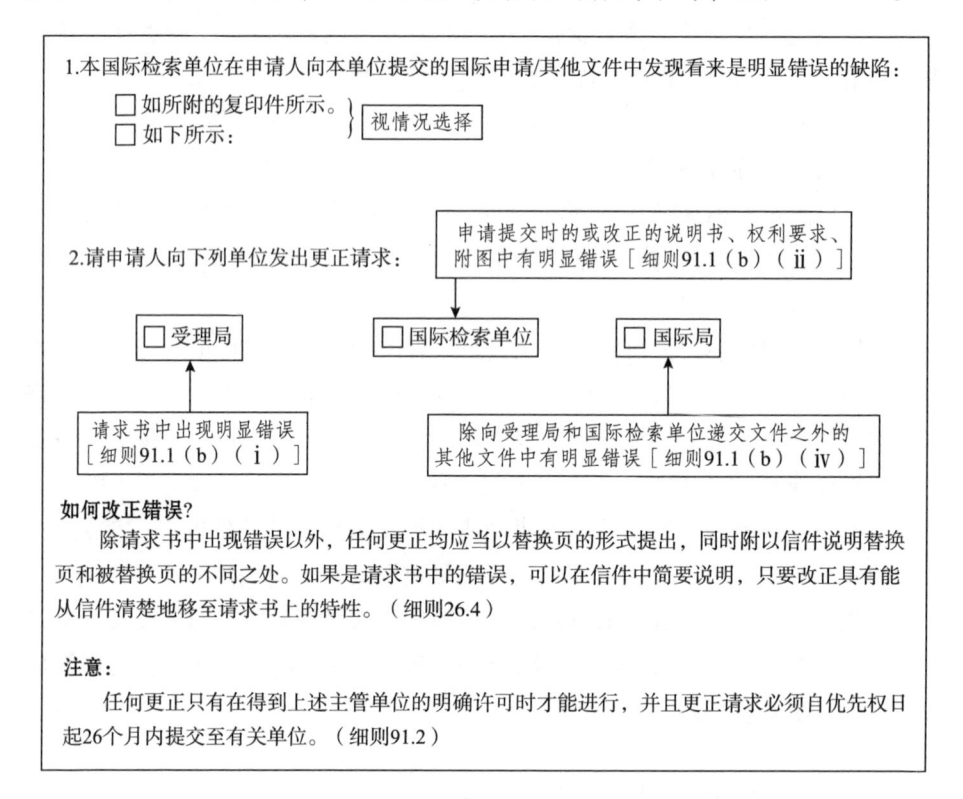

> 1.本国际检索单位在申请人向本单位提交的国际申请/其他文件中发现看来是明显错误的缺陷：
>   ☐ 如所附的复印件所示。⎫
>   ☐ 如下所示：   ⎬ 视情况选择
>
> 2.请申请人向下列单位发出更正请求：
>   申请提交时的或改正的说明书、权利要求、
>   附图中有明显错误 [细则91.1（b）（ⅱ）]
>
>   ☐ 受理局   ☐ 国际检索单位   ☐ 国际局
>
> 请求书中出现明显错误   除向受理局和国际检索单位递交文件之外的
> [细则91.1（b）（ⅰ）] 其他文件中有明显错误 [细则91.1（b）（ⅳ）]
>
> **如何改正错误？**
>   除请求书中出现错误以外，任何更正均应当以替换页的形式提出，同时附以信件说明替换页和被替换页的不同之处。如果是请求书中的错误，可以在信件中简要说明，只要改正具有能从信件清楚地移至请求书上的特性。（细则26.4）
>
> **注意：**
>   任何更正只有在得到上述主管单位的明确许可时才能进行，并且更正请求必须自优先权日起26个月内提交至有关单位。（细则91.2）

图 3-2-7 PCT/ISA/216 表"通知申请人对于明显错误提出更正请求"样页

6.1.5.2 PCT/ISA/217 表的填写

审查员采用 PCT/ISA/217 表对于申请人提出的更正请求作出许可或拒绝的决定，并表明国际检索单位为国际检索目的是否考虑了明显错误的更正，见图 3-2-8。

> 通知申请人，本国际检索单位考虑了申请人向本单位提交的国际申请/其他文件中明显错误的更正请求并决定：
>
> 1. a ☐ 同意更正
>
>   ☐ 按申请人所要求的；
>
>   ☐ 在以下范围内*：
>
> b ☐ 为国际检索目的，该更正**将会或已被考虑**［细则43.6之二（a）］❶
>
>   ☐ 更正**未被考虑**，原因是该更正是在本单位开始起草国际检索报告之后才被本单位许可的［细则43.6之二（b）］❷
>
> 2. ☐ 拒绝许可全部或部分更正，理由如下*：

图3-2-8　PCT/ISA/217表"对于申请人提出的更正请求许可或拒绝的决定"样页

6.1.5.3　PCT/ISA/210和PCT/ISA/237表相关项目的填写

当审查员根据细则91.1许可了明显错误的更正并在国际检索报告中考虑了该更正时，审查员应选中PCT/ISA/210表第1页第1.b项和PCT/ISA/237表第Ⅰ栏第2项，以表明国际检索报告已将更正考虑在内，并在PCT/ISA/237表第Ⅰ栏第5项"补充意见"中填写审查意见是在哪些明显错误更正页的基础上作出的。相关内容参见第3部分第4章第2.2.2节"第Ⅰ栏　意见的基础"。［细则43.6之二（a）］

6.2　关于"不得使用的表达"

6.2.1　"不得使用的表达"的内容

国际申请中不应包括：

（1）违反道德的用语和附图；

（2）违反公共秩序的用语和附图；

（3）贬低申请人以外任何特定人的产品或者方法的说法，或者贬低申请人以外任何特定人的申请或者专利的优点或者有效性的说法（仅仅与现有技

---

❶ 当审查员许可了明显错误的更正并将要或已经在国际检索报告中考虑了该更正时，选中此复选框。

❷ 当审查员许可了明显错误的更正，但在国际检索报告中未考虑该更正时，选中此复选框。

术作比较本身不应认为是贬低行为）；

（4）根据情况明显是无关或者不必要的说明或者其他事项。（细则9.1）

属于第（1）和第（2）种情况的例子有：煽动暴乱或扰乱秩序；煽动犯罪行为；种族、宗教或类似的歧视宣传；以及淫秽内容。（检索和初审指南4.29）

在第（3）种情况中，必须将诽谤或类似贬低性陈述与公正评论加以区别。前者不允许使用；后者如果是相关明显的或通常公认的缺点，或已被申请人发现的缺点，则可以使用。（检索和初审指南4.30）

对于第（4）种情况，应当注意，只有在其是"明显无关或不必要的"情况下，例如，与发明主题或相关现有技术的背景确定无关时，才能使用该条款特别予以禁止。这种待删除的内容可能是在原始说明书中就已是明显无关或不必要的，也可能是在审查程序中变成明显无关或不必要的，例如将专利申请的权利要求限制到原始申请的几种选择方案中的一种方案。（检索和初审指南4.31）

6.2.2 表格填写

当国际申请中存在不得使用的表达时，审查员应当使用"关于国际申请中不得使用的用语等的通知书"（PCT/ISA/218表）建议申请人自愿对国际申请进行改正（1个月的等待答复期限），申请人的改正不得引入新的内容。（细则9.2、检索和初审指南15.35）

如果申请人没有作出改正，则审查员应就合理预期的权利要求主题继续进行检索和审查，并在PCT/ISA/237表第Ⅶ栏中指出国际申请中存在不得使用的表达的缺陷。（检索和初审指南15.35）

如果改正引入新的内容，审查员应使用"无其他可适用表格时的通知书"（PCT/ISA/224表）通知申请人拒绝该改正，说明理由并在表中选择"无答复期限"，同时应在PCT/ISA/237表第Ⅶ栏中指出国际申请中存在不得使用的表达的缺陷。

7. 分　　类

7.1　分类的要求

7.1.1　国际申请按照国际专利分类体系进行分类

审查员必须对每件国际申请按照国际专利分类体系（IPC）进行分类，给出所有发明信息，并尽可能给出附加信息。［细则43.3，检索和初审指南7.01、16.52，IPC使用指南（2023版）第十章第115－119段］

7.1.2　根据检索的结果确定最终的分类号

从检索结果考虑，所有看似新颖的和非显而易见的、要求专利权的技术主题，都必须连同要求专利权的技术主题的任何新颖的和非显而易见的构成部分或组成部分（各个子组合体）一起，作为发明信息进行分类。［IPC使用指南（2023版）第十章第124段］

从检索结果考虑，公开文本中任何看似新颖的和非显而易见的、未要求专利权的技术主题，都必须作为发明信息进行分类。［IPC使用指南（2023版）第十章第125段］

如果对检索有用，最好将权利要求中或未要求专利权的公开文本中提到的补充发明信息的任何附加信息进行分类或引得。［IPC使用指南（2023版）第十章第126段］

在确定一篇专利文件不存在发明信息的情况下，也仍然必须给该专利文件至少一个分类号作为发明信息。在该情形中，审查员应该以整体公开文本中确定为对检索最有用的部分为基础。［IPC使用指南（2023版）第十章第133段］

7.2　特殊情况的处理

7.2.1　国际申请属于"排除的情况"（exclusions）的分类

当发明范围不清楚时，应基于发明尽可能被理解的程度进行分类。（检索和初审指南7.06）

如果发现国际申请与不要求检索的主题有关或者不能进行有意义的检索，

不管怎样仍应尽可能进行分类。(检索和初审指南7.08)

7.2.2 发明缺乏单一性时的分类

不管发明是否缺乏单一性，所有要求保护的发明都必须全部进行分类。(检索和初审指南7.07)

7.3 分类号的表示方法 [IPC使用指南（2023版）第十二章]

IPC分类号的表示形式为：在每个IPC分类号后面的圆括号内放置指明这个分类号何时设立或被实质修订的版本号（年.月），并在版本号后，标记发明信息（i）或附加信息（n）。

例如：

B28B 5/00 (2006.01) i

B28B 1/29 (2007.04) i

H05B 3/18 (2008.07) n

7.4 表格填写

通常，审查员在审查系统的PCT/ISA/210表填写界面的分类号输入框，依次输入相应的分类号，从而完成PCT/ISA/210表第2页A栏的填写；同理，对于PCT/ISA/203表中分类号的填写，审查员在PCT/ISA/203表填写界面的分类号输入框，依次输入相应的分类号即可。

在上述两个表格填写完毕后，打开PCT/ISA/237表，在该表的扉页上"国际专利分类（IPC）或者国家分类和IPC两种分类"栏已经自动生成与上述两个表格中填写的分类号一致的分类号。

第3章 检索和审查

1. 现有技术

1.1 现有技术基本概念

1.1.1 现有技术的定义

为评价发明新颖性和创造性而采用的现有技术定义为"在'相关日'之前，在世界上任何地方，公众通过书面公开（包括绘图和其他图解）能够获得的一切事物"。（检索和初审指南11.01）

需要注意，《专利审查指南》第2部分第3章第2.1节的相应规定为：现有技术是指申请日以前在国内外为公众所知的技术。现有技术包括在申请日（有优先权的，指优先权日）以前在国内外出版物上公开发表、在国内外公开使用或者以其他方式为公众所知的技术。

1.1.2 相关日

用于国际检索报告目的的相关现有技术不同于用于其他目的，包括国际检索单位给出书面意见时的相关现有技术，因为用于国际检索报告目的的"相关日"与用于书面意见及国际初步审查目的的"相关日"在定义上有所不同。（检索和初审指南11.02）

1.1.2.1 用于国际检索报告目的的相关日（细则33.1、检索和初审指南11.03）

用于国际检索报告目的的相关日是国际申请日，而非优先权日。

对于提出申请后又提交某些申请文件的情况下，国际申请日的确定请参见

第 3 部分第 1 章第 3 节"检索和审查的基础"。

1.1.2.2　用于书面意见及国际初步审查目的的相关日（细则 64.1）

用于书面意见及国际初步审查目的的相关日定义为：

(1) 除下述（2）和（3）所述情形外，用于国际审查目的的相关日，即用于作出国际检索单位或国际初步审查单位书面意见和专利性国际初步报告的相关日是国际申请的申请日。

(2) 国际申请要求了一项在先申请优先权，且其国际申请日在优先权期限❶内，用于国际审查目的的相关日是该国际申请的优先权日，除非国际检索单位或国际初步审查单位认为该优先权要求无效。

(3) 国际申请要求了一项在先申请优先权，且其国际申请日晚于优先权期限届满之日，但在自届满之日起 2 个月内，无论申请人是否提出优先权恢复请求，以及无论受理局是否给予优先权恢复，用于国际审查目的的相关日都是该国际申请的优先权日（即，在先申请的申请日），除非国际单位以国际申请日晚于优先权期限届满日之外的其他理由认为该优先权要求无效。[细则 64.1 (b)、检索和初审指南 11.04]

需要注意的是，申请人可以向受理局或国际局提出改正或增加优先权的要求。针对该要求，受理局或国际局会发出"关于优先权要求的通知书"（PCT/RO/111 表），审查员应当根据该通知书确认申请人请求改正或增加的优先权要求是否有效，进而确认国际申请的优先权日。（细则 26 之二.1）

当潜在的相关文件的公开日在申请的优先权日与国际申请日之间公开，审查员确定该国际申请权利要求的相关日时要考虑所要求的优先权日是否有效。在国际检索阶段，由于需要及时作出书面意见，因而审查员在没有足够时间适当确定该申请的优先权的有效性时，用于该书面意见目的的相关日应为已要求的优先权日。在国际初步审查阶段，如果必要的优先权文本或其译文在建立书面意见或专利性国际初步报告之时仍不能获得，则视为未要求优先权，用于国际初步审查单位书面意见或专利性国际初步报告目的的相关日基于国际申请的申请日。[检索和初审指南 6.17、11.04、11.05、17.29（b）（d）]

---

❶　优先权期限应当解释为："自作为优先权基础的在先申请的申请日起 12 个月期限。在先申请的申请日当天不包括在该期限中。"（细则 2.4）

1.2 公开方式

1.2.1 书面公开的公众可获得性

如果在相关日之前公众可以接触并获得书面文件的内容，且对所获得知识的使用或传播不存在保密限制，该书面公开文件则被视为可以被公众获得。当可被公众得到的书面文件的日期只给至月份或年份，没有给出具体的日期时，则推定该文件的内容分别在该月或该年的最后一日已被公众获得，除非有相反的证据。(*检索和初审指南 11.12*)

1.2.2 互联网公开

在互联网或在线数据库中公开的现有技术被视为其他形式的书面公开。公开于互联网或在线数据库上的信息被视为在其被公布的当日即可为公众所获得。当引用互联网公开（网页）文件时，会出现如何确立公布日及这种公开是否随时间被修改过的问题。(*检索和初审指南 11.13*)

确立网页的公布日时，重要的是区分两类互联网公开，即在可信的出版商网站上公开与在未知可信度的网站上公开。(*检索和初审指南 11.13*)

在无相反证据时，审查员应假定网络公开的内容未随时间修改。(*检索和初审指南 11.20*)

1.2.2.1 在可信出版商网站上的公开

可信出版商网站的实例为在线科学刊物（其将纸件刊物的内容在线公开，或可以为独家的在线出版物）。报纸、期刊、电视和无线电台的网站通常也属此列。在无相反证据时，对这种互联网公开文件所示的公布日不予置疑。审查员可以在国际检索报告中引证该互联网公开文件，并且在国际检索单位给出的书面意见中和在初步审查时相应引证这样的公开文件。申请人负有证明其为不实的举证责任。(*检索和初审指南 11.14*)

有时，难以确定某一互联网公开文件的公布日在国际申请的有效优先权日（无优先权日或优先权无效时，指国际申请日）之前还是之后，例如，只给出了该公布的月份或年份，并且该公布的月份或年份与国际申请的有效优先权日的月份或年份相同。在这种情况下，审查员需要咨询网站的经营人以足够准确地确定公布日，从而得知该公开文件是否属于现有技术。这与确定纸件公开文

件的准确公布日在做法上是一致的。(检索和初审指南 11.15)

1.2.2.2 在未知可信度网站上的公开

未知可信度网站的实例包括属于私营个体、私营团体（如俱乐部）的网站、商业网站（如广告）等。当在国际检索阶段遇到这样的互联网公开且公开内容中未对其公布日给出清楚指示时，审查员可考虑采用下列技术手段：(检索和初审指南 11.16)

第一，内嵌在互联网公开文件自身的与公布日有关的信息（日期信息有时隐藏在网页的创建程序中，但在浏览器的网页上是看不见的）；

第二，借助搜索引擎获得该网页的索引日期（因搜索引擎完成对新网站的索引通常需要一定时间，所以此日期通常晚于网页公开的实际公布日）；

第三，得自商用互联网归档数据库网站的信息（例如，"互联网归档路径回复器"）。(检索和初审指南 11.17)

关于在未知可信度网站上的公开的公开日期的情形：

（1）获得了用以确立互联网公布日期的电子文件的情况

当审查员获得了确立互联网公布日期的电子文件时，应制作这一文件的打印信息件。该打印信息件必须述及相关互联网公开文件的统一资源定位器（URL）和该相关互联网公开文件的公布日。然后审查员必须在国际检索报告中将此打印信息件引证为 L 类文件，并根据该相关互联网公开文件内容的相关程度（"X""Y""A"）和确立的日期引证该公开文件（"X""Y""A""P, X""P, Y""P, A""E"等）。(检索和初审指南 11.18)

（2）不能确立互联网公开文件公布日的情况

当审查员不能确立互联网公开文件的公布日，且该文件与要求保护发明的创造性和/或新颖性有关时，如果该文件及时公开会影响国际申请的某些权利要求，则应在国际检索报告中将该文件引证为针对这些权利要求的 L 类文件，并将打印该文件的日期作为其公布日。(检索和初审指南 11.18)

（3）清楚述及公布日的互联网公开

当未知可信度网站上的公开确实清楚地述及公布日且所述公布日：

① 不与上述信息资源相矛盾❶；且

② 足够准确，以至可以确定该文件是否被足够早地在相关日之前公布。

此时，审查员应当相信给出的日期并在检索报告中将其确定为公布日，该公布日还用于初步审查阶段。申请人负有证明其不实的举证责任。（检索和初审指南 11.19）

1.2.3 专利与非专利文件引用的不同

如果非专利文件的公开日或公众可获得日与国际申请日相同或晚于国际申请日，则在国际检索报告中不被引用。然而，国际检索报告应当包括公开日同于或晚于待检索的国际申请的申请日，而申请日或优先权日早于待检索的国际申请的申请日已公布的专利文件。所述的专利文件虽然被检索报告引用，但并不构成"相关日"之前的现有技术，只需在书面意见和专利性国际初步报告中述及。（检索和初审指南 11.07、11.21）

1.3 难于确定文件的日期

在难以确定某文件的公开日或公众可获得日是否同于或晚于国际申请的申请日的情况下，审查员可引证该文件，并应试图消除可能存在的疑问。存在疑问时可以引证能作为证据的其他文件。审查员应当认为文件中对公开日的说明是正确的，除非有相反证据，例如，审查员提供了表明在先公开，或申请人提供了表明在后公开的证据。有些情况下可以确定文件的确切公开日期，例如，借助向公众开放的图书馆的入藏日，或依靠诸如"互联网归档路径回复器"的信息资源确定网页的建立日期。如果申请人提出充分的理由质疑某文件构成其国际申请的相关现有技术，且经进一步调查没有新的证据足以消除该质疑，审查员不应对此深究。（检索和初审指南 11.23）

---

❶ 注意：由搜索引擎给出的索引日期通常晚于实际公布日，因此，当审查员发现所述文件的索引日期晚于互联网公开文件自身给出的公布日时，并不必然表明该互联网公开可被获知的时间晚于其宣称之日。这只表明搜索引擎对它建立的索引发生在其可被获知之后。

1.4 不属于现有技术的相关文件

1.4.1 在后公布的专利申请（用于国际检索报告）[细则33.1（c）、检索和初审指南11.07]

国际检索报告还应包括公开日同于或晚于待检索的国际申请的申请日，而且申请日或优先权日早于待检索的国际申请的申请日的已公布的专利申请或专利，所述文件的公开日若早于国际申请日，将会构成相关现有技术。

1.4.2 在后公布的专利申请（用于书面意见和国际初步审查）（细则64.3）

在作出国际检索单位的书面意见和进行国际初步审查时，不认为在先提交在后公布的专利申请或专利文件是与新颖性和创造性有关的现有技术的一部分。然而，书面意见以及专利性国际初步报告必须对这种已经公开的申请或专利引起关注，因为此类文件可能关系到指定局或选定局对新颖性和创造性的确定。（检索和初审指南11.08）

在书面意见以及专利性国际初步报告中，引用上述在先提交在后公布的申请或者专利要指出其公布日、申请日以及所要求的优先权日（如果有的话），还可指出，该在后公布的专利申请的优先权日尚未有效地成立。（检索和初审指南11.09）

1.4.3 共同未决申请，包括同日提交的申请（检索和初审指南11.10）

在国际阶段，对申请日相同的共同未决的国际申请不作具体处理。可以允许申请人基于同样的说明书提出两件国际申请，而权利要求的范围应当完全不同，并且针对不同的主题。

但需要注意以下几点：

（1）当同一申请人就两件或多件国际申请指定了相同的一个或多个国家，且这些申请的权利要求具有同样的优先权日并涉及同样的发明时（尽管权利要求的字面表述不一定完全相同），由于每一件抵触申请（只要其被公布）可能引起重复授权，审查员应当在国际检索报告中引证该抵触申请，并将其标记为"L"类型。

（2）当同一申请人向其国际申请指定国提出与该国际申请具有相同优先

权日并涉及同样的发明的国家申请时，审查员若发现这种情况，则在检索报告中视情况将此类文件标记为"P，X"或"E"类型（检索和初审指南16.71、16.73），并使用"无其他可适用表格时的通知书"（PCT/ISA/224表）单独给申请人发出一份通知（在表中选择"无答复期限"）。

（3）当具有相同优先权日并涉及同样发明的两件申请（国际申请或其他申请）是由两个不同的申请人提出时，审查员应在检索报告中视情况将此类文件标记为"P，X"或"E"类型，无须单独向申请人发出通知。

1.4.4 用于理解发明的文件［规程507（e）、检索和初审指南11.11］

申请日或优先权日当天或之后公布的文件也可能具有相关性。例如，一份在后公布的文件包括发明所依据的原理或理论，其可能有助于更好地理解发明；或者，一份在后公布的文件表明该发明所根据的推理或事实是错误的，无须因此扩展国际检索，但审查员可以在国际检索报告中选择引证其得知的这一性质的文件。在国际检索报告引用此类文件，并在书面意见中解释其相关性。

1.5 国际检索报告中的文件类型（规程507）

应当根据 WIPO 标准 ST.14 确定文件类型。（检索和初审指南16.78）

在国际检索阶段，被引用的文件类型共有10种，均应当以字母方式给出类型标记（"X""Y""A""P""E""O""T""L""D""&"）。在需要的情况下，可能会组合不同的类型。（检索和初审指南16.65）

这些文件的填写均涉及 PCT/ISA/210 表第2页 C 栏。

下面着介绍除 X、Y、A 类型以外的文件。

1.5.1 P 类文件（中间文件）［规程507（d）、检索和初审指南16.71］

公开日期在待审国际申请的申请日与所要求的优先权日或有多个优先权日时最早的优先权日之间（包括优先权日当天）的文件，用字母 P 表明。其总是伴有表明文件相关程度的符号，例如，"P，X""P，Y"或者"P，A"。

在用于书面意见及国际初步审查目的的相关日确定后，审查员视情况决定是否将国际检索报告中的 P 类文件用于在 PCT/ISA/237 表第 V 栏中评述权利要求的新颖性、创造性和实用性，或者，将其填写在 PCT/ISA/237 表、PCT/IPEA/408表和 PCT/IPEA/409 表第Ⅵ栏第 1 项中。具体操作参见第 3 部分第 4 章第 2.2.6 节"第Ⅴ栏　关于新颖性、创造性或工业实用性的意见"和 2.2.7.1 节"第Ⅵ栏　某些已公布的文件"。（检索和初审指南 17.45）

1.5.2　E 类文件（潜在的抵触专利文件）［细则 33.1（c）、规程 507（b）、检索和初审指南 16.73］

在国际检索报告中，任何专利文件，其申请日或优先权日早于（不包括同于）待检索的国际申请的申请日（非优先权日），但公布在该待检索的国际申请的申请日当天或之后，且其内容影响新颖性，这样的专利文件用字母 E 表示。E 类文件不包括待检索的国际申请的优先权文件本身。在用于书面意见及国际初步审查目的的相关日确定后，审查员视情况决定是否将国际检索报告中的 E 类文件填写在 PCT/ISA/237 表、PCT/IPEA/408 表和 PCT/IPEA/409 表第Ⅵ栏第 1 项中。具体操作参见第 3 部分第 4 章第 2.2.7.1 节"第Ⅵ栏　某些已公布的文件"。（检索和初审指南 17.45）

1.5.3　O 类文件［细则 33.1（b）、70.9，规程 507（a）］

在待审国际申请的相关日期之前公众通过口头公开、使用、展览或者其他非书面方式可以得到（"非书面公开"），而且这种非书面公开的日期记载在与相关日期同日或者在其之后公众可以得到的书面公开之中的，则国际检索报告应分别说明该非书面公开的种类和日期以及该书面公开的日期，并将该书面公开，标记为"O"类文件。

在用于书面意见及国际初步审查目的的相关日确定后，审查员视情况决定是否将国际检索报告中的 O 类文件填写在 PCT/ISA/237 表、PCT/IPEA/408 表和 PCT/IPEA/409 表第Ⅵ栏第 2 项中。具体操作参见第 3 部分第 4 章第 2.2.7.2 节"非书面公开"。（检索和初审指南 17.46）

1.5.4　T 类文件［规程 507（e），检索和初审指南 11.11、16.72］

T 类文件是在国际申请日或优先权日当天或之后公布，且与申请不相抵触，用于理解发明的文件。

例如，一份在后公布的文件包括发明所依据的原理或理论，有助于更好地理解发明；或者，一份在后公布的文件表明该发明所依据的推理或事实是错误的。

根据情况，T类文件的填写可能涉及 PCT/ISA/237 表、PCT/IPEA/408 表和 PCT/IPEA/409 表第Ⅴ栏第2项"关于实用性的意见"和第Ⅷ栏"就权利要求、说明书和附图的清楚性或者权利要求是否得到说明书的充分支持提出以下意见"。在所述栏中还需作相应的解释和说明。（检索和初审指南9.20、11.11）

1.5.5 L类文件 ［规程507（f）］

L类文件是指在检索报告中除"X""Y""A""P""E""O""T"之外的原因引用的文件［规程507（f）、检索和初审指南16.75］。包括：

（1）可能引起对国际申请优先权要求质疑的文件。（检索和初审指南11.06、16.75）

例1 如果同一申请人的较早申请或由此而得的专利表明了作为优先权基础的申请可能不是所述发明的首次申请，此时，该同一申请人的较早申请为L类文件。

例2 当作为本申请优先权基础的申请为一未被要求过优先权的在先申请的"部分继续"申请时，该在先申请为L类文件。

例3 申请人的居住国与优先权申请的国家不同时，也可能意味着该优先权申请不是首次申请，因此就需要作进一步的国际检索，可能存在的申请人在居住国的在先申请为L类文件。

可能引起对国际申请优先权要求质疑的L类文件的填写还涉及 PCT/ISA/237 表、PCT/IPEA/408 表和 PCT/IPEA/409 表第Ⅱ栏第2项和第3项。

（2）确定其他引用文件公开日期的文件。［规程507（f），检索和初审指南11.18、16.75］

具体实例参见第3部分第3章第1.2.2.2节（1）和（2）。

（3）共同未决申请的文件，包括同日提交的申请的文件。（检索和初审指南11.10）

当同一申请人就两件或多件国际申请指定了相同的一个或多个国家，且这些申请的权利要求具有同样的优先权日并涉及同样的发明时，审查员应当在国际检索报告中引证每一抵触申请（只要其已被公布），并标记"L"类型。具体内容参见第 3 部分第 3 章第 1.4.3 节（1）。

对于上述（2）和（3），审查员除在 PCT/ISA/210 表第 2 页 C 栏中标明该文件外，还应当在 PCT/ISA/210 表第 2 页 C 栏"相关的权利要求"项中给出引用该文件的简要理由。（检索和初审指南 16.75）

（4）申请日或优先权日（如果有）之前公布，用于表明发明所根据的推理或事实是错误的文件。

例如，用于否定发明实用性或否定说明书清楚性和/或权利要求得到说明书充分支持的文件。

审查员除在 PCT/ISA/210 表第 2 页 C 栏中标明该文件外，还应在 PCT/ISA/237 表第 V 栏或第 VIII 栏中陈述推理过程。[规程 507（f）]

1.5.6　D 类文件（申请中引用的文件）（WIPO 标准 ST.14，检索和初审指南 16.74、16.78）

D 类文件是指由申请人在申请中引用的文件。字母"D"应始终与一个表示引用文件相关性的类型相随，例如"D, X"。

1.5.7　& 类文件

当国际检索报告中提及的文件有同族专利时，审查员可以在国际检索报告（PCT/ISA/210 表）第 2 页 C 栏中列出该文件的同族专利文件，并在同族专利前注明标记"&"。[规程 507（g）]

例如，审查员已经检索到了一篇在国际申请日前用不常见的语言公布的专利文件，如果审查员希望引证在国际申请日之后用更常见的语言公布的该篇文件的同族专利，应当在国际检索报告（PCT/ISA/210 表）第 2 页 C 栏同时引用这两篇文件，并在这两篇文件之间标明"&"。（检索和初审指南 15.71）

1.6　国际检索报告与国家知识产权局检索报告引用文件类型的比较

1.6.1　国际检索报告与国家知识产权局检索报告引用文件类型对照表

国际检索报告与国家知识产权局检索报告引用文件类型对照参见表 3-3-1。

表 3-3-1 国际检索报告与国家知识产权局检索报告引用文件类型对照

报告类型	X/Y	A	P	E	D	L	T	O	&	R
CNIPA 检索报告	有	有	有	有	无	有	有	无	无	有
国际检索报告	有	有	有	有	有	有	有	有	有	无

1.6.2 国际检索报告与国家知识产权局检索报告中某些特定文件类型的比较

1.6.2.1 E 类文件的比较

国际检索报告与国家知识产权局检索报告 E 类文件比较参见表 3-3-2。

表 3-3-2 国际检索报告与国家知识产权局检索报告 E 类文件比较

报告类型	是否用于评述待审专利申请的新颖性	是否必须是向国家知识产权局提交的国家申请或者是进入中国国家阶段的 PCT 申请
CNIPA 检索报告	是	是
国际检索报告	否	否

参照《专利审查指南》第 2 部分第 3 章第 2.2 节和第 2 部分第 7 章第 12 节进行比较。

1.6.2.2 国际检索报告中 L 类文件与国家知识产权局检索报告中"R""P, X"类文件的关系

第 3 部分第 3 章第 1.4.3 节（1）中所述的 L 类文件在该待审国际申请进入中国国家阶段后国家知识产权局检索报告中的文件类型可能会有下列变化：如果所述的国际检索报告中的 L 类文件的国际申请也进入了中国国家阶段，则可能构成待审国际申请国家阶段检索报告中的 R 类文件；如果该 L 类文件的公开日在待审国际申请的申请日和优先权日之间，则可能同时构成待审国际申请国家阶段检索报告中的"P, X"类文件。

2. 优先权

国际申请可以包含一项声明，要求在《保护工业产权巴黎公约》成员国提出或对该成员国有效的一项或几项在先申请的优先权。这时，要根据优先权

日计算某些期限。优先权日将成为用于国际审查目的，也就是作出书面意见（由国际检索单位或国际初步审查单位作出的）和专利性国际初步报告的有效日期。(条约 8、检索和初审指南 6.02)

2.1 一项有效的优先权必须满足的条件

一项有效的优先权必须满足以下条件（细则 26 之二.3，检索和初审指南 6.03、6.04、6.09）：

（1）在先申请由国际申请的申请人或其前期权利人提出；

（2）国际申请应当自在先申请的申请日起 12 个月内（优先权期限）提交，然而，优先权要求将不会仅仅因为国际申请的申请日晚于优先权期限届满之日而被认为无效，前提是国际申请日在自该期限届满之日起的 2 个月内，申请人可以请求受理局或指定局恢复其优先权；

（3）在先申请已经在或向任何《保护工业产权巴黎公约》成员国提出，或者，在或向不是该公约成员国的任何世界贸易组织成员提出；

（4）在先申请是首次申请；以及

（5）优先权文件中明确地或实质地公开了在后国际申请权利要求的主题，包括那些对所属领域技术人员来说是隐含的特征。

如果上述 5 个条件中的任一条件无法满足，则优先权无效。

需要说明的是，不能仅由于国际申请没有满足条件（1）而认为优先权无效，因为申请人可以在审查员作出书面意见后通过提交声明或在国际申请进入国家阶段后提交优先权转让证明来克服该缺陷。

此外，申请人要求在中国台湾地区在先申请的优先权的，国家知识产权局作为受理局应当在"关于优先权要求的通知书"（PCT/RO/111 表）中作出该优先权视为未要求的决定。

2.2 优先权的核实

2.2.1 需要核实优先权的情形（检索和初审指南 6.06）

如果国际检索报告中出现"P, X""P, Y"类或"E"类文件，则审查员在作出书面意见或专利性国际初步报告时，需要核实国际申请和/或相关文件的优先权。

2.2.2 对优先权判断条件的几点说明
2.2.2.1 关于优先权权利的恢复的说明

优先权权利的恢复允许申请人即使在优先权 12 个月期限届满之日起 2 个月之内递交国际申请，仍能要求该项优先权，其目的是避免申请人由于延误期限而不能享受优先权。[参见第 3 部分第 3 章第 1.1.2.2 节（3）]

国家知识产权局作为受理局，允许申请人根据细则的有关规定请求恢复要求优先权的权利。

国家知识产权局作为指定局，对于国际阶段已经由受理局批准恢复优先权的，一般不再提出疑问，国际申请进入国家阶段时，申请人不需要再次办理恢复手续。(《专利审查指南》第 3 部分第 1 章第 5.2.5 节)

2.2.2.2 关于在先申请是首次申请的说明

如果一份在后申请与在向同一国家第一次提出的一份在先申请的发明主题相同，但该在后申请递交时，第一次提出的在先申请已被撤回、被放弃或被驳回，且并未向公众公开，也未遗留任何悬而未决的权利问题，并且未作为要求优先权的基础，则可将该在后申请视作可要求优先权的首次申请。审查员一般不考虑该问题，除非有明确的证据表明存在上述第一次提出的在先申请，例如，美国的连续申请情况。在明显存在相同发明主题的较早申请，且因现有技术介入而使优先权至关重要的情况下，审查员应当要求申请人充分说明，较早申请对于待审国际申请的发明主题不存在任何悬而未决的权利问题。(检索和初审指南 6.04)

2.2.2.3 关于优先权文件中明确地或实质地公开了在后国际申请权利要求的主题的说明

判断一项权利要求能否享受优先权文件日期的基本准则与判断一份申请的修改文件是否符合条约 34（2）（b）（关于修改不应超出国际申请提出时对发明公开的范围）规定的准则（参见第 4 部分第 2 章第 1.5.1 节"修改是否引入新的主题"）相同。(检索和初审指南 6.09)

优先权文件中必须明确地或实质地公开权利要求的技术方案，包括那些对于所属领域技术人员而言是隐含的特征。例如，一份申请公开了一种设备，该设备中涉及的固定部件是指螺母和螺栓，或是弹簧扣，或是肘节式插销，只要在这些部件的公开中隐含了"可脱扣固定"的一般性概念,一项包括"可脱扣固定部件"的设备的权利要求就有权享受上述申请的优先权日。(检索和初审指南6.09)

为了确立优先权日,不需要在在先申请的权利要求中,记载要求优先权的发明的全部内容,只要在先申请的文件从整体上具体公开了这些内容即可。所以,在确定优先权日问题时,应当将在先申请的说明书和权利要求书或附图作为一个整体加以考虑,但不应考虑仅在说明书中现有技术部分记载的或明确放弃的主题。(检索和初审指南6.07)

必须"具体公开"的要求意味着仅仅暗示或用广义和一般性的术语解释所关注的要素是不充分的。涉及某一特征之详细实施方案的权利要求,不能仅以优先权文件中一般性地引述该特征而享有优先权,但也不要求精确的对应关系。基于合理的评价,实质上公开权利要求所有重要要素的组合就足够了。(检索和初审指南6.08)

如果一份国际申请是在两份在先申请的基础上提出的,其中一份公开了特征C,另一份公开了特征D,但两份都没有提到C和D的组合,则关于这种组合的权利要求只能享有该国际申请本身的申请日。换言之,不允许对优先权文件进行拼凑。可能出现的一种例外情况是,一份优先权文件中引用了另一份优先权文件,并且明确地指出能够将这两篇文件中的特征以特定方式组合。(检索和初审指南6.05)

2.3 优先权文件副本及其译本的获得 [检索和初审指南6.17、17.29(b)]

如果存在需要核实优先权的情况,审查员应当经过检索获得优先权文件或向国际局索要优先权文件副本。如果审查员需要优先权文件的译文,可作出"无其他可适用表格时的通知书"(PCT/ISA/224表)以通知申请人自通知之日起2个月内提交该译文。

但是,如果审查员在作出国际检索报告和书面意见时仍未获得优先权文件副本,则在假定优先权成立的情况下作出国际检索报告和书面意见;在完成国际检索报告和书面意见的时间不允许时,审查员可以不要求申请人提交该译本,在假定优先权成立的情况下作出国际检索报告和书面意见。

如果优先权文件为国内申请,如需提取的优先权文本是尚未公开的在先国内申请,可在审查系统内提取该优先权文本。

2.4 表格填写

在国际检索阶段,国际申请优先权的核实涉及填写 PCT/ISA/237 表第 Ⅱ 栏,审查员根据具体情况选择第 Ⅱ 栏选项。第 Ⅱ 栏第 3 项 "补充意见" 仅涉及对优先权的意见,而不涉及任何其他意见。当优先权要求已被核实并被认为无效时,审查员在该项中说明优先权要求无效的理由;当优先权要求已被核实并被认为有效时,审查员在该项中指出优先权要求已被核实并被认为有效(具体填写参见第 3 部分第 4 章第 2.2.3 节 "第 Ⅱ 栏　优先权")。(检索和初审指南 17.30、17.31)

某些已公布的文件的优先权问题涉及填写 PCT/ISA/237 表第 Ⅵ 栏(具体填写参见第 3 部分第 4 章第 2.2.7.1 节 "某些已公布的文件")。(检索和初审指南 17.45)

3. 新颖性

3.1 新颖性的含义 ［条约 33（2）、检索和初审指南 12.01］

如果权利要求定义的发明中的每一个要素或步骤都在现有技术中明确或者实质性公开,包括对所属领域技术人员来说是隐含地公开,则该发明不具备新颖性。

所述现有技术是指 "在相关日之前,在世界上任何地方,公众通过书面公开(包括绘图和其他图解)能够获得的一切事物"。

3.1.1 实质性或隐含公开

缺乏新颖性的缺陷可以从公开文件明确陈述的内容中得出,也可以从该文件实质或隐含的教导中得出。

上述实质性公开要求审查员依据的外部证据应当清楚证明参考文件中必然存在未被描述的内容,而且所属领域技术人员也会如此认识。例如,一份文件公开了橡胶的弹性,即使该文件未明确陈述橡胶为弹性材料,但关于弹性材料的权利要求也是可以预期的,因为现有技术中教导的橡胶实质上是一种弹性材料。然而,实质性公开的成立并不取决于或然性或可能性。仅仅因为在给定的情形下可能产生某种结果是不充分的。(检索和初审指南 12.01、12.04)

或者,在某种意义下不具备新颖性是隐含的,即所属领域技术人员在实现现有技术文件的教导时,不可避免地达到属于权利要求范围的结果。审查员只有在对该现有技术教导的实施效果不存疑问时,才应指出此类由隐含性公开导致丧失新颖性的问题。否则,应考虑创造性问题。(检索和初审指南 12.04)

3.1.2　关于众所周知的等同物

评价新颖性时,无须考虑在现有技术文件中未公开的众所周知的等同物,因为这属于显而易见性(创造性)的范畴。(检索和初审指南 12.01)

需要注意,《专利审查指南》第 2 部分第 3 章第 3.2.3 节的相应规定为:"如果要求保护的发明或者实用新型与对比文件的区别仅仅是所属技术领域的惯用手段的直接置换,则该发明或者实用新型不具备新颖性。"

3.1.3　现有技术的充分公开

现有技术的公开必须使所属领域技术人员能够实现其所要求保护的发明。通常,当考虑现有技术中的专利文件(公开的申请和已发布的专利)时,审查员可推断为能够实现。当考虑看上去会对能否实现发明产生疑问的非专利文件时,审查员应当确认现有技术将使所属领域技术人员能够实现要求保护的发明。在确认一份具体文件是否能够实现要求保护的发明并因此破坏新颖性时,适当情况下可以考虑该现有技术文件之外的知识。在一份文件中提及了名称或化学式的化合物不被认为是已知的,除非该文件中的信息,以及适当时结合所属领域技术人员通常可以获得的其他知识,使该化合物能够被制备并分离时,或者,例如,当其为天然产物,只有在其被分离出来时,该化合物才被视为已知。但是,由于不能实现所要求保护的发明从而不能用来破坏新颖性的现有技术文件,可以用来判断所要求保护的发明是否具备创造性(参见第 3 部分第 2 章第 4 节"单一性")。(检索和初审指南 12.02)

需要注意,《专利审查指南》第 2 部分第 10 章第 5.1 节有关"化合物的新颖性"规定:"专利申请要求保护一种化合物的,如果在一份对比文件中记载了化合物的化学名称、分子式（或者结构式）等结构信息，使所属技术领域的技术人员认为要求保护的化合物已经被公开，则该化合物不具备新颖性，但申请人能提供证据证明在申请日之前无法获得该化合物的除外。"

3.2 判断新颖性时考虑的事项

3.2.1 新颖性的判断方法（检索和初审指南 12.03）

评价新颖性时，审查员应当采用如下步骤：
① 评价所要求保护的发明的要素；
② 确定所选择的文件是否构成"现有技术"的一部分；
③ 以文件公开日之时所属领域技术人员的标准，评判所要求保护的发明的各个要素或步骤是否被该文件从整体上明确或实质地公开。

3.2.2 权利要求的解释

在对新颖性进行判断时，审查员应参照第 3 部分第 2 章第 2.3 节关于"权利要求的解释"的内容。特别是，审查员应判断，权利要求中列出的对于目的或意图的用途的说明是否会导致要求保护的发明与现有技术在产品结构上有所不同（或对方法权利要求而言，在方法步骤上有所不同）。无区别性特征的特殊意图的用途不予以考虑。例如，用作催化剂的物质 X 的权利要求与用作染料的已知相同物质相比，不具备新颖性，除非限定的用途隐含着该物质的某种特定形式（如存在某些添加剂），使之能够区别于具有已知形式的该物质。也就是说，应当考虑未被直接陈述但由特定用途所暗示的特征。例如，如果权利要求涉及"盛钢水的模盘"，则这意味着对该模盘的某种限定。由于制冰块的塑料模盘的熔点远低于钢水模盘，因此未落入该权利要求的范围，因而不破坏钢水模盘的新颖性。（检索和初审指南 12.05）

3.2.3 文件的结合（检索和初审指南 12.06）

评价新颖性时，不允许将现有技术中分别记载的方案结合在一起，而应采用单独对比的原则。但是，在下列情况下的文件结合是允许的。

（1）主要对比文件明确引用了另一篇文件

如果一篇文件（主要对比文件）明确引用了第二篇文件（如，用来为某些特征提供更详细的信息），则可以根据主要对比文件的指示程度把第二篇文件的教导引入该主要对比文件中。

（2）利用其他文件证明主要对比文件的内容

① 主要对比文件中术语的解释。为解释主要对比文件中采用的专用术语在其公布日时应如何理解，可以使用字典或类似的参考文件。

② 主要对比文件的公开是否充分。可以利用其他文件作为证据证明主要对比文件的公开是充分的（例如，化合物的制备和分离的公开，或天然产物的分离的公开）。

③ 主要对比文件实质性公开。可以利用其他文件（例如，第3部分第3章第3.1.1节举例中提到的教导橡胶是一种弹性材料的现有技术）作为证据证明，在主要对比文件的公布日，某特征虽未被记载，也实质上存在于该主要对比文件中。

3.3 表格填写

对于权利要求是否具备新颖性的声明以及引证和解释涉及填写 PCT/ISA/237 表第Ⅴ栏。具体填写内容参见第3部分第4章第2.2.6节"第Ⅴ栏 关于新颖性、创造性或工业实用性的意见"。

4. 创造性

4.1 基本概念

4.1.1 创造性的含义

一项要求保护的发明，如果考虑到现有技术，在相关日对所属领域技术人员不是显而易见的，则认为其具备创造性［条约33（3），检索和初审指南11.01、13.01］。显而易见是指不超越技术的正常发展进程，而仅仅是简单地或合乎逻辑地由现有技术得到，即不包括超出预期的所属领域技术人员具有的任何实践技能或能力。（检索和初审指南13.03）

需要注意，《专利法》第22条第3款规定："创造性，是指与现有技术相比，该发明具有突出的实质性特点和显著的进步，该实用新型具有实质性特点和进步。"

《专利审查指南》第 2 部分第 4 章第 2.2 节规定:"发明有突出的实质性特点,是指对所属技术领域的技术人员来说,发明相对于现有技术是非显而易见的。"

PCT 法律规范关于创造性的概念有别于中国专利法律法规中创造性的概念,在 PCT 国际阶段应避免用中国专利法律法规的相关概念评价发明的创造性。

4.1.2 所属领域技术人员的含义

应当将所属领域技术人员假想成具有所属领域普通技术的"人",其知晓相关日之前所属技术领域的一般知识。同时还应当假想其已经了解了"现有技术"的一切知识,尤其是国际检索报告中引用文件的知识,并且具有从事常规实验的普通手段和能力。如果发明所基于的以及由最接近现有技术所引出的问题促使所属领域技术人员到另一技术领域寻找解决方案,则该技术领域的技术人员是有资格解决该问题的人员。因此,在判断该解决方案是否具备创造性时必须以该专业人员的知识水平和能力为基准。有些情况下,将所属领域技术人员假想成一组人,如一个研究或生产团队,可能比假想成一个人更合适。例如,这可应用于某些先进技术,如计算机或电话系统,以及高度专业化的过程,如集成电路或复杂化学物质的商业生产。(检索和初审指南 13.11)

4.2 创造性的判断

在判断每项特定权利要求是否具备创造性时,审查员应考虑每项特定权利要求与作为整体的现有技术之间的关系。不仅应考虑该权利要求与每份文件或者所述文件中分别记载的每一部分之间的关系,而且如果所述文件或者文件的各个部分之间的组合对于所属领域技术人员是显而易见的,则还应该考虑权利要求与这种组合之间的关系。(细则 65.1、检索和初审指南 13.01)

4.2.1 判断创造性时考虑的因素

与判断新颖性不同,在考虑创造性时,可以借助以后(对比文件公开日以后和权利要求相关日以前)的知识解释任何已公开的文件,并考虑所属领

域技术人员在权利要求的相关日能够普遍得到的所有知识。(检索和初审指南13.04)

判断创造性时考虑的基本因素：(检索和初审指南13.03)

(1) 必须从整体上考虑要求保护的发明。

(2) 必须从整体上考虑对比文件，并且所属领域技术人员必须有动机或受到启示去组合对比文件的教导，以得到要求保护的发明主题，包括考虑合理预期或成功的可能性。

(3) 考虑对比文件时，不能得益于所要求保护的发明内容而进行事后想象。审查员应当避免进行"事后诸葛亮"式的分析。即，完成要求保护的发明的教导或暗示必须得自现有技术和/或所属领域技术人员的公知常识，而不应基于申请人所公开的内容。(检索和初审指南13.15)

4.2.1.1　关于从整体上考虑要求保护的发明

在判断创造性（非显而易见性）时，一般必须将要求保护的发明作为一个整体考虑。在确定现有技术与权利要求的区别时，所要考虑的问题不是区别本身是否是显而易见的，而是要求保护的发明整体上是否是显而易见的。因此，一般来说，对于一项组合发明的权利要求，由于认为该组合发明的每个特征分别考虑都是已知的或显而易见的，所以，认为要求保护的整个发明主题就是显而易见的，这种论点是不正确的。唯一例外的情况是：组合发明的各个特征之间没有功能上的联系。即，权利要求仅仅是将各个特征并列在一起，并不是一种真正的组合。(检索和初审指南13.05)

例1　组合的各技术特征在功能上彼此支持，并获得了新的技术效果。其中每一个单独的特征本身是否完全或部分已知并不影响创造性。例如，一种药物混合物，由一种止痛药（止痛剂）和一种镇定药（镇静剂）组成。已知镇定药本身无止痛作用，但通过加入该镇定药，大大增强了止痛药的止痛作用，而这种效果是不能从两种活性物质的已知性质预料得到的。[检索和初审指南13.14（d）]

例2　要求保护的发明仅仅是将某些已知设备或方法并置或连接在一起，各自以其常规的方式工作，且没有产生任何非显而易见性的相互作用。例如，一台生产香肠的机器，该机器由一台已知的绞肉机和一台已知的灌肠机对接在一起构成。[检索和初审指南13.14（c）]

4.2.1.2 关于从整体上考虑对比文件（组合教导）

将两份或两份以上不同的对比文件的教导组合在一起是否具有显而易见性时，应当考虑以下两点：

（1）这些对比文件的性质和内容是否可能使所属领域技术人员将其组合在一起；

（2）这些对比文件的技术领域是否相同或相近，如果不是，这些对比文件是否合理地与本发明所涉及的特定问题相关。（*检索和初审指南 13.12*）

当所属领域技术人员由现有技术或其一般知识有动机对一项或多项现有技术的教导进行组合、替换或修改，并具有合理的可能性时，所述一项或多项现有技术的组合、替换或修改可能导致发明不具备创造性/非显而易见性。与此相反，即使每一项现有技术在单独考虑时是显而易见的，如果所属领域技术人员不能对这种组合作出预期，则发明满足创造性（非显而易见性）的要求。当所属领域技术人员有合理的基础将一份文件的两部分或几部分彼此关联时，这些部分的相互组合是显而易见的。例如，将公知的教科书或标准字典与其他现有技术文件组合在一起通常是显而易见的；将一份或几份文件的教导与所属领域的一般知识进行的组合是显而易见的；如果两份文件中的一份明显地、确定无疑地参考了另一份文件，则将两份文件的教导进行组合也是显而易见的。

应当指出，修改现有技术教导的动机无须与申请人的动机相同。现有技术中暗示的这种组合不一定需要达到申请人所发现的相同的优点或结果。现有技术可能暗示了要求保护的发明，但其用于不同的目的或解决不同的问题。在某些情况下，单一一项现有技术方案可破坏创造性。（*检索和初审指南 13.13*）

4.2.1.3 评价对现有技术的贡献

在评价创造性/非显而易见性时应当考虑的因素（*检索和初审指南 13.08*）：

（1）确定要求保护的发明的范围。

（2）确定现有技术相关方案的范围。

（3）确定所属领域技术人员。

（4）确认现有技术的相关方案与要求保护的发明之间的区别和类似性。

为得到权利要求是否具备创造性的最终结论，必须确定权利要求的主题在整体上与现有技术的区别。在考虑这一问题时，审查员不应仅根据权利要求的形式（前序部分＋特征部分）的引导来处理，而应确定最接近的现有技术作为评价创造性的基础。这被认为是，可从一篇单一对比文件所引出的特征组合，作为考虑显而易见性问题的最佳基础。在确定现有技术公开范围时，除明确公开外，还应当考虑隐含公开，即所属领域技术人员基于明确公开能够合理得出的教导。判断这种公开的临界时间是所涉及申请的相关日，还应当考虑在相关日时所属领域技术人员的一般知识。（检索和初审指南 13.10）

（5）考虑现有技术的相关方案和所属领域技术人员的一般知识，评价对所属领域技术人员来说发明从整体上是否是显而易见的。

4.2.2 其他考虑的因素（检索和初审指南 13.16）

为了确立要求保护的发明具备创造性（非显而易见性），也应将下述因素作为辅助性因素加以考虑：

（1）考虑要求保护的发明是否满足了长期的需要；
（2）考虑要求保护的发明是否克服了科学偏见；
（3）考虑要求保护的发明是否是其他人曾试图完成，而未完成的；
（4）考虑要求保护的发明是否产生了预料不到的结果；
（5）考虑要求保护的发明是否在商业上特别成功。

4.3 评价创造性通常采用的方法

一种评价创造性的具体方法可采用所谓的"问题解决法"。该方法由下述步骤组成：

（1）确定最接近的现有技术；
（2）确定需要解决的客观技术问题；
（3）根据最接近的现有技术和客观技术问题，判断要求保护的发明对所属领域技术人员来说是否显而易见的。

具体参见检索和初审指南第 13 章附录的"问题解决法"。

4.4 表格填写

对于权利要求是否具备创造性的声明以及引证和解释涉及填写 PCT/ISA/237 表第 V 栏。具体填写内容参见第 3 部分第 4 章第 2.2.6 节"第 V 栏　关于新颖性、创造性或工业实用性的意见"。

5. 工业实用性

5.1 工业实用性的含义

从技术意义来说,要求保护的发明,如果根据其性质可以在任何一种工业中制造或使用,则认为具备工业实用性。国际单位认为术语"工业实用性"与术语"有用性"为同义词。[条约 33(4)、检索和初审指南 14.01]

按照《保护工业产权巴黎公约》的规定,对"工业"一词作最广义的理解。所以工业包括具有技术特征的任何物理活动,即属于明显区别于美学艺术的有用的或实践技艺的活动;这种活动不仅指使用机器设备,或制造一种物品,还可以包括驱雾的方法,或将能量由一种形式转换成另一种形式的方法。(检索和初审指南 14.02)

从工业实用性和有用性要求的一般特征来说,如果发明无法产生效果,例如,由公知的自然定律可知,发明明显不能操作,则该发明不能满足工业实用性要求或有用性要求。此类发明因而被认为不具备工业实用性或被认为不能用于任何用途。(检索和初审指南 14.03)

需要注意,《专利法》第 22 条第 4 款的相应规定为:"实用性,是指该发明或者实用新型能够制造或者使用,并且能够产生积极效果。"

5.2 工业实用性的判断

在大多数情况下,工业实用性是不言而喻的,并且,无须对工业实用性要求给出更明确的描述。(检索和初审指南 14.05)

如果任何产品或方法的运行方式被判定是明显违背公认的物理定律,致使所属领域技术人员不能实现,则该发明不具备工业实用性,并应通知申请人。(检索和初审指南 14.06)

5.3 表格填写

对于权利要求是否具备工业实用性的声明以及引证和解释填写在 PCT/ISA/237 表第Ⅴ栏(具体参见第 3 部分第 4 章第 2.2.6 节"第Ⅴ栏 关于新颖性、创造性或工业实用性的意见")。

如果关于工业实用性的意见是否定的,则用于建立此结论的任何文献都应当在 PCT/ISA/210 表第 2 页 C 栏中被引用。如果该文献在申请日或优先权日(如果有)当天或之后公布,则标注"T";如果该文献在申请日或优先权日(如果有)之前公布,则标注"L"。具体参见第 3 部分第 3 章第 1.5.4 节"T 类文件"和第 1.5.5 节"L 类文件"。审查员还应在 PCT/ISA/237 表第 V 栏中陈述推理过程。

此外,如果可行,应当作出关于新颖性和创造性的说明。(检索和初审指南 9.33、17.42)

发明无工业实用性时,PCT 法律规范与中国专利法律法规关于评述新颖性和创造性的区别参见表 3-3-3。

表 3-3-3 PCT 法律规范与中国专利法律法规关于评述新颖性和创造性对比

对比项目	PCT 法律规范	中国专利法律法规
法律依据	检索和初审指南 17.42	《专利审查指南》第 2 部分第 7 章第 10 节
区别	在不具备实用性的条件下,只要有可能都应当评述新颖性和创造性	在不具备实用性的条件下,无须进一步审查新颖性和创造性

6. 限制的情况(limitations)

6.1 概　　述

在某些情况下,如果申请中有的部分不符合规定,但是说明书、权利要求书和/或附图仍然可以被充分理解,则应当考虑不符合规定之处确定检索程度,并实施有意义的检索,这种对检索程度进行了限制的情况称为"对主题的限制"(limitation)。(检索和初审指南 9.01、9.19)

因此,"对主题的限制"(limitation)就是指对请求保护的主题进行一定的合理预期之后进行检索的情况。

当国际申请出现对主题限制的情形时,审查员应当考虑说明书和附图的内容,以及相关技术领域的公知常识,根据通过修改可以合理预期的要求保护的技术主题确定检索的主题,然后对所确定的主题进行检索。(检索和初审指南 9.36)

6.2 举例说明

例1 （检索和初审指南9.20）

权利要求1：一种馏出燃料油，其在120℃到500℃的范围沸腾，当馏出燃料油处在低于蜡状物出现温度10℃的温度时，其具有至少占重量百分比为0.3的蜡状物，该蜡状晶体在该温度时的平均微粒尺寸小于4000纳米。

说明书中没有公开获得期望晶体尺寸的任何其他方法，只是公开了向燃料油中加入一些添加剂，而且所属领域技术人员也无法获得任何制造这种类型燃料油的公知常识。

权利要求涉及具有给定所需性能的燃油组合物，说明书对获得具有这种性能的燃油仅提供了向其中加入一定量添加剂的方式，没有公开获得具有所需性能燃油的任何其他方式。由于目前的权利要求中没有提到任何添加剂，因此权利要求没有得到说明书充分支持。（检索和初审指南5.55）

因此，审查员应当考虑可以合理预期的程度，例如，被公开的添加剂和具有确定数量添加剂的燃料油；或者，被公开的添加剂、具有确定数量添加剂的燃料油和宽泛概念的具有期望特性的燃料油组分。审查员据此进行检索，首先应当针对已公开的添加剂和具有确定数量添加剂的燃料油进行检索，然后检索领域将被扩展到与所请求保护主题相关的所有可能的领域，也就是扩展到具有所期望特性的燃料油组分的宽泛概念。但是，检索不必被扩展到能够合理地确定找到最佳对比文件概率低的领域。（检索和初审指南9.20）

例2 仅由所实现效果的特征限定的权利要求（检索和初审指南9.21）

权利要求1：一种以特定方式使原材料反应以获得具有改善特性的缓释药片的方法。

说明书公开了一种以特定方式使特定材料反应以获得具有特定释放速率的特定生物活性材料的缓释药片的例子。

由于权利要求没有记载方法的任何步骤，以至于没有以合理的清楚和具体的程度来提出发明的范围，并且"改善特性"是一种含糊或模棱两可的措辞，因此该权利要求不清楚，而且权利要求试图仅仅由所获得的结果来限定发明。在一般情况下，权利要求采用达到的效果来限定发明或发明的特征，应当以不清楚为由提出反对意见。当要求保护的范围大于说明书能够支持的范围时，也

可以根据缺乏支持提出反对意见。(检索和初审指南5.35)

因此,审查员应当考虑可以合理预期的程度,例如,以特定方式反应的特定材料。审查员据此进行检索,首先应当针对以特定方式起反应的特定材料来进行检索。如果不能找到已公开的具体实例,则将检索进行扩展。例如,检索可以被扩展到具有特定生物活性材料的缓释药片。但是,检索不必扩展到能够合理地确定找到最佳对比文件的概率低的领域。

例3 权利要求的特征仅在于不常见的参数(检索和初审指南9.22)

权利要求1:一种呕吐指数小于或约为1.0的脂肪。

该说明书公开了多种声称具有小于1.0的呕吐指数的脂肪和多种具有大于1.0的呕吐指数的脂肪。具有小于1.0的呕吐指数的脂肪的例子包括由饱和与不饱和脂肪所形成的不同混合物。具有大于1.0呕吐指数的脂肪的例子也包括由饱和与不饱和脂肪所形成的不同混合物。没有再公开这些脂肪混合物的其他特性,例如熔点。说明书公开了通过以特定的速度和温度搅拌脂肪且在室温下测量被搅拌混合物的黏度来确定呕吐指数。

权利要求1不能被说明书和附图以使所属领域技术人员实施本发明的充分清楚和完整的方式所支持,并且由于不能根据说明书中的说明或者根据本领域中认可的客观方法而清楚且可靠地确定出参数不清楚。

因此,审查员应当考虑可以合理预期的程度,例如,在说明书中公开的具有小于1.0呕吐指数的脂肪的例子和/或隐含着存在新参数的其他公知参数或化学或物理性质。审查员据此进行检索,首先应当针对说明书中所公开的具有小于或约为1.0的呕吐指数的例子进行检索,然后还可利用能够推导出新参数是必然存在或是固有的结论的公知参数或化学或物理性质(如饱和度)来进行检索。

例4 包括多个实施例的化学马库什类型的权利要求(检索和初审指南9.23)

在本例中,权利要求包括大量的可能的实施例,而说明书所公开及提供支持的仅是那些实施例中的一个相对小的部分。

权利要求得不到说明书的支持。因此,审查员应当考虑可以合理预期的程度,例如,具体公开的化合物,或者制备的或检测的成分以及对这些的结构性概括。审查员据此进行检索。

例5 具有多个选项、变量等的化学马库什权利要求（检索和初审指南9.24）

在本例中，权利要求包括如此多的选项、变量、可能的排列和/或附带条件，以至权利要求不清楚和/或不简明而达到了不符合条约6和细则6的程度。

权利要求不清楚和/或不简明。因此，审查员应当考虑可以合理预期的程度，例如，清楚公开的化合物，或者清楚地制备或检测的组分以及对这些的结构性概括。审查员据此进行检索，即，应当针对权利要求中清楚和简明或者其请求保护的发明达到了可以被理解程度的那些部分进行检索。

例6 大量的权利要求（检索和初审指南9.25）

一个申请包括480项权利要求，其中有38项独立权利要求。由于范围有重叠，无法清楚地区别各项独立权利要求。有太多的权利要求，并且它们使用这种方式撰写，以致不符合条约6和细则6。但是，在说明书中有一个合理的基础，例如从一具体段落清楚地指示出预期可能要请求保护的主题。

权利要求不清楚。因此，审查员应当考虑可以合理预期的程度，应尽可能明确指出这一程度，例如，对被检索主题进行简明的书面描述，有可能要引用一个具体的段落。审查员应当基于预期可能请求保护的主题来进行检索。

6.3 表格填写

当权利要求存在对主题的限制（limitations）时，需在PCT/ISA/237表的第Ⅷ栏指出缺陷，说明理由和对权利要求合理预期的程度，并在PCT/ISA/237表第Ⅴ栏中说明关于新颖性、创造性和工业实用性的声明和解释是基于合理预期的程度作出的。表格的具体填写参见第3部分第4章第2.2.6"第Ⅴ栏 关于新颖性、创造性或工业实用性的意见"和第2.2.9节"第Ⅷ栏 对国际申请的某些意见"。

7. 发明名称和摘要

国际申请必须包括一个摘要和一个发明名称。[条约3（2）、4（1）（ⅳ），细则8、44.2]

7.1 发明名称

7.1.1 撰写要求

（1）发明名称应当简短（用英语或者译成英语时，最好是2~7个词）和准确（细则4.3、检索和初审指南16.35）。

（2）发明名称应当清楚并简明地表达发明的技术名称。关于这点应当考虑下述内容（检索和初审指南16.35）：

① 不应使用人名或商标名或类似的不能用于确定发明的非技术性的术语；

② 不应使用模糊的缩写"等"而应使用其意图包含的内容进行替换；

③ 仅使用诸如"方法""装置""化合物"作为发明名称或者使用类似的模糊的发明名称，不能清楚地表明发明的技术名称。

7.1.2 发明名称的确定

在审查系统中，PCT/ISA/210表第1页第4项关于发明名称的确定，自动生成的选项为选择第1复选框，即，同意申请人提出的发明名称。

7.1.2.1 审查员同意申请人提出的发明名称的情况

当申请人提出的发明名称符合PCT相关规定时，审查员只需核实PCT/ISA/210表第1页第4项第1复选框是否勾选即可。

7.1.2.2 需要审查员给出一个发明名称的情况

当申请人没有提供发明名称或发明名称不符合细则4.3的规定时，审查员应自行确定一个发明名称（细则4.3、37.2，检索和初审指南16.37）：

（1）当审查员给出发明名称时，应选中PCT/ISA/210表第1页第4项第2复选框并填入所确定的发明名称；

（2）审查员给出发明名称后，不需要获得申请人的同意。（检索和初审指南16.38）

7.2 摘 要

7.2.1 撰写摘要的原则

（1）摘要仅作为技术信息之用，不能考虑作为任何其他用途，特别是不能用来解释所要求的保护范围。[条约3（3）、检索和初审指南16.41]

（2）撰写摘要时应注意使其成为对特定技术进行检索的有效查阅工具，尤其应有助于科学家、工程师或者研究人员作出是否需要参阅国际申请本身的决定。（细则 8.3、检索和初审指南 16.41）

需要注意，当作出"宣布不制定国际检索报告"（PCT/ISA/203 表）时，无须制定摘要。

7.2.2 撰写摘要的要求
7.2.2.1 摘要的内容

（1）摘要的内容应包括下述各项：

① 说明书、权利要求书和任何附图中所包含的公开内容的概要。概要应写明发明所属的技术领域，并应撰写得使人能清楚地理解要解决的技术问题、通过发明解决该技术问题的方案的要点以及发明的主要用途。

② 在适用的情况下，国际申请包括的所有各种化学式中最能表示发明特征的化学式。[细则 8.1（a），检索和初审指南 16.41、16.42]

（2）摘要不得包含对要求保护的发明的所谓优点或者价值，或者属于推测性的应用的说明。[细则 8.1（c）]

7.2.2.2 摘要的格式

（1）摘要应在公开的限度内写得尽可能简洁，用英语撰写或者翻译成英语后最好是 50~150 个词；[细则 8.1（b）、检索和初审指南 16.42 段（b）]

（2）摘要中提及的每一个主要技术特征并在国际申请的附图中说明的，应在所述特征之后加引用标记，放在括号内；[细则 8.1（d）、检索和初审指南 16.42 段（c）]

（3）摘要中不应有附图，可以包括化学式、数学式、表格；（细则 11.10）

（4）不应使用可能是含蓄的措辞，例如，在英文摘要中不应使用 "This disclosure concerns" "The invention defined by this disclosure" "This invention relates to"。[检索和初审指南 16.42 段（b）]

7.2.3 摘要的确定

在审查系统中，PCT/ISA/210 表第 1 页第 5 项关于摘要的确定，自动生成的选项为选中第 1 复选框，即，同意申请人提出的摘要。

7.2.3.1 审查员同意申请人提出的摘要的情况

当申请人提出的摘要符合撰写要求时，审查员只需核实 PCT/ISA/210 表第 1 页第 5 项第 1 复选框是否勾选即可。

7.2.3.2 要求审查员制定摘要的情况（细则 38.2）

当国际申请缺少摘要或者申请人提出的摘要不符合撰写要求时，审查员应自行制定一份摘要。

审查员自行撰写一份摘要并填写在 PCT/ISA/210 表第Ⅳ栏中，同时选择 PCT/ISA/210 表第 1 页第 5 项第 2 复选框。

7.2.3.3 摘要的修改（细则 38.3）

申请人可以自国际检索报告寄出之日起 1 个月届满之前向国际检索单位提交：

（1）修改摘要的请求；或者

（2）如果摘要已由国际检索单位制定，对该摘要进行修改的请求和/或意见陈述。

审查员应当考虑申请人的上述请求和/或意见陈述，并作出是否相应修改摘要的决定，具体操作参见第 3 部分第 4 章第 3.2 节"收到申请人修改摘要的请求或对审查员修改摘要的意见"。

7.2.4 PCT 法律规范与中国专利法律法规关于"摘要"相关规定的对照

PCT 法律规范与中国专利法律法规关于"摘要"相关规定的对照参见表 3-3-4。

表 3-3-4 PCT 法律规范与中国专利法律法规关于"摘要"相关规定对照

对比项目	PCT 法律规范	中国专利法律法规
字数	用英语表达时最好是 50~150 个词 ［细则 8.1（b）］	文字部分（含标点符号）不得超过 300 个字（《专利审查指南》第 2 部分第 2 章第 2.4 节）
内容	不得包含对要求保护的发明的所谓优点或者价值，或者属于推测性的应用的说明 ［细则 8.1（c）］	摘要中不得使用商业性宣传用语（《专利法实施细则》第 26 条第 2 款、《专利审查指南》第 2 部分第 2 章第 2.4 节）
格式	摘要不应使用可能是含蓄的措辞，例如，英文表述中"This disclosure concerns""The invention defined by this disclosure""This invention relates to"［检索和初审指南 16.42 段（b）］	无相关规定

续表

对比项目	PCT 法律规范	中国专利法律法规
附图标记	摘要中提到的且在国际申请的附图中说明的每一主要技术特征，应在所述特征之后加引用标记，放在括号内〔细则8.1（d）、检索和初审指南16.42（c）〕	摘要文字部分出现的附图标记应当加括号（《专利审查指南》第2部分第2章第2.4节）

7.3 与摘要一起公布的附图

如果国际申请包括对于理解摘要有用的附图，应选择其中的一幅或者几幅图与摘要一起公布。通常应当只选择一幅附图。仅在无法以其他方式表达必要信息的特殊情况下，才考虑两幅或以上的附图。（细则8.2、检索和初审指南16.49）

7.3.1 摘要附图的确定

在审查系统中，PCT/ISA/210 表第1页第6项关于附图的确定，自动生成的选项为选中"a. 随摘要一起公布的附图是"下面的第1复选框，即，按照申请人建议的。

7.3.1.1 申请有附图

如果申请有附图，随摘要一起公布的附图可以是申请人建议的附图，也可以是审查员确定的附图。（检索和初审指南16.48、16.49）

（1）同意申请人建议的附图

如果申请人在请求书（PCT/RO/101 表）第Ⅸ栏填写了建议的附图号，审查员对此同意，只需核实在 PCT/ISA/210 表第1页 6.a 项中是否勾选第1复选框。

（2）申请人未建议附图，由审查员确定合适的附图

如果申请人在请求书中未填写建议的附图号，通常情况下，审查员应自行确定摘要附图，并在 PCT/ISA/210 表第1页 6.a 项中填写所确定的附图号，同时选择 6.a 项第2复选框。

（3）申请人建议的附图不合适，审查员选择了更合适的附图

如果申请人在请求书中填写了建议的附图号，但审查员认为在所有附图

中，有一幅或者几幅附图比申请人所建议的附图能更好地表示发明的特征，审查员应在 PCT/ISA/210 表第 1 页 6. a 项中填写审查员所确定的附图号，同时选择 6. a 项第 3 复选框。

（4）没有附图对理解发明是有用的

无论申请人是否建议过附图，如果审查员认为没有附图对理解发明是有用的，应当选中在 PCT/ISA/210 表第 1 页 6. b 项。

7.3.1.2 如果申请没有附图，不选任何选框（检索和初审指南 16.50）

如果申请没有附图，不应勾选任何选框。此时，审查员应注意将审查系统中关于该部分自动生成的选项清除。

7.3.2 PCT 法律规范与中国专利法律法规关于"随摘要一起公布的附图"相关规定的对照

PCT 法律规范与中国专利法律法规关于"随摘要一起公布的附图"相关规定的对照参见表 3 – 3 – 5。

表 3 – 3 – 5 PCT 法律规范与中国专利法律法规关于
"随摘要一起公布的附图"相关规定对照

对比项目	PCT 法律规范	中国专利法律法规
数量	如果国际申请包括附图，则应当选择一幅对于理解摘要有用的附图，必要时可以选择多幅（细则 8.2、检索和初审指南 16.49）	有附图的专利申请，应当提供或者由审查员指定一幅最能说明该发明技术特征的附图，该附图应当是说明书附图中的一幅（《专利法实施细则》第 26 条第 2 款、《专利审查指南》第 2 部分第 2 章第 2.4 节）

8. 检 索

8.1 检索范围

国际检索单位要在其设施允许的情况下尽力找到尽可能多的相关现有技术，并且在任何情况下都要查阅在细则 34 中所规定的最低限度文献。（检索和初审指南 15.01）

8.1.1 最低限度文献（细则34）

最低限度文献应包括：

① 专利文献，这些专利文献由或代相关国家局或其法定后继部门，或视情况由国际局根据规程规定的技术和可及性要求，以及在适用的情况下由国际检索单位提供，包括：

（ⅰ）公布的国际（PCT）申请；

（ⅱ）公布的地区专利；

（ⅲ）在1920年和该年以后由国家局或其法定前身部门颁发的、公布的国家专利；

（ⅳ）法国在1920年和该年以后颁发的实用证书；

（ⅴ）苏联颁发的发明人证书；以及

（ⅵ）在1920年和该年以后公布的对上文（ⅱ）~（ⅴ）项中所提到的任何保护形式的申请。

② 公布的其他非专利文献，这些非专利文献应经各国际检索单位同意，并由国际局在首次同意时以及在任何时候变化时以清单公布。

除上述规定的文献外，国际检索单位最好还参考包括在1920年和该年以后由或代相关国家局或其法定后继部门颁布的实用新型和公布的实用新型申请的实用新型文献，条件是上述实用新型文献已根据规程规定的技术和可及性要求由或代相关国家局或其法定后继部门提供。

8.1.2 检索资源

目前国家知识产权局可使用的检索资源主要包括：

（1）专利文献

① 按IPC分类号或流水号排列的纸件；

② 计算机检索数据库：中国专利文摘库（CNABS）、中国专利全文库（CNTXT）、国外英文全文库（ENTXT）、德温特世界专利库（DWPI）、中国专利分类数据库等；

③ 光盘数据库：CA（美国化学文摘）检索光盘等；

④ 专业检索系统：STN（the scientific and technical information network international）等；

⑤ 缩微胶片。

（2）非专利文献

① 中国期刊网全文数据库（CNKI）；

② 中国国家图书馆外文期刊数据库；

③ 书籍、词典、教科书、手册。

（3）通过互联网的其他数据库及检索系统检索最低限度文献

通过 http：//www.wipo.int/pctdb/en/search – adv.jsp 查看 International Patent Applications。

通过国家知识产权局官网相关链接国外主要知识产权网站查找。

8.2　检索的方向（细则33.3）

（1）检索的方向

国际检索应根据权利要求书进行，适当考虑说明书和附图（如果有的话），并应特别注重权利要求所针对的发明构思。

（2）检索的主题

国际检索应当覆盖权利要求所针对的全部主题或者基于合理预期修改后可能针对的全部主题。（检索和初审指南15.25）

所检索的内容并不针对那些限制（restriction）的主题，具体参见第3部分第2章第3节"排除的情况（exclusions）"和第4节"单一性"。（检索和初审指南15.22、15.24、15.33）

（3）推测的权利要求

无须对过分宽的或者推测的权利要求进行特别努力的检索，因为这样的权利要求超出了其说明书支持的范围。（检索和初审指南15.26）

8.3　进行检索

8.3.1　检索目标（检索和初审指南15.52）

为了确保国际检索能够尽可能地提供全面、完整的信息，审查员应当注意以下事项：

① 将注意力主要集中于任何可能影响新颖性或创造性的现有技术。

② 鼓励引证任何可能有助于从所属领域的角度来整体考量说明书的充分公开，以及有助于确定所要求保护的发明被说明书充分支持的现有技术。

③ 也应当注意那些由于其他原因可能是重要的文件，例如，对所要求的优先权有效性提出质疑的文件、有助于更好或者更正确地理解要求保护的发明的文件或者对技术背景作出描述的文件，但不必花费时间检索这些文件，也不必花费时间考虑这些事情，除非在特殊情况下有特殊原因要这样做。然而，可以引用由于超过日期而没有当作现有技术的文件，以显示普遍的事实，例如材料的特性或性能，或者具体的科学事实，或者显示所属领域普通技术水平。

8.3.2　互联网检索的安全性

尽管有些情况下，国际检索是在国际申请公布的情况下进行的，但是，大多数国际检索是在国际申请还没有公布的情况下进行的。这时，使用不安全的互联网作为检索工具可能会使该申请的内容在公开之前被泄露，所以互联网检索存在不安全性。（*检索和初审指南 15.56*）

若相关数据库可通过访问互联网获得，同时国际检索单位可以通过其他安全链接访问相同的数据库，则必须使用该安全链接。若国际检索单位在互联网上没有与数据库的安全链接，则必须使用表示与所要求保护的发明相关特征的组合的一般化检索词在互联网上进行检索。这些一般化检索词在现有技术中已经使用。（*检索和初审指南 15.58、15.59*）

8.4　停止检索（*检索和初审指南 15.61*）

当与所需的努力相比，找到更相关的现有技术的可能性变得非常小时，出于经济原因，审查员可运用适当的判断来结束检索。

除申请中不具备创造性且为所属领域公知以致无须书面证据的特征外，当检索到一份或多份文件清楚地表明权利要求所涉及的或者基于合理预期修改可能涉及的全部主题没有新颖性时，也可以停止国际检索。

在下列情况下，审查员不应当停止检索：

① 如果仅对于少数所要求保护的实施方案而言没有新颖性的话，则即使这会导致在书面意见中提出没有新颖性的反对意见，该审查员也不应该停止检索。

② 考虑到国际申请在下述三个方面存在突出问题，如果这些问题可以通

过另外的现有技术来澄清,则审查员应继续检索。这三个方面是指:一是关于清楚完整地说明要求保护的发明,以使所属领域技术人员能够在所要求保护的整个范围中制造并使用该发明;二是要求保护的发明应得到说明书的充分支持;三是工业实用性。

(3)当一篇文件在互联网上公开并且审查员对其公开的日期存在质疑时(例如,不清楚它是否在相关日之前公开的),审查员应该继续进行检索,就如同未曾在互联网上检索到该文件。对于该文件的处理参见第3部分第3章第1.2.2.2节(2)"不能确立互联网公开文件公布日的情况"、第8.6.1节"针对相关现有技术的质疑"。

8.5 记录检索(检索和初审指南15.62)

在记录国际检索的检索历史时,审查员应列出所检索领域的分类标识符以及检索使用的关键词,在采用电子数据库的情况下,应该提供数据库的名称等。相关内容的填写参见第3部分第4章第1.2.5.2节"检索领域"。

8.6 评价现有技术(检索和初审指南15.63)

审查员确定所要求保护的发明是否满足新颖性和创造性标准。

8.6.1 针对相关现有技术的质疑(检索和初审指南15.64)

因为对新颖性作出最终决定不是国际检索单位的责任而是指定局的责任,因此国际检索单位不应仅仅因为质疑而放弃一些文件,例如,对于准确公布日期或者公众可获得的准确日期有疑问,或者对于文件涉及的口头公开、展览等的确切内容有疑问。国际检索单位应当试图消除可能存在的任何质疑,并应当在国际检索报告中引用这些相关的文件,除非这些相关文件的公布日或者其公众可获得的日期显然与国际申请的申请日相同或者比该申请日晚。

可以引证为上述质疑提供证据的附加文件。若不能清楚地确定该附加文件的日期,审查员应当将附加文件作为L类文件进行引用,并在检索报告中表明公开日期尚未确定。

8.6.2 引证文件的选择和标明最相关的部分

在完成检索后,审查员应当从检索出的文件中选择将在国际检索报告中引

证的文件。（检索和初审指南 15.67）

（1）如果国际局及时向国际检索单位传送了第三方意见，该意见中提及的任何现有技术也应被考虑，如同其作为检索的一部分已被审查员发现一样，前提是其包含现有技术的副本或者审查员可立即获得现有技术副本。如果意见中列出的相关现有技术包含在国际检索报告中，审查员只需引证该现有技术。（检索和初审指南 15.68）

（2）为了避免增加不必要的费用，当有几份同等相关的文件时，国际检索报告通常不应当引证一份以上的文件。当出现同族专利为一项以上的专利时，应当考虑语言的方便，最好引证（或者至少指出）使用国际申请语言的文件。还应当适当考虑指定局翻译引证文件的可能需求。（检索和初审指南 15.69）

（3）如果被引证的文件中只有某些段落与国际申请相关或者特别相关，应予指明，例如指出这些段落所在的页、栏或者行数。如果整篇文件都相关，而其中某些段落特别相关，应指明这些段落，除非实际上无法指明。［细则 43.5（e）］

（4）作为一般原则，审查员为了引证，将只选择在国际检索单位的检索文档中出现的文件或者用某些其他方式容易得到的文件；以这种方式，对引证文件的内容将不存在任何疑问，因为审查员通常已经查阅了所引证的每份文件。（检索和初审指南 15.70）

（5）当满足下列条件时，可以引证内容未经核实的文件：［规程 507 (h)、检索和初审指南 15.71］

① 审查员假定该内容未经核实的文件与审查员已经检查和引证的另一份文件的内容相同。此时审查员应当在国际检索报告中提到这两份文件。例如，审查员已经检索到了一份用更常见的语言并在国际申请日之后已公布的相应文件（例如，同族专利的另一件专利，或者一篇文章的译文）代替在国际申请日前用不常见的语言公布并被选为引证的文件。

② 在没有明确的相反指示的情况下，审查员可以假定摘要的内容包含在原始文件中。

③ 审查员应假定口头公开的报告的内容与该公开相一致。

第4章　国际检索报告和书面意见

1. 国际检索报告

本节仅针对需要作出国际检索报告的情况，不需要作出国际检索报告的情况请参照第3部分第2章第3.3.1节"所有权利要求均无须检索的情况"的规定执行。

1.1 国际检索报告的作出

审查员在结束国际检索之后，应填写PCT/ISA/210表、PCT/ISA/220表和PCT/ISA/237表（检索和初审指南16.01）。关于PCT/ISA/220表的填写参见第3部分第2章第3.3节"表格填写"。

当申请语言为中文时，在审查系统需要填写的表格包括PCT/ISA/220表（中文）、PCT/ISA/210表（中文）与PCT/ISA/237表（中文）。

当申请语言为英文时，在审查系统需要填写的表格包括PCT/ISA/220表（英文）、PCT/ISA/210表（英文）与PCT/ISA/237表（英文）。

1.2 PCT/ISA/210表的填写

1.2.1 第1页
1.2.1.1 著录项目的填写

PCT/ISA/210表"著录项目"样页参见图3-4-1。

第 4 章　国际检索报告和书面意见

申请人或代理人的档案号	关于后续 行　为	见 PCT/ISA/220 表和 适用时，见下面第 5 项
国际申请号	国际申请日（年/月/日）	（最早的）优先权日（年/月/日）
申请人		

图 3-4-1　PCT/ISA/210 表"著录项目"样页

在审查系统中，下述著录项目（1）~（5）的内容，由系统自动生成，审查员只需对自动生成的著录项目进行核对是否正确即可。

（1）申请人或代理人的档案号

可从请求书（PCT/RO/101 表）中获得申请人或代理人档案号或者从申请人或代理人的最近的通信中获得其最新档案号。（规程 109、检索和初审指南 16.15）

（2）国际申请号

国际申请号由受理局指定并记录在请求书表格上。（检索和初审指南 16.16）

（3）国际申请日

用阿拉伯数字表示日，然后用月份的名称表示月，再用阿拉伯数字表示年，例如，20 March 2004（20.03.2004）、20 March 2004（20-03-2004）或 20 March 2004（20/03/2004）。英文的月份可以使用缩写，例如 20 Mar. 2004（20.03.2004），但是，审查员最好使用完整的英文月份表达方式。中文日期遵照汉语习惯按照"年、月、日"的顺序书写。（规程 110、检索和初审指南 16.17、WIPO 标准 ST.2）

（4）（最早的）优先权日

在有多个优先权的情况下，填写最早的优先权日，其填写方式与填写国际申请日相同。（细则 43.2、检索和初审指南 16.22）

（5）申请人

当国际申请有一个以上的申请人时，在国际检索报告中只表示出在请求书中第一个提及的申请人，其他申请人，在第一申请人的名称后用"等"（et al.）表示。在英文表格中，公司名称用大写字母书写；个人的名字，用大写

字母表示姓，用大小写混合的方式表示名。（规程 105、检索和初审指南 16.18、WIPO 标准 ST.14）

例如：

美国科技公司等（AMERICAN TECHNOLOGIES INC. et al.）

史密斯·约翰多（SMITH，John Doe）

李晓路（LI，Xiaolu 或 LI，Xiao Lu）

1.2.1.2 检索报告的页数

PCT/ISA/210 表"检索报告的页数"样页参见图 3-4-2。

按照条约 18，本国际检索报告由本国际检索单位作出并送交申请人。报告副本送交国际局。

本国际检索报告总计＿＿＿＿＿页。

□ 它还附有本报告所引用的各现有技术文件的副本。

图 3-4-2　PCT/ISA/210 表"检索报告的页数"样页

在审查系统中，检索报告的页数，在其他项填写完毕后由系统自动生成，审查员只需对自动生成的页数进行核对是否正确即可。

检索报告的总页数不包括未填的空白页。（检索和初审指南 16.23）

如果国际检索单位发送所引用的对比文件的副本，则应当选中"它还附有本报告所引用的各现有技术文件的副本"的选项。（细则 44.3，检索和初审指南 16.24、16.86）

1.2.1.3 报告的基础

PCT/ISA/210 表"报告的基础"样页参见图 3-4-3。

---

1. 报告的基础

a. 关于语言，进行国际检索基于：

　　□ 国际申请提交时使用的语言。

　　□ 该国际申请的＿＿＿＿＿语言译文，为了国际检索的目的提供该种语言的译文［细则 12.3 (a) 和 23.1 (b)］。

b. □ 本国际检索报告考虑了本单位许可或被通知的根据细则 91 所作出的明显错误更正。［细则 43.6 之二 (a)］。

c. □ 关于国际申请中公开的任何核苷酸和/或氨基酸序列（见第 I 栏）。

图 3-4-3　PCT/ISA/210 表"报告的基础"样页

(1) 关于语言 [细则 12.3（a）、23.1（b）、43.4，检索和初审指南 16.11、16.25]

当国际申请语言是中文或英文时，选择"国际申请提交时使用的语言"。

当国际申请语言不是中文或英文时，申请人为了国际检索提交了译文，此时选择 a 项的第 2 复选框，并填写相应的译文语言。❶

(2) 核苷酸和/或氨基酸序列表

该申请若公开了任何核苷酸和/或氨基酸序列表，应当选中 c 项。并在第 I 栏表明检索所依据的序列表的形式（即，是否用纸件副本或电子形式）和状态（即，为了检索是否随国际申请一同提交或随后提交），以及任何相关的表格。（检索和初审指南 16.26）

1.2.1.4 检索主题的限制（restriction）

当权利要求由于单一性以外的原因而没有被检索时，选择第 2 项。（检索和初审指南 16.28、16.29）

在缺乏单一性的情况下，选择第 3 项。见图 3-4-4。（检索和初审指南 16.32）

2. □ 某些权利要求被认为是不能检索的（见第 II 栏）。
3. □ 缺乏发明的单一性（见第 III 栏）。

图 3-4-4　PCT/ISA/210 表"检索主题的限制"样页

1.2.1.5 发明名称、摘要和摘要附图

(1) 关于发明名称

当审查员同意申请人提出的发明名称时，只需核实 PCT/ISA/210 表第 1 页第 4 项第 1 复选框是否勾选即可。见图 3-4-5。

当审查员不同意申请人提出的发明名称或者申请人没有提供发明名称选择第 2 复选框，并写明由审查员确定的发明名称。见图 3-4-5。（检索和初审指南 16.37）

---

❶ 当国际申请是由国际局，安哥拉、伊朗、柬埔寨、加纳、印度、肯尼亚、老挝、利比里亚、泰国、津巴布韦、朝鲜的国家局受理而选择国家知识产权局作为国际检索单位时（参见协议），有些时候申请语言不是中文或英文，因而需要申请人为了国际检索提交译文。

---

4. 关于**发明名称**,

　　□ 同意申请人提出的发明名称。

　　□ 发明名称由本单位确定如下：

图 3 – 4 – 5　PCT/ISA/210 表 "关于发明名称" 样页

关于撰写发明名称的具体要求参见第 3 部分第 3 章第 7.1 节 "发明名称"。

（2）关于摘要

当审查员同意申请人提出的摘要时，只需核实 PCT/ISA/210 表第 1 页第 5 项第 1 复选框是否勾选即可。

当审查员不同意申请人提出的摘要或者申请人没有提供摘要时，选择第 2 复选框，并写明由审查员确定的摘要。见图 3 – 4 – 6。（检索和初审指南 16.43）

---

5. 关于**摘要**,

　　□ 同意申请人提出的摘要。

　　□ 根据细则 38.2（b），摘要由本单位制定，如第Ⅳ栏中所示。自本国际检索报告发文日起 1 个月内，申请人可以向本单位提出意见。

图 3 – 4 – 6　PCT/ISA/210 表 "关于摘要" 样页

关于撰写摘要的具体要求参见第 3 部分第 3 章第 7.2 节 "摘要"。

（3）关于附图

可以在 PCT 请求书（PCT/RO/101 表）的第Ⅸ栏或在摘要中查看申请人是否建议了摘要附图。（检索和初审指南 16.48）

当整个申请没有附图时，不选择任何一项。（检索和初审指南 16.50）

没有一幅图适合作摘要附图时，选择 b 项。（检索和初审指南 16.49）

如果同意申请人选择的摘要附图，只需核实在 PCT/ISA/210 表第 1 页 6.a 项中是否勾选第 1 复选框即可。见图 3 – 4 – 7。（细则 8.2）

如果申请人没有建议摘要附图，但是审查员认为某一幅图适合作摘要附图，则选择 6.a 项的第 2 复选框 "由本单位选择的，因为申请人没有建议一幅图"。见图 3 – 4 – 7。（细则 8.2）

```
6. 关于附图,
    a. 随摘要一起公布的附图是:
       □ 按照申请人建议的。
       □ 由本单位选择的,因为申请人没有建议一幅图。
       □ 由本单位选择的,因为该图能更好地表示发明的特征。
    b. □ 没有与摘要一起公布的附图。
```

图 3-4-7　PCT/ISA/210 表"关于附图"样页

如果申请人建议了摘要附图,但是审查员不同意申请人的意见,认为另外一幅图更适合作摘要附图,则选择 6.a 项的第 3 复选框"由本单位选择的,因为该图能更好地表示发明的特征"。见图 3-4-7。(细则 8.2)

只有在必要的情况下才可以选择两幅以上的附图作为摘要附图。(检索和初审指南 16.49)

当摘要附图多于一幅图时,要注意在填写英文表格时单词的单复数变化,并按照如下格式在表格中进行修改。见图 3-4-8。(检索和初审指南 16.51)

```
6. With regard to the drawings,
    a. The figures of the drawings to be published with the abstract are Figure Nos. _____
       □ as suggested by the applicant
       □ as selected by this Authority, because the applicant failed to suggest a figure
       □ as selected by this Authority, because these figures better characterize the invention
    b. □ none of the figures is to be published with the abstract
```

图 3-4-8　PCT/ISA/210 表"摘要附图多于一幅"样页(英文)

1.2.2　第 1 页续页 (1) "第 I 栏　核苷酸和/或氨基酸序列"(细则 13 之三.1,规程 208、附件 C)

该表填写参见第 5 部分第 1 章第 1.1 节"提交的序列表符合规程附件 C 的标准"相关内容。

1.2.3　第 1 页续页 (2)

1.2.3.1　第 II 栏　某些权利要求被认为是不能检索的意见

图 3-4-9 示出了某些权利要求被认为是不能检索的三种情况。当权利要

求出现图示中的第 1~3 项中的任一情况而不能进行检索时,选择此栏,并根据情况详细说明理由;否则,不选择此栏。

对于一项权利要求中某个(些)并列主题或技术方案被认为是不能检索的情况,选中本栏第 1 项或第 2 项,并填写相应的权利要求,同时在该权利要求后标明"部分",如上述第 2 项所示[权利要求 4(部分)]。

对于申请中涉及不要求国际检索单位检索的主题,如果审查员合理预期的修改主题属于可检索的主题,那么审查员应对其进行检索(检索和初审指南 15.66),并在本栏第 1 项中除详细说明申请涉及的主题属于不要求国际检索单位检索的主题的理由之外,还要清楚地说明检索所针对的合理预期修改的主题。

第 II 栏　某些权利要求被认为是不能检索的意见（续第 1 页第 2 项）

根据条约 17(2)(a),对某些权利要求未作国际检索报告的理由如下:

1. □ 权利要求:
   因为它们涉及不要求本单位进行检索的主题,即:

2. ☒ 权利要求: 1~3、4（部分）
   因为它们涉及国际申请中不符合规定的要求的部分,以致不能进行任何有意义的国际检索,
   具体地说:

3. □ 权利要求: _____
   因为它们是从属权利要求,并且没有按照细则 6.4(a)第 2 句和第 3 句的要求撰写

图 3-4-9　PCT/ISA/210 表"第 II 栏　某些权利要求被认为是不能检索的意见"样页

1.2.3.2 第Ⅲ栏 缺乏发明单一性的意见（检索和初审指南 16.32）

图 3-4-10 示出了缺乏发明单一性时的处理表格。

审查员在待审国际申请中发现多项发明时，选择此栏。在该栏中应指出权利要求中存在的各项发明，并详细说明理由。

在不需要付出有理由要求附加费的劳动即能对全部可检索的权利要求进行检索时，不通知申请人缴纳附加检索费，对全部发明进行检索，选中此栏的第 2 项。否则，应发出"缴纳附加费和适用时异议费的通知"（PCT/ISA/206 表）以通知申请人缴纳附加检索费。

根据申请人答复 PCT/ISA/206 表的情况，相应选中此栏的第 1、第 3、第 4 项。

如果申请人缴纳了附加检索费，视情况填写"关于异议的说明"。

当申请人答复 PCT/ISA/206 表时，提出异议且异议全部成立，审查员不填写此栏的第 1~4 项，但需选择"关于异议的说明"的第 1 复选框。

当审查员选择此栏的第 1、第 3 项时，应视情况填写"关于异议的说明"。关于单一性审查和异议程序，参见第 3 部分第 2 章第 4 节"单一性"。

第Ⅲ栏 缺乏发明单一性的意见（续第 1 页第 3 项）

本国际检索单位在该国际申请中发现多项发明，即：

1. □ 由于申请人按时缴纳了被要求缴纳的全部附加检索费，本国际检索报告涉及全部可作检索的权利要求。
2. □ 由于无须付出有理由要求附加费的劳动即能对全部可检索的权利要求进行检索，本单位未通知缴纳任何附加费。
3. □ 由于申请人仅按时缴纳了部分被要求缴纳的附加检索费，本国际检索报告仅涉及已缴费的那些权利要求。具体地说，是权利要求：
4. □ 申请人未按时缴纳被要求缴纳的附加检索费。因此，本国际检索报告仅涉及权利要求书中首先提及的发明；包含该发明的权利要求是：

关于异议的说明：□ 申请人缴纳了附加检索费，同时提交了异议书，适用时，缴纳了异议费。
　　　　　　　　□ 申请人缴纳了附加检索费，同时提交了异议书，但未在通知书规定的时间期限内缴纳异议费。
　　　　　　　　□ 缴纳附加检索费时未提交异议书。

图 3-4-10　PCT/ISA/210 表"第Ⅲ栏 缺乏发明单一性的意见"样页

1.2.4 第1页的续页（3）"第Ⅳ栏 摘要正文"

当国际申请缺少摘要或申请人提交的摘要不符合撰写要求时，审查员将自行制定的摘要填写在该栏中。

1.2.5 第2页
1.2.5.1 主题的分类❶

图 3 – 4 – 11 示出了"主题的分类"。

在审查系统的 PCT/ISA/210 表的填写界面的分类号输入框，审查员将确定的主题的分类号输入，系统会自动添加该分类号的版本号并标明该信息为发明信息（i）。如果分类号多于1个，依次输入后续的分类号即可；如果所输入的分类号是附加信息（n），应注意将该分类号后面默认生成的（i）修改为（n）。具体对分类的要求参见第3部分第2章第7节"分类"。

A. 主题的分类
按照国际专利分类（IPC）或者同时按照国家分类和 IPC 两种分类。

图 3 – 4 – 11　PCT/ISA/210 表"主题的分类"样页

1.2.5.2 检索领域

给出检索时实际所用的分类系统和分类号，无须给出与分类号相关的关键词，如图 3 – 4 – 12 所示。（检索和初审指南 16.54）

B.检索领域
检索的最低限度文献（标明分类系统和分类号）。 　　　　　　IPC: B28B 1/-、B28B 5/02、H05B 31/08

图 3 – 4 – 12　PCT/ISA/210 表"检索领域"样页

---

❶ 国际局将根据上述格式识别分类号的版本和类型并按相应的格式印刷和公布，因而在填写报告时，仅需按上述格式填写，不需使用斜体和黑体。

填写最低限度文献之外的非电子数据库文献（如纸件或缩微胶片）的检索信息，如图3-4-13所示。[细则43.6（b）、检索和初审指南16.55]

该处检索信息的一般表达方式是：首先标明非电子数据库的国家或地区，其次标明所使用的分类号。例如：

① 根据公布的专利的国家特有的分类系统，检索不构成最小限度文献部分的专利说明书——输入检索的分类号，例如，"AU Class53.6"；

② 根据IPC检索不构成最小限度文献部分的专利说明书——输入用于检索的分类号位置，例如，"AU：IPC B65G51/-"。

```
包含在检索领域中的除最低限度文献以外的检索文献。
```

图3-4-13 PCT/ISA/210表"包含在检索领域中
除最低限度文献以外的检索文献"样页

图3-4-14中，该项包括实际检索使用的任何电子数据库、关键词和/或对于检索的陈述。[细则43.6（c）、检索和初审指南16.58~16.61]

```
在国际检索时查阅的电子数据库（数据库的名称，和使用的检索词（如使用））

    CNTXT,ENTXTC,CNKI,ENTXT,DWPI,IEEE……和关键词
```

图3-4-14 PCT/ISA/210表"在国际检索时查阅的电子数据库"样页

对于检索的说明是指，对于不适宜在检索报告中标注的结构或序列表的检索，可通过说明来表达。例如，对于结构检索表达为"根据分子式（Ⅰ）中的喹啉核进行了结构检索"。

需要注意：在英文表格中不应出现中文检索词，如果必须表明使用了中文检索词，应当将中文翻译成英文然后在括号中注明"in Chinese Words"。

1.2.5.3 相关文件

PCT/ISA/210表"相关文件"样页参见图3-4-15。

C. 相关文件			
类 型 *		引用文件，必要时，指明相关段落	相关的权利要求
	X	GB 392415 A（JONES）1933 年 5 月 18 日（1933.05.18）	1～3
		说明书第 2 页第 10 行至第 3 页第 10 行，图 1	
	Y	GB 392415 A（JONES）1933 年 5 月 18 日（1933.05.18）	4
		说明书第 3 页第 5～7 行	
	A	GB 392415 A（JONES）1933 年 5 月 18 日（1933.05.18）	5～12
		说明书全文	
	Y	DROP, J. G. Integrated Circuit Personalization at the Module Level. IBM tech. dis. Bull. 1974 年 10 月，第 17 卷，第 5 期，第 1344～1345 页，ISSN 2345–6789	4
□ 其余文件在 C 栏的续页中列出。☒ 见同族专利附件。			

图 3-4-15　PCT/ISA/210 表"相关文件"样页

检索报告中引用文件按照相关度顺序引用。❶
引用文献的具体填写格式：（WIPO 标准 ST. 14 第 14 段）

（1）专利文献

GB　392415　A　（JONES）　　　1933 年 5 月 18 日（1933.05.18）　图 1
①　②　③　④　　　　　　　　　　　⑤　　　　　　　　　　　⑥

其中：

① 由双字母代码表示的出版文献的工业产权局。

② 公布文献的工业产权局所给的文献号（在日本专利文献中，天皇纪年必须位于专利文献的流水号之前）。

③ 文献类型，在文献上没有标出的情况下，如果可能，按照 WIPO 标准 ST. 16 给予标识。

④ 专利权人或申请人的姓名/名称，可使用缩写。

⑤ 公布日期或者是修正专利文献中 INID 代码（48）表示的修正专利文献公布日期，以及如果文献中有的话，INID 代码（15）表示的补充修正

---

❶ 参见 WIPO 标准 ST. 14 第 13 段。

代码。

⑥ 只要被引用文件中有某些段落与国际申请相关或特别相关，就应予以指明。如果文件的全部都与国际申请有关，而其中某些段落特别相关，应指明这些段落，除非实际无法指明。［细则 43.5（e）］

（2）非专利文献（在期刊或其他出版物中发表的文章）

```
┌──────────────────────────────────────────────────────────────────────┐
│  DROP, J.G.    Integrated Circuit Personalization at the Module Level.│
│  （作者姓名）      （文章题目）     （发行日期，发行期号，文章页码）      │
│  IBM tech. dis. Bull.   1974年10月，第17卷，第5期，第1344~1345页，  ISSN 2345-6789 │
│  （期刊或其他出版物的名称可以使用国际通用的缩略语）  （在适用的情况下，标准符 │
│                                                 和分配给该刊物的编号）   │
└──────────────────────────────────────────────────────────────────────┘
```

图 3–4–16　非专利文献样式

（3）以全文文献为基础的文摘没有与全文文献一起发表的情况

标识包含文摘的文献，应以文摘和全文文献各自的著录项目数据为基础。

SU 1374109 A（KARELIN, V. I.）15 Feb. 1988（15.02.1988）（abstract），Soviet Patent Abstract, Section E1, Week 8836, London：Derwent Publication Ltd., Class S, AN 88-255351.

其余文献种类的表达方式，例如互联网上检索出的文献，详见 WIPO 标准 ST.14。

当引用文件在此栏填写不下时，审查系统会自动添加续页，并自动选择"其余文件在 C 栏的续页中列出"。当有专利引用文献时，审查系统会自动选择"见同族专利附件"。

关于如何确定引用文件的类型请参见第 3 部分第 3 章第 1.5 节"国际检索报告中的文献类型"和第 1.6 节"国际检索报告与国家知识产权局检索报告引用文献类型的比较"。

1.2.6　同族专利附件"关于同族专利的信息"

对每份引用的专利文件都要给出其同族专利的信息（图 3–4–17）。如果

该份引用文件没有同族成员,则同族专利的填写处会自动填写"无"。(检索和初审指南16.82)

审查员应给出尽可能详细的同族专利信息。在同族信息多于1页时,审查系统自动添加空白页。(检索和初审指南16.09)

检索报告中引用的专利文件	公布日期	同族专利	公布日期

图3-4-17　PCT/ISA/210表"关于同族专利的信息"样页

1.2.7　附加页

当第1、第2页及其续页中任何一页篇幅不够时,使用此页,并标明所续的项目,例如,"续第Ⅱ栏第1项"。(检索和初审指南16.09)

允许一页附加页填写不同项的附加内容,但是要明确写出所续的项目。

1.2.8　完成报告的审查员和日期

如图3-4-18所示:

"国际检索实际完成的日期"由审查员填写。

国际检索报告邮寄日期由系统生成。

"受权官员"处审查系统自动生成审查员的姓名。

国际检索实际完成的日期	国际检索报告邮寄日期
ISA/CN的名称和邮寄地址: 中华人民共和国国家知识产权局(SA/CN) 中国北京市海淀区蓟门桥西土城路6号　100088 传真号:(86-10)62019451	受权官员: 电话号码:

图3-4-18　PCT/ISA/210表"完成报告的审查员和日期"样页

2. 书面意见

2.1 书面意见的作出

书面意见的主要作用是确定所要求保护的发明是否具备新颖性、创造性和工业实用性，并对影响对发明新颖性、创造性或工业实用性作出判断的某些实质性缺陷和该国际申请形式方面的某些缺陷提出意见。[细则43之二.1（a）、细则66.2（a）、检索和初审指南17.02]"国际检索单位书面意见"（PCT/ISA/237表）应与"国际检索报告"（PCT/ISA/210表）同时作出（细则43之二.1）。但审查员应注意无须作出PCT/ISA/237表[参见第3部分第1章第2.3.3.3节"不需要作出书面意见（PCT/ISA/237表）的情况"]的情况。

2.2 PCT/ISA/237表的填写

2.2.1 PCT/ISA/237表扉页
2.2.1.1 著录项目的填写

关于各著录项目的填写参见第3部分第4章第1.2.1.1节"著作项目的填写"。应注意：PCT/ISA/237表中的分类号由审查系统自动生成，该分类号应与PCT/ISA/210表中的分类号一致。

2.2.1.2 PCT/ISA/237表中包括的内容

第1项"本意见包括关于下列各项标明的内容"中的第1复选框"意见的基础"必选，其余各复选框根据情况选择。应注意使书面意见中实际包含的内容与扉页上各个选项相一致。见图3-4-19。

178　　　　　第 3 部分　　国际检索阶段

---

1. 本意见包括关于下列各项标明的内容：
   ☒ 第 I 栏　　意见的基础
   ☐ 第 II 栏　　优先权
   ☐ 第 III 栏　　不作出关于新颖性、创造性和工业实用性的意见
   ☐ 第 IV 栏　　缺乏发明的单一性
   ☐ 第 V 栏　　按照细则 43 之二.1（a）（i）关于新颖性、创造性或工业实用性的推断性声明；支持这种声明的引证和解释
   ☐ 第 VI 栏　　某些引用的文件
   ☐ 第 VII 栏　　国际申请中的某些缺陷
   ☐ 第 VIII 栏　对国际申请的某些意见

2. 后续行为
   如果提出国际初步审查要求书，本次意见将被视为国际初步审查单位（IPEA）的一次书面意见，除非申请人选择的国际初步审查单位非本机构，而且所选国际初步审查单位已按照细则 66.1 之二（b）通知国际局将不考虑国际检索单位的书面意见。
   如本书面意见如上文所述被视为国际初步审查单位的书面意见，则申请人在自 PCT/ISA/220 表发文日起 3 个月或自优先权日起 22 个月内（以后届满者为准）向国际初步审查单位提交书面答复并提交修改（如适用）。
   进一步的选择参见 PCT/ISA/220 表。

图 3-4-19　PCT/ISA/237 表"包括的内容与后续行为"样页

第 2 项"后续行为"，用以提醒申请人对答复期限的要求。

国际检索单位书面意见的完成日期、发文日由审查系统自动生成。

2.2.2　第 I 栏　意见的基础

图 3-4-20 中 PCT/ISA/237 表第 I 栏是必不可少的填写内容。

第 I 栏　意见的基础

1. 关于**语言**，本意见的作出基于：
   ☐ 国际申请提交时使用的语言。
   ☐ 该国际申请的　语言　译文，为了国际检索的目的提供该种语言的译文［细则 12.3（a）和 23.1（b）］。

2. ☐ 本意见的作出考虑了本单位许可或被通知的根据细则 91 所作出的**明显错误的更正**［细则 43 之二.1（b）］。

3. 关于在国际申请中公开的任何**核苷酸和/或氨基酸序列**，本意见是基于下列序列表作出的：
   a. ☐ 作为国际申请的一部分提交的：
   b. ☐ 以国际检索目的在国际申请日之后提交的［细则 13 之三.1（a）］。
       ☐ 附有序列表不超出原始提交的国际申请公开范围的声明。

4. ☐ 本报告是在没有收到符合 WIPO ST.26 标准的序列表的情况下，考虑了国际申请中披露的任何核苷酸和/或氨基酸序列，在可进行有意义检索的范围内作出的。

5. 补充意见

图 3-4-20　PCT/ISA/237 表"第 I 栏　意见的基础"样页

关于语言和序列表填写要求,参见第 3 部分第 4 章第 1.2.1.3 节"报告的基础"的相应部分。

第 5 项"补充意见",可以填写对于序列表的其他意见。

如果在作出书面意见以前已许可更正明显错误,则在"补充意见"中填写本意见是在相关的明显错误更正页的基础上作出的。(检索和初审指南 17.13)

例如,本意见是在 2020 年 10 月 8 日收到的说明书第 2 页的明显错误更正页基础上作出的。

2.2.3 第 II 栏 优先权

图 3-4-21 示出了"优先权"审查相关选项。

如果在作出国际检索报告和书面意见时仍未获得优先权文件副本,或需要时该优先权文件的译本,则选择该栏第 1 项。

核实待审国际申请的优先权后,若优先权无效,选择第 2 项,同时在第 3 项"补充意见"中说明优先权无效的理由;若部分优先权无效,无须选择第 2 项,仅在第 3 项"补充意见"中对于部分优先权无效作出说明并解释理由;若优先权有效,仅在第 3 项"补充意见"中说明优先权有效。(检索和初审指南 17.28~17.31)

如果国际申请的申请人与其在先申请的申请人不一致,且没有提交"申请人有权享有优先权声明",应在第 3 项的"补充意见"中进行说明。例如,需要说明的是,在先申请不是由国际申请的申请人或其前期权利人提出的,但由于申请人可以在审查员作出书面意见后通过提交声明或在国际申请进入国家阶段后提交优先权转让证明来克服该缺陷,因而国际申请视其为符合"在先申请由国际申请的申请人或其前期权利人提出"的条件。

第 3 项的"补充意见"仅指关于优先权的补充意见,而不涉及其他内容。

关于"优先权文件副本及其译本的获得"参见第 3 部分第 3 章第 2.3 节"优先权文件副本及其译本的获得"。

第Ⅱ栏　优先权
1. □ 没有考虑优先权的有效性，因为国际检索单位没有获得被要求优先权的在先申请的副本，或需要时该在先申请的译本。然而本意见是在假定所称优先权日是相关日的情况下作出的（细则43之二.1 和 64.1）。 2. □ 由于发现所要求的优先权是无效的，因此本意见是按照如同没有要求优先权的情况下作出的（细则43之二.1 和 64.1），因而，为了本意见的目的，上面指明的国际申请日被认为是相关日。 3. 补充意见（如必要时）：

图 3-4-21　PCT/ISA/237 表"第Ⅱ栏　优先权"样页

2.2.4　第Ⅲ栏　不作出关于新颖性、创造性和工业实用性的意见

如图 3-4-22 所示，本栏适用于解释对国际申请中某些或全部技术主题的新颖性、创造性和工业实用性不作出意见的情况。审查员视情况选择第 1 或第 2 复选框，并通过选中第 3～5 和第 7 复选框表明其原因。（检索和初审指南 17.32）

审查员视具体情况选中第 3～5 复选框，并分别填写涉及的权项。由于相应的理由已在 PCT/ISA/210 表或 PCT/ISA/203 表中予以说明，因此，审查员无须在第 3～5 复选框中重复，而以参见的方式表明即可，如本栏第 4 复选框所示。（检索和初审指南 15.33、17.32～17.37）

当国际申请中涉及不要求国际检索单位检索的主题时，审查员如果根据合理预期的修改主题进行了检索，需选中本栏第 3 复选框并标明存在不要求国际检索单位检索的主题的权利要求，同时说明合理预期的修改主题以及关于新颖性、创造性和工业实用性的声明和解释是基于该合理预期的修改主题作出的。

审查员在填写本栏时，针对部分并列技术方案未作出关于新颖性、创造性和工业实用性意见的权利要求，其表达方式为：在该权利要求权项后标明"（部分）"，如本栏所示。

与序列表相关的原因导致不作出关于新颖性、创造性和工业实用性意见时，审查员应选中第 7 复选框，并视具体情况填写其中的其他复选框。

审查员在填写本栏时，无须填写第 6 复选框。

第Ⅲ栏　不作出关于新颖性、创造性和工业实用性的意见
对于 　　☐ 整个国际申请 　　☒ 权利要求 ____1~3，4（部分）____ 　　　　没有审查要求保护的发明看来是否具备新颖性、创造性(非显而易见性)，或者工业实用性的问题，因为： 　　☐ 该国际申请，或者该权利要求 _____ 涉及下列不需要国际检索的主题（具体说明）： 　　☒ 说明书、权利要求书或者附图（下面特别指明的部分）或者所述权利要求 　　　　____1~3，4（部分）____ 不清楚，以致不能够形成有意义的意见（具体说明）： 　　　　详情参见PCT/ISA/210表第Ⅱ栏第2项。 　　☐ 权利要求书或所述权利要求 _____ 没有得到说明书的充分支持，以致不能够形成有意义的意见（具体说明）：   　　☐ 对所述权利要求 _____ 没有作出国际检索报告。
☐ 没有序列表，不能够做出有意义的意见；申请人没有在规定的时间期限内： 　　☐ 提交符合WIPO标准ST.26的序列表，并且国际检索单位也未获得形式、语言和方式可以被接受的序列表。 　　☐ 在答复根据细则13条之三.1（a）的通知提供序列表时，缴纳后提交费用。 ☐ 详情见补充栏

图 3-4-22　PCT/ISA/237 表 "第Ⅲ栏　不作出
关于新颖性、创造性和工业实用性的意见" 样页

2.2.5 第Ⅳ栏 缺乏发明的单一性（检索和初审指南17.38~17.4）

图3-4-23示出了"缺乏发明的单一性"审查的相关选项。

如果审查员发出了PCT/ISA/206表，那么根据申请人针对通知的答复情况选择第1项下相应的4个复选框。

如果申请缺乏单一性，但是审查员不要求申请人缴纳附加费即不发出PCT/ISA/206表，选择本栏第2项。

如果申请人缴纳了附加检索费及异议费，同时异议全部成立，则认为发明满足单一性的要求，审查员选择本栏第3项第1复选框。除去这种情况，如果发明缺乏单一性，则无论审查员是否通知申请人缴纳附加费和申请人是否缴纳了附加费，审查员均应选择本栏第3项第2复选框，并写明"具体原因参见PCT/ISA/210表第Ⅲ栏"，如图3-4-23所示。

本栏第4项用于指出本意见所针对的权利要求。

第Ⅳ栏 缺乏发明的单一性

1. □ 在适用的时间期限内，答复缴纳附加费的通知书（PCT/ISA/206表）时，申请人：
   □ 已经缴纳了附加费
   □ 已经缴纳了附加费，提出了异议并缴纳了适用时的异议费
   □ 已经缴纳了附加费，提出了异议但没有缴纳适用的异议费
   □ 没有缴纳附加费

2. □ 本单位发现本申请没有满足发明的单一性要求，并选择不要求申请人缴纳附加费：

3. 本单位认为按照细则 13.1、13.2 和 13.3 发明单一性要求
   □ 满足
   □ 未满足，理由如下：

4. 因此，针对国际申请中的下列部分作出本意见：
   □ 全部
   □ 涉及权利要求_____的部分

图3-4-23 PCT/ISA/237表"第Ⅳ栏 缺乏发明的单一性"样页

2.2.6 第Ⅴ栏 关于新颖性、创造性或工业实用性的意见（检索和初审指南 17.42、17.43）

2.2.6.1 声　　明（statement）

如图 3-4-24 所示，审查员在第Ⅴ栏第 1 项中填写对每项权利要求是否具备新颖性、创造性和工业实用性的声明。［条约 35（2），检索和初审指南 9.33、17.42］

第Ⅴ栏　按细则 43 之二.1（a）（ⅰ）关于新颖性、创造性或工业实用性的推测性声明；支持这种声明的引证和解释
1. 声明
新颖性（N）　　权利要求_____　　　　　　　　　　　　　　　是
权利要求_____　　　　　　　　　　　　　　　否
创造性（IS）　　权利要求_____　　　　　　　　　　　　　　　是
权利要求_____　　　　　　　　　　　　　　　否
工业实用性（IA）权利要求_____　　　　　　　　　　　　　　　是
权利要求_____　　　　　　　　　　　　　　　否
2. 引证和解释

图 3-4-24　PCT/ISA/237 表"第Ⅴ栏　关于新颖性、创造性或工业实用性的推测性声明"样页

当对权利要求新颖性有否定性声明时，对该权利要求创造性的否定意见仍应作出声明；当对权利要求的工业实用性有否定性声明时，只要有可能，应当对新颖性和创造性给出声明。（检索和初审指南 17.42）

在因某项权利要求（例如，权利要求 1）中存在不被检索的并列技术方案，审查员仅对该权利要求中另一部分并列技术方案进行了检索的情况下，对新颖性、创造性和工业实用性的声明是在该项权利要求权项后标明"部分"［例如，权利要求 1（部分）］。

如果对权利要求 1 中全部并列技术方案进行了检索，其中一部分并列技术方

案具备新颖性而其余并列技术方案不具备新颖性，对权利要求1新颖性的声明采用"新颖性—权利要求1—否"的形式填写，而不填写为"新颖性—权利要求1（部分）—否"。这也适用于对创造性和工业实用性的声明。

当申请中涉及不要求国际检索单位检索的主题时，审查员如果在第Ⅲ栏标明根据合理预期的修改主题进行了检索，应在此项中对该合理预期的主题作出关于新颖性、创造性和工业实用性的声明。

2.2.6.2 引证和解释

在第V栏第2项中，应附上与每项声明相关的引证文件清单，并对新颖性、创造性和工业实用性的声明作出相应的解释。（检索和初审指南17.42）

在列出引证文件清单时，不需引证检索报告中的全部文件，只需引证那些被认为与作出新颖性、创造性和工业实用性声明有关的文件（细则70.7）；在列出引证文件清单时，适用检索报告引证文件的填写方式（参见第3部分第4章第1.2.5.3节"相关文件"）。但是可以不填写申请人或专利权人、引证文件的相关章节或相关图形的信息。❶

就第V栏的"解释"而言，所述解释应清楚地指出每一引证文件分别用于评价新颖性、创造性和工业实用性标准中的哪一个，并且应参照引证文件，清楚地说明支持满足或不满足上述任何一种标准的结论的理由。解释应当简洁，最好采用短句的形式。（规程604）

解释应根据以下原则：（细则70.8）

（1）对于任何一项权利要求作出否定性声明时，应给予解释；

（2）在作出肯定性声明的情况下，除根据参考所引用的文件容易想出引用该文件的理由以外，都应给予解释；

（3）对于任何一项权利要求作出肯定性声明时，一般应给予解释。

当权利要求中的技术方案与现有技术公开的技术方案完全相同导致权利要求不具备新颖性时，审查员可以不对该权利要求创造性的否定性声明进行解释。

当权利要求工业实用性有否定性声明时，应在此处说明推理过程。在这种情

---

❶ 关于不填写的信息的要求，参见WIPO标准ST.14中14.（a）（ⅳ）、（ⅵ）、14.（b）（ⅳ）、（ⅶ）、14.（c）（ⅴ）、（ⅷ）、14.（d）（ⅵ）和第3.14.10页关于注释（1）"These elements are to be indicated only in a search report"的相关说明。

况下，只要有可能，都应当评述新颖性和创造性。（检索和初审指南 9.33、17.42）

当申请涉及不要求国际检索单位检索的主题时，审查员如果在第Ⅲ栏标明根据合理预期的修改主题进行了检索并作出了关于新颖性、创造性和工业实用性的声明，应在此处对声明进行解释。同时，审查员应在此说明关于声明和解释是基于合理预期的修改主题作出的。

当申请涉及对权利要求限制（limitation）的情况时，审查员应在此处说明关于新颖性、创造性和工业实用性的声明和解释是基于合理预期的修改主题作出的，并指出关于合理预期修改主题的详情参见第Ⅷ栏。

2.2.7 第Ⅵ栏 某些引用的文件 [细则 64.3、70.7（b）、70.9、70.10，规程 507（a）、（b），检索和初审指南 11.08、17.45～17.48]

2.2.7.1 某些已公布的文件

如图 3-4-25 所示，在国际申请的相关日之前申请，在国际申请的相关日当天或者之后公布，且涉及国际申请新颖性或创造性的申请或者专利作为"某些已公布的文件"填写在此栏。此处的相关日如果是优先权日，则是指国际申请要求了优先权且优先权有效的情况，优先权无效或无优先权的，指申请日。（细则 64.3）

当需要核实这类已公布的申请或者专利文件的优先权时，在"优先权日（有效的）"下填写有效的优先权日；国际检索单位也可以在"优先权日（有效的）"下填写未经核实的优先权日并注明"未核实有效性"。

第Ⅵ栏　某些引用的文件			
1. 某些已公布的文件（细则 43 之二.1 和 70.10）			
申请号 专利号❶	公布日 （年/月/日）	申请日 （年/月/日）	优先权日（有效的） （年/月/日）

图 3-4-25　PCT/ISA/237 表"第Ⅵ栏　某些引用的文件"样页

---

❶ 此栏中要求填写文件的申请号或专利号，但是欧洲专利局和韩国知识产权局的样表填写的是公开号，所以国家知识产权局不作特别要求，可以写公开号或申请号。

2.2.7.2 非书面公开

如果国际检索报告引证了一份述及非书面公开的相关文件,且非书面公开发生在国际申请的相关日之前,该相关文件(述及非书面公开的书面公开)是在国际申请的相关日当天或之后公布,则在此栏(图3-4-26)标明该文件。

填写方法:填写表格中的相关各项并在引用的文件旁加注字母"O"。

2. 非书面公开(细则43之二.1和70.9)		
非书面公开的种类	非书面公开的日期 (年/月/日)	述及非书面公开的 书面公开的日期 (年/月/日)

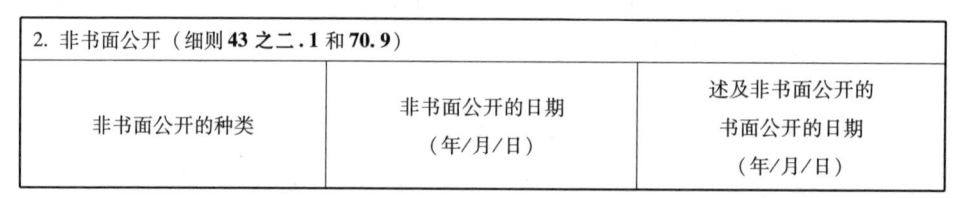

图3-4-26 PCT/ISA/237表"非书面公开"样页

2.2.8 第Ⅶ栏 国际申请中的某些缺陷❶(细则70.12、检索和初审指南17.49)

此栏指申请在形式或内容上存在的缺陷,例如,不符合细则5~11规定的缺陷,明显错误、序列表不符合规程附件C的标准等。

在撰写关于缺陷的意见时,应当引用法律条款,但是有些缺陷或错误没有条款可引用时可以不引用。

所述缺陷包括:

(1)任何违背细则6.2(a)的情况,即权利要求在说明发明的技术特征时,除非绝对必要,不得依赖引用说明书或附图,特别是不得依赖这样的引用:"如说明书第……部分所述"或"如附图第……图所示";(检索和初审指南16.30)

(2)权利要求和说明书中存在的拼写错误、语法错误等;

(3)当从属权利要求没有按照细则6.4(a)第2句和第3句的要求撰写(即属于多项引多项的情况),但不影响对其进行检索时,将这种缺陷填写在此栏。(检索和初审指南9.41)

---

❶ 检索和初审指南的17.49和17.50规定得不明确,此处参考了PCT/MIA/13/8中第12(h)段的内容。

2.2.9 第Ⅷ栏 对国际申请的某些意见

如果审查员认为应当就权利要求、说明书和附图的清楚性或者就权利要求是否得到说明书的充分支持提出审查意见，则在此栏指出申请不符合条约5和/或条约6的规定，并说明理由。（检索和初审指南17.50）

如果说明书、权利要求或者附图能够被充分理解，即使申请中的一部分或几部分不符合所规定的要求，审查员在确定检索程度时考虑了不符合规定之处并进行了检索。在这样的情况下，应在此栏指出说明书、权利要求或者附图不符合规定之处及其理由，并注明为了确定检索的程度已考虑到了不符合具体的规定要求所达到的程度，而且要尽可能准确地指出这一程度。（检索和初审指南9.19）

本手册第3部分第3章第6.2节中的实例1~6属于应当在本栏中填写的情况。

但是，如果权利要求、说明书或附图的不清楚程度或者权利要求没有得到说明书的充分支持的程度导致不能对新颖性、创造性和工业实用性作出意见时，应在第Ⅲ栏中指出该缺陷并陈述理由，无须在此栏填写。

3. 国际检索阶段的后续工作

3.1 修改国际检索报告和书面意见

在完成国际检索报告之后，少数情况下国际检索单位可能发现更相关的文件（例如，在后来为一件相关申请而作的检索中）。在国际局完成为公布国际检索报告而作的技术准备之前，审查员应当将这些相关文件加入到国际检索报告中并相应修改书面意见，并迅速将修改后的国际检索报告及书面意见送达申请人和国际局。此后，如果自国际申请的优先权日起2年内，审查员获知任何特别相关的文件，应当修改国际检索报告并相应修改书面意见。（检索和初审指南15.74）

3.2 收到申请人修改摘要的请求或对审查员修改摘要的意见（细则38.3）

如果申请人自国际检索报告发文日起1个月内提出修改摘要的请求或者对

报告中审查员制定的摘要提出修改请求和/或进行意见陈述，审查员应使用"修改国际检索单位核准的摘要的通知书"（PCT/ISA/205 表）通知申请人国际检索单位考虑了申请人的请求或意见，并作出同意或不同意申请人意见的决定。

（1）如果审查员同意申请人的意见，则应当进行如下操作：

① 选中 PCT/ISA/205 表第 2 复选框（依申请人的意见修改摘要，现写明如下/在附件中）；

② 将重新制定的摘要填写在 PCT/ISA/205 表中。

（2）如果审查员不同意申请人的意见，选中 PCT/ISA/205 表第 1 复选框［摘要仍为本单位先前制定的或核准的文本（PCT/ISA/210 表），理由如下/理由见附件］，并说明理由。

3.3 收到申请人更正明显错误的请求

在审查员发出国际检索报告后，申请人提交了更正明显错误的请求，该明显错误的更正将不被国际检索单位为了国际检索考虑，但审查员也应当通过"关于更正请求决定的通知书"（PCT/ISA/217 表）作出许可或拒绝的决定。［细则 43.6 之二（b）］

关于 PCT/ISA/217 表的填写参见第 3 部分第 2 章第 6.1.5.2 节"PCT/ISA/217 表的填写"。

第 5 章 补充国际检索

补充国际检索是由决定提供该项服务的国际检索单位根据细则 45 之二的规定提供的可选服务，旨在补充主国际检索，特别是当进行补充国际检索的单位相对于进行主国际检索的国际检索单位而言有语言优势时，尤其适用这种情况。（检索和初审指南 15.76）

1. 补充国际检索

1.1　请求补充国际检索

如果申请人希望进行补充国际检索，可以在优先权日起 22 个月期限届满前的任何时候向国际局提出请求，并且可以请求多个国际检索单位对国际申请进行补充国际检索。❶（细则 45 之二.1、检索和初审指南 15.78）

1.2　补充国际检索的启动

通常，申请人在考虑了主国际检索报告的基础上提出补充国际检索请求，但这不是必需的。如果请求有效，申请人应在提出补充国际检索请求之日起 1 个月内缴纳相关费用，并提交必要的附加材料（电子形式的序列表的译文和副本），国际局收到国际检索报告之日或自优先权日起 17 个月届满（以先到期者为准），就向进行补充检索的国际单位传送下列文件副本：

（1）补充检索请求书；

---

❶ 截至 2020 年 5 月 15 日，提供补充国际检索服务的国际检索单位包括：奥地利专利局、欧洲专利局、芬兰国家专利与注册委员会、俄罗斯联邦知识产权专利商标局、瑞典专利和注册局、新加坡知识产权局、土耳其专利商标局、乌克兰国家知识产权局、北欧专利协作组织、维斯格拉德专利局。

（2）国际申请的副本；

（3）为进行补充国际检索随请求书提交的序列表；

（4）作为补充国际检索基础的译文。

收到上述文件后，补充国际检索单位可以启动补充国际检索（检索和初审指南 15.82）。补充国际检索单位可以选择推迟补充国际检索的启动，直至收到主国际检索单位的国际检索报告和书面意见，或者直至自优先权日起 22 个月届满（以先到期者为准）。（细则 45 之二.5、检索和初审指南 15.82）

如果国际检索单位的书面意见不是用英文或补充国际检索单位接受的语言作出，可以要求国际局在收到补充国际检索请求之日起 2 个月内提供英文译文。[细则 45 之二.4（f）、检索和初审指南 15.83]

1.3 补充国际检索的基础

尽管申请人有机会根据条约 19（以及有时根据条约 34 提出要求）在进行补充检索时修改权利要求，但补充国际检索是基于原始国际申请（或其译文）以更容易进行真正补充的检索，并且结果更容易为申请人或指定局考虑。（细则 45 之二.5、检索和初审指南 15.85）

1.4 单一性

在补充国际检索阶段，假如发现国际申请缺乏单一性，审查员应直接针对国际申请中的主要发明部分，即针对权利要求中首先被提出的发明制定补充国际检索报告；对于其他发明，补充国际检索阶段不提供缴纳附加费的机会。（细则 45 之二.5、检索和初审指南 10.83、15.89）

审查员在确定发明是否具备单一性时，还应当考虑下述内容：（检索和初审指南 15.89）

（1）尽管不被国际检索单位的观点束缚，但应适当考虑国际检索单位发出的国际检索报告和书面意见，以及"缴纳附加费和适用时异议费的通知"（PCT/ISA/206 表）、"异议决定通知书或异议被认为没有提出的声明"（PCT/ISA/212 表）包含的发明单一性的任何意见。

（2）如果国际检索单位已经发现发明缺乏单一性，申请人可以在补充国际检索的请求书中指定希望补充检索限制于仅针对国际检索报告中确定的发明中的某一项（例如，申请人同意国际检索报告给出的主要发明没有新颖性或创造性的意见，申请人希望仅针对第二项发明进行补充检索）。此时，如果审查员同意国际检索报告中发明单一性的意见，并且申请人指定进行补充检索的相关权利要求不属于被排除的情形，则应针对申请人指定的权利要求进行补充国际检索。[细则45之二.1（d）]

（3）在首先提到的发明由于各种原因属于被排除的情形时，第一个可检索发明将被考虑作为替代。

（4）补充国际检索报告除了针对主要发明，还可以针对几乎不需要付出额外检索努力的未缴费的附加发明进行检索。（检索和初审指南10.83）

如果审查员认为国际申请不符合发明单一性的要求，应当在补充国际检索报告第Ⅲ栏中进行说明。如果审查员同意主国际检索报告中的意见，可以通过简单引用主国际检索报告的形式给出意见；如果有不同观点或者赞同针对异议的决定中有关发明单一性的修正观点，应当将所述理由全部陈述以便申请人和第三方理解。[细则45之二.6（a）、检索和初审指南10.85]

常规异议程序不适用于补充国际检索请求。然而，申请人可以在补充国际检索报告的通知之日起1个月内，请求补充国际检索单位对发明单一性意见进行复查。补充国际检索单位可以要求申请人缴纳复查费，并自行确定费用的数额。[细则45之二.6（c），检索和初审指南10.87、15.91]

补充国际检索单位成立复核组对发明单一性进行复查，并使用PCT/SISA/503表及时将复查结果通知申请人。如果认为审查员的意见至少部分不正确，应当发出更正版的补充国际检索报告，说明关于发明单一性的修正后的观点，适用时，包括应包含的所有权利要求的检索结果；如果发现审查员的意见全部不正确，应当对国际申请的所有部分作出更正版的补充国际检索报告，并且将复查费退还给申请人。[细则45之二.6（d），检索和初审指南10.88、15.91]

1.5 排除的情况

除国际申请缺乏发明单一性的情况之外，补充国际检索排除下述情况：（检索和初审指南15.87）

（1）无论是清楚、主题的原因，还是在通知和提供补正机会后仍没有按合适形式和语言提交序列表的原因，导致不属于完成补充国际检索单位进行国际检索的主题的任何权利要求；

（2）在补充检索启动之前，"国际检索报告"（PCT/ISA/210 表）或"宣布不制定国际检索报告"（PCT/ISA/203 表）已经完成时，不属于国际检索主题的任何权利要求；

（3）符合国际检索单位与国际局基于条约 16（3）（b）达成一致的特别限制或条件的某些权利要求，基于上述限制或条件，超出权利要求确定数目的任何权利要求将不进行补充国际检索。

如果所有权利要求均由于（1）（2）的原因而被排除，意味着不再作出补充国际检索报告，此时，应使用 PCT/SISA/502 表宣布并通知申请人和国际局。如果仅部分权利要求被排除，应当在"补充国际检索报告"（PCT/SISA/501 表）第Ⅱ栏中说明。（检索和初审指南 15.88）

1.6　检索程度

补充检索的最小范围在国际局和指定补充检索单位之间的协议里进行设定，可以不同于根据细则 34 规定的 PCT 最低文献量。如果在补充国际检索（检索和初审指南 15.82）启动之前未收到主国际检索报告，审查员为了决定进行检索的程度，可能需要假定主国际检索将进行的范围。关于确定检索范围或程度的内容可以记录在补充国际检索报告中。（检索和初审指南 15.93）

1.7　补充国际检索的撤回（检索和初审指南 15.84）

申请人在国际局或补充国际检索单位向其传送补充国际检索报告或宣布不制定补充国际检索报告之前可随时撤回补充国际检索请求。

申请人可选择地向补充检索的单位或国际局发出通知，收到通知撤回即生效，但如果该通知没有在足够的时间内送达指定的补充检索单位以阻止报告或宣布的传送，撤回则不生效，但停止处理补充国际检索。

如果撤回通知是直接来自申请人而不是从国际局收到，该补充国际检索单位应在通知上标注收到日并立即将通知副本传送给国际局。

2. 补充国际检索报告

自优先权日起 28 个月内，补充国际检索单位应当作出"补充国际检索报告"（PCT/SISA/501 表），或者作出"不制定补充国际检索报告的宣布"（PCT/SISA/502 表），使用 PCT/SISA/505 表传送给申请人和国际局。[细则 45 之二.7 (a)、检索和初审指南 15.94]

用于制定补充国际检索报告或不制定补充国际检索报告的宣布的公布语言，通常或者是国际申请的公布语言，或者是为补充国际检索提供的其他翻译语言，即使可能有一些情况，前者不是该单位接受的语言，后者不是公布的语言。[细则 45 之二.7 (b)、检索和初审指南 15.95]

除下述内容外，补充国际检索报告内容实质上与国际检索报告内容一致：（检索和初审指南 15.96）

（1）在扉页上应标明审查员是否考虑了主国际检索报告；

（2）审查员不在补充国际检索报告上对国际申请分类或者作出任何分类提示；

（3）不必包括主国际检索报告中引用的任何文献的引用，除非认为在与未被主国际检索报告引用的其他文献一起引用时具有额外的相关性；

（4）可能包括相关引用的解释：考虑到没有制定其他的书面意见并且引用常常采用一种不容易被申请人理解的语言的事实，允许包含解释以表明一份文献的相关特征；

（5）如果在检索期间尚未制定主检索报告，并且未及时传送主检索报告至补充检索指定的单位以供检索中考虑，或者在退回状态（fallback position）已经被检索的复杂申请的情况下，则可以包括关于补充国际检索范围的解释，例如表明关于适当的检索范围的任何假定。

第 4 部分　国际初步审查阶段

　　国际初步审查是国际申请的一个可选程序。该程序与国际初步检索阶段相比，在涉及审查的具体操作上有一定的特殊性，因此，本部分根据 PCT 法律规范的相关规定对国际初步审查作出具体说明。该部分主要包括国际初步审查阶段基本操作流程、常见问题以及在国际初步审查阶段需要特别注意的问题，诸如申请文件的修改、单一性缺陷的处理、扩展检索等。另外，对于该部分需要参照国际检索阶段理论和操作的部分也给出了相应的指引。

第1章 绪　　言

国际初步审查是国际申请的一个可选程序，在申请人提交了"国际初步审查要求书"（PCT/IPEA/401 表）的情况下进行。其主要目的是对所要求保护的发明是否具备新颖性、创造性和工业实用性提出初步的无约束力的意见；第二个目的是确认国际申请是否存在形式和内容方面的缺陷，例如权利要求、说明书和附图是否清楚；或者权利要求是否已由说明书充分支持。（条约 31、检索和初审指南 3.02）

1. 国际初步审查阶段基本操作流程及说明

1.1　国际初步审查阶段基本操作流程

国际初步审查阶段基本操作流程参见图 4-1-1。

1.2　初审阶段常用表格

　　PCT/IPEA/401　国际初步审查要求书

　　PCT/IPEA/405　限制权利要求或者缴纳附加费和适用时异议费通知书（1个月的等待答复期限）

　　PCT/IPEA/408　国际初步审查单位的书面意见（1~3 个月的等待答复期限）

　　PCT/IPEA/409　专利性国际初步报告

　　PCT/IPEA/411　提出更正请求通知书（无须等待答复）

　　PCT/IPEA/412　关于更正请求通知书（无须等待答复）

　　PCT/IPEA/414　提供优先权文件译文的通知书（2 个月的等待答复期限）

　　PCT/IPEA/416　传送专利性国际初步报告的通知书

第4部分　国际初步审查阶段

```
                    ┌─────────────────┐
                    │  国际初步审查文件  │
                    └────────┬────────┘
                             ↓
          ┌─────────────────────────────────────┐
          │ 确定国际初步审查启动条件（第4部分第1章第2节）│
          └─────────────────┬───────────────────┘
                           是↓
          ┌─────────────────────────────────────┐
          │   是否全部主题无须进行初步审查           │──是──→
          └─────────────────┬───────────────────┘
                           否↓
          ┌─────────────────────────────────────┐
          │    确定审查基础（第4部分第1章第2节）     │
          └─────────────────────────────────────┘
```

┌──────────┬──────────┬──────────┬──────────┬──────────┐
│ 缺乏单一性 │ 存在明显 │ 是否要求 │   │ 是否要求 │
│ 是否要求 │ 错误   │ 提交优先 │   │ 提交符合 │
│ 申请人缴费│(第4部分 │ 权文件及 │   │ 标准的序 │
│(第4部分   │第2章第3节)│ 其译本 │   │ 列表(第5 │
│第2章第2节)│   │(第4部分 │   │ 部分第1 │
│   │   │第2章第3节)│   │ 章第2节) │
└──────────┴──────────┴──────────┴──────────┴──────────┘

是→PCT/IPEA/405表 →是→申请人是否提更正请求 →是→要求提交优先权文件 →是→要求提交优先权译本 →是→PCT/IPEA/441表
↓   ↓PCT/IPEA/411表   ↓PCT/IPEA/412表   ↓在审查系统内查找或提取优先权文件 ↓PCT/IPEA/414表
是否提出异议
↓是
PCT/IPEA/420表

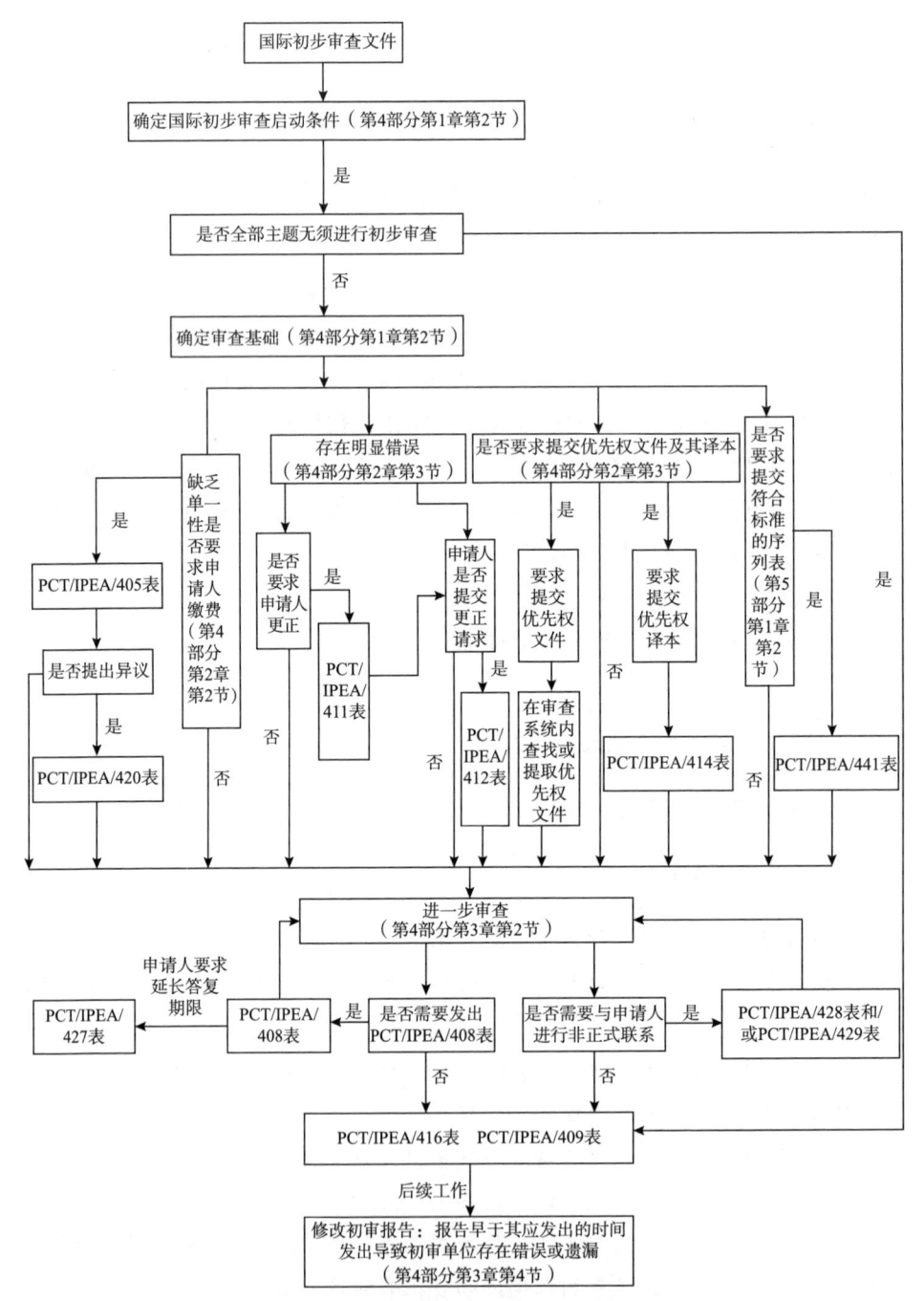

```
          ┌─────────────────────────────────┐
          │  进一步审查（第4部分第3章第2节）    │←──────┐
          └─────────────────┬───────────────┘       │
                           ↓                         │
申请人要求        ┌─────────────────┐                │
延长答复 ─是→PCT/│ 是否需要发出     │  是否需要与申请人 │
期限    IPEA/    │ PCT/IPEA/408表  │  进行非正式联系  →是→PCT/IPEA/428表和/
        408表    └────┬────────────┘                    或PCT/IPEA/429表
PCT/IPEA/            否↓                               否↓
427表                                                    
                    PCT/IPEA/416表   PCT/IPEA/409表
                              ↓ 后续工作
          ┌─────────────────────────────────┐
          │ 修改初审报告：报告早于其应发出的时间 │
          │ 发出导致初审单位存在错误或遗漏       │
          │ （第4部分第3章第4节）               │
          └─────────────────────────────────┘
```

图 4-1-1　国际初步审查阶段基本操作流程

PCT/IPEA/420	异议决定通知书或异议被认为没有提出的声明
PCT/IPEA/424	无其他可适用表格时的通知书（视具体情况选择答复期限）
PCT/IPEA/427	关于延长期限的通知书
PCT/IPEA/428	与申请人非正式联系的记录
PCT/IPEA/429	关于和申请人的非正式联系通知书
PCT/IPEA/432	关于修改不予考虑的通知
PCT/IPEA/441	提供核苷酸和/或氨基酸序列表以及适用情况下缴纳后提交费的通知书（1个月的等待答复期限）
PCT/IPEA/443	为国际初步审查的目的提交译文的通知书（1个月的等待答复期限）

1.3 表格使用的语言及发出

1.3.1 非中间文件表格

"专利性国际初步报告"（PCT/IPEA/409表）和"传送专利性国际初步报告的通知书"（PCT/IPEA/416表）是初审阶段的非中间文件表格。

使用与申请文件语言相同语言的表格，发出PCT/IPEA/409表和PCT/IPEA/416表。

1.3.2 中间文件表格

国际初步审查阶段的中间文件表格是指除非中间文件表格之外，由审查员发出的与申请人进行联系的表格以及由申请人提交的答复表格。

属于中间文件性质的表格应使用与申请语言相同语言的表格。

1.4 国际初步审查的期限（细则69.2）

国际初步审查单位必须在下述期限中最后到期期限届满之前，作出专利性国际初步报告：

（1）自优先权日起28个月；或者

（2）自细则69.1规定的启动国际初步审查之日起6个月；或者

（3）自国际初步审查单位收到根据细则55.2递交的译文之日起6个月。

如果发明缺乏单一性导致不能满足上述期限，则在收到初步审查附加费

后，或者该费用未缴纳，在缴费期限届满后，尽快作出专利性国际初步报告。（检索和初审指南3.24、19.10、19.11）

1.5 修改页的标识

(1) "修改页 IPEA/CN"❶（AMENDED SHEET IPEA/CN）：是指申请人按照条约34作出修改时提交的修改页；[规程602（a）（ⅱ）]

(2) "修改页（条约19）"[AMENDED SHEET（ARTICLE 19）]：是指申请人按照条约19作出修改时提交的修改页；[规程417（b）]

(3) "被取代的替换页[细则70.16（b）]"或"SUPERSEDED REPLACEMENT SHEET[RULE 70.16（b）]"：是指当有两次修改，且第一次修改可以被接受，而最后的修改超出国际申请提交时的公开范围，在第一次修改页上加盖"被取代的替换页[细则70.16（b）]"或"SUPERSEDED REPLACEMENT SHEET[RULE 70.16（b）]"，或者作为可选的，在关于被取代替换页的每个信件的底部空白边缘居中位置加盖"附信[细则70.16（b）]"或"ACCOMPANYING LETTER[RULE 70.16（b）]"的字样。[规程602（a）（ⅳ）]

2. 国际初步审查的启动及基础

2.1 正常启动国际初步审查的情况

当满足下列条件时，审查员正常启动国际初步审查：（细则69.1、检索和初审指南3.13）

(1) 提交了"国际初步审查要求书"（PCT/IPEA/401表）；

(2) 缴纳了应缴（足额）手续费和初步审查费，其中可能包括根据细则58之二.2的滞纳金；

(3) 国际申请的语言或国际申请的译文语言是中文或英文；

(4) 有国际检索报告（或宣布不制定国际检索报告）和书面意见。

---

❶ 有时会缺少国际初审单位的标识 IPEA/国家代码。

此外，在传送国际检索报告（或宣布不制定国际检索报告）和书面意见之日起 3 个月，或自优先权日起 22 个月（以后到期者为准）的期限届满之前，审查员通常不应启动国际初步审查。

对于由其他国际检索单位进行国际检索而由国家知识产权局进行国际初步审查的国际申请，应当特别注意是否满足上述条件（4），即，如果审查员没有收到书面意见，仅收到国际检索报告或宣布不制定国际检索报告，此时不能启动国际初步审查程序，审查员应当向国际初审单位的流程管理部门索取并得到书面意见后再启动国际初步审查程序。

2.2 正常启动国际初步审查的例外情形

2.2.1 根据条约 19 提出过修改的情况

申请人在收到国际检索报告后，如果提出国际初步审查要求并选择了 PCT/IPEA/401 表第Ⅳ栏（参见图 4-1-2）的"根据条约 19 条修改的，和/或"，审查员在收到根据条约 19 所作出修改的副本后或者在收到申请人表示不准备根据条约 19 提出修改的通知后，启动国际初步审查。如果在传送国际检索报告（或宣布不制定国际检索报告）和书面意见起 2 个月，或者自优先权日起 16 个月期限届满时，以后到期者为准，审查员仍未收到该副本，也未收到申请人表示不准备根据条约 19 提出修改的通知，则审查员依据案卷中的文件启动国际初步审查。[细则 69.1（d）、检索和初审指南 18.06]

2.2.2 根据条约 34 提出过修改的情况

如果申请人提出初步审查要求并选择了 PCT/IPEA/401 表第Ⅳ栏的"根据条约 34 条修改的"（参见图 4-1-2），审查员应在收到根据条约 34 所作出修改文件后启动国际初步审查。如果申请人提出初步审查要求并选择了 PCT/IPEA/401 表第Ⅳ栏的"根据条约 34 条修改的"，但审查员没有收到相应的修改文件，则国际初步审查单位应当使用"通知提交修改"（PCT/IPEA/431 表）通知申请人在规定的期限内提交该修改，审查员在收到该修改之前或者在通知书规定的期限届满前，以先发生者为准，不应启动国际初步审查。如果在通知书规定的期限届满后，审查员仍未收到该修改，则依据案卷中的文件启动国际初步审查。[细则 60.1（g）、69.1（e），检索和初审指南 18.04]

> **第Ⅳ栏 国际初步审查的基础**
>
> **关于修改的声明：***
>
> 1. 申请人希望在下列文件基础上开始国际初步审查：
>
>   说明书　　　　　□ 原始提交的，或者
>   　　　　　　　　□ 根据条约 34 修改的
>
>   序列表（如果有）□ 原始提交的，或者
>   　　　　　　　　□ 根据条约 34 修改的
>   　　　　　　　　　　□ 附件 C/ST.25 文本文件形式
>   　　　　　　　　　　□ 纸件或图形文件形式权利要求
>
>   权利要求　　　　□ 原始提交的，或者
>   　　　　　　　　□ 根据条约 19 修改的，和/或
>   　　　　　　　　□ 根据条约 34 修改的
>
>   附图（如果有）　□ 原始提交的，或者
>   　　　　　　　　□ 根据条约 34 修改的
>
> 2. □ 申请人希望根据条约 19 对权利要求的任何修改被认为取消。
> 3. □ 如果国际初审单位希望根据细则 69.1（b）的规定，在国际检索的同时启动国际初审，申请人可以要求国际初步审查的开始时间**推迟到**细则 69.1（d）规定的期限届满。
> 4. □ 申请人明确请求**推迟**国际初步审查的启动时间至细则 54 之二 .1（a）的适用期限届满。
>
> * 如果未对任何方格作出标记，国际初步审查在原始提出的国际申请基础上开始，或者，如果国际初步审查单位在开始起草书面意见或国际初步审查报告之前收到根据条约 19 对权利要求的修改或根据条约 34 对国际申请文件的修改的副本，将在这样修改的国际申请基础上进行。

图 4-1-2　PCT/IPEA/401 表"第Ⅳ栏　国际初步审查的基础"样页

2.2.3　申请人希望把国际初步审查的开始时间推迟到细则 69.1（d）规定的期限届满 ［细则 53.9（b）、69.1（d），检索和初审指南 20.01］

如果申请人在提交"国际初步审查要求书"（PCT/IPEA/401 表）时，选中该表第Ⅳ栏第 3 项，则只要发生下述任何一种情况，审查员就应启动国际初步审查：

（1）收到根据条约 19 所作出的任何修改的副本；或者

（2）收到申请人发出的不打算根据条约 19 作出修改的通知；或者

（3）自传送国际检索报告（或宣布不制定国际检索报告）和书面意见起满 2 个月，或者自优先权日起 16 个月期限届满后，以后到期者为准。

2.2.4 与国际检索同时启动国际初步审查的情况

如果国家知识产权局既是国际检索单位又是国际初步审查单位,并且不存在本章第 2.2.2 节和第 2.2.3 节的情形,审查员可以自行决定与国际检索同时开始国际初步审查。

当国际申请满足上述启动国际初步审查的条件,并且根据条约和细则的规定不存在任何缺陷或其他问题时,审查员同时启动国际检索和国际初步审查,需发出 PCT/ISA/220 表、PCT/ISA/210 表、PCT/IPEA/416 表和 PCT/IPEA/409 表［细则69.1（b之二）、检索和初审指南19.12］

2.3 国际初步审查的基础（细则66.1）

国际初步审查文本包括原始提交的国际申请（根据细则91更正存在于原始申请提交时国际申请文件中的明显错误,该更正被许可后,这些更正页被视为原始提交的国际申请的一部分),还可能包括根据细则91更正存在于除原始申请提交时的国际申请之外的文件（包括存在于国际申请的改正或修改）中明显错误的更正页、根据条约19提交的修改文件的副本、根据条约34提交的修改文件的副本。

审查员应当以这些文件为基础进行审查:

如果申请人未对 PCT/IPEA/401 表第Ⅳ栏（参见图4-1-2）中的任何方框作标记,则国际初步审查在原始提交的国际申请文件的基础上进行,或者,如果审查员在开始起草国际初步审查单位书面意见或专利性国际初步报告之前收到申请人按条约或细则规定提交的替换页,国际初步审查将在改正或修改后的国际申请的基础上进行。需要注意的是,当根据条约19提出的任何修改被根据条约34提出的修改所代替或者被认为撤销时,该根据条约19提出的修改不作为国际初步审查的基础。

对于没有作出过任何国际检索报告的权利要求,不需要进行国际初步审查。

第 2 章　国际初步审查的初始工作

1. 申请文件的修改

1.1 修改的含义

除明显错误的更正外，权利要求、说明书或者附图的任何改变，包括删除权利要求、说明书中某些段落，或者删除某些附图，均应认为是修改。（细则 66.5、检索和初审指南 20.04）

1.2 根据条约 19 和 34 的修改

1.2.1 根据条约 19 的修改（条约 19、细则 46、检索和初审指南 20.01）

申请人在收到国际检索报告后，有权享受一次机会，在规定的期限内对国际申请的权利要求向国际局提出修改。（条约 19）

所述期限是指国际检索单位将国际检索报告传送给国际局和申请人之日起 2 个月或自优先权日起 16 个月，以后到期者为准。（细则 46.1）

修改不应超出国际申请提出时对发明公开的范围。（条约 19）

1.2.2 根据条约 34 的修改（条约 34、检索和初审指南 20.02）

在专利性国际初步报告作出之前，申请人有权依规定的方式，并在规定的期限内修改权利要求书、说明书和附图。（条约 34）

所述期限为在提交国际初步审查要求书时或直至"专利性国际初步报告"（PCT/IPEA/409 表）制定之前。[细则 66.1（b）]

修改不应超出国际申请提出时对发明公开的范围。（条约 34）

1.2.3 根据条约 19 的修改与根据条约 34 的修改的区别

根据条约 19 的修改与根据条约 34 的修改的区别参见表 4-2-1。

表 4-2-1 根据条约 19 的修改与根据条约 34 的修改对比

法条	修改的时机	接收单位	修改涉及的内容	允许修改的次数
条约 19	检索报告发文日起 2 个月或自优先权日起 16 个月,以后到期的为准	国际局	权利要求	一次
条约 34	提交国际初步审查要求书时起直至专利性国际初步报告制定之前	国际初步审查单位	说明书、权利要求书、附图	多次

1.2.4 根据条约 19 修改与根据条约 34 修改的判断（规程 417、602）

当修改仅针对权利要求时,可以采用如下方式来判断是根据条约 19 的修改还是根据条约 34 的修改：

(1) 通过阅读申请人随修改文本提交的信函中的指示；或

(2) 如果在提交初审要求书的同时提交修改,可以参看"国际初步审查要求书"（PCT/IPEA/401 表）中第Ⅳ栏的明确标识；或

(3) 通过提交修改的时间来判断。

1.3 修改的递交方式（细则 66.8、70.11）

1.3.1 以替换页和信函方式递交（细则 66.8,检索和初审指南 20.06、20.08）

当申请人修改说明书或附图时,应提交变化部分的替换页；当修改权利要求时,应提交完整权利要求书的替换页。

随替换页一起提交的信函中应说明被替换页与替换页之间的区别,并应当指出所作修改在原始提交的申请中的基础,并且最好解释修改的原因。

1.3.2 以信函方式递交（细则 66.8、检索和初审指南 20.07）

在修改导致整页删除时，这种修改没有替换页，而仅以信函方式提出。该信函最好对修改的原因也予以解释。

1.4 修改视为未提出和不予以考虑的情况

1.4.1 修改视为未提出

当申请人试图通过修改说明书（除参考现有技术之外）、附图或权利要求书而引入超出原始提交申请内容的主题时，应在书面意见或专利性国际初步报告中指出该修改视为未提出，并说明理由。[细则70.2（c）、检索和初审指南20.10]

如果对权利要求书、说明书或者附图进行了修改，但是没有随替换页一起提交说明修改基础的信函，在适用的情况下，应按照该修改视为没有提出的情况制定书面意见或专利性国际初步报告，并在其中予以说明。[细则70.2（c之二）]

1.4.2 修改不予以考虑

修改是在审查员已经开始起草书面意见或专利性国际初步报告后收到的，则在书面意见或报告中不必考虑该修改，同时审查员应使用"关于修改不予考虑的通知"（PCT/IPEA/432表）将决定告知申请人。在这种情况下，如果对于审查员来说很显然考虑修改将会导致作出有利的书面意见或专利性国际初步报告时，那么审查员可以在一定程度上适当地考虑这种修改。（细则66.4之二、检索和初审指南20.05）

1.5 修改的审查

修改不得超出原始提交的申请内容，并且修改后的国际申请不得违反PCT的其他规定。审查员应当特别注意考虑以下问题：发明的单一性、说明书和权利要求书的一致性、是否所有修改后的权利要求都得到说明书的支持。（检索和初审指南20.09）

1.5.1 修改是否引入新的主题

如果申请内容的所有改变（不管是通过增加、替换或者是通过删除的方式）不属于原始申请提交时明确或者实质公开的内容，那么修改应当视为引入了超出原始提交申请内容的主题，因此是不可以接受的。（检索和初审指南 20.12）

1.5.1.1 引入新的主题的几种情况

（1）通过明确提及之前根本没有提到过的，或者仅仅是暗示的内容可能引入新的主题。例如，如果一个申请描述并要求了"装在弹性载体上的"设备，而没有公开任何具体种类的弹性载体，申请人试图加入载体是，或者可以是，例如螺旋形弹簧的具体信息，那么该修改通常应当被视为超出原始申请提交申请公开的范围。（检索和初审指南 20.13）

（2）替换或者删除，以及增加其他的文本均可能引入新的主题。例如，假定要求保护的发明涉及多层层压板，说明书中包括多个不同的层状排列的实施例，其中的一例具有聚乙烯外层，修改时将外层改为聚丙烯或者完全删除该层，在这两种修改方式中，修改的实施例所公开的层压板完全不同于原始公开的层压板，这种修改被认为是引入了新的主题。（检索和初审指南 20.19）

（3）修改引入其他的实施例时，例如在化学领域中，往往应当非常仔细地考虑，因为表面上看，为了阐明所要求保护发明的任何增加的实施例均可能超出原始提交国际申请的公开范围。（检索和初审指南 20.16）

在此需要注意的是，申请人在后提交的实施例或者优点描述，即使不允许加入申请中，审查员也可以考虑将其作为支持该申请的权利要求实施的证据。例如，补充的实施例可以作为证据被接受来证明在原始提交申请中给出信息的基础上，该发明在要求的整个领域中可以很容易地实施（参见第 3 部分第 2 章第 2.7.1 节"与权利要求书充分对应"）；或者补充的优点描述可以作为支持创造性的证据被接受。当审查员运用这种证据来支持具备创造性的肯定结论时，应当在专利性国际初步报告中提及该证据。（检索和初审指南 20.17）

1.5.1.2 未引入新的主题的几种情况

（1）申请人可以提出有力的证据证明，在所要求保护的发明的上下文中，所讨论的主题对于所属领域技术人员是公知的。例如，如果一个申请描述并要求了装在弹性载体上的设备，申请人试图加入载体是，或者可以是，例如螺旋形弹簧的具体信息，那么如果申请人能够表明，如所属领域技术人员所解释的，附图示出了螺旋形弹簧，或者所属领域技术人员很自然地使用所讨论的螺旋形弹簧来进行安装，则就螺旋形弹簧而言的具体信息应当视为是允许的。(检索和初审指南20.14)

（2）当原始申请中清楚地公开了一个技术特征，但没有提到或者没有完全提到其效果，而所属领域技术人员从原始申请中可以毫无困难地推出该效果时，随后在说明书中澄清该效果是允许的。(检索和初审指南20.15)

（3）申请人随后插入或者修改了发明所要解决的技术问题，当所强调的效果是所属领域技术人员能毫无困难地从原始申请中推出的效果时，这种修改是允许的。(检索和初审指南20.18)

（4）当原始申请的权利要求公开了某一主题而在说明书中任何地方均没有提到该主题时，允许对说明书进行修改以使其包括权利要求中公开的这一主题。(检索和初审指南20.20)

1.5.2 修改后的支持问题

审查员在审查修改文本是否引入新的主题之后，还需要考虑修改后的说明书是否提供了权利要求所需的支持。如果在权利要求与说明书之间存在矛盾或者不一致之处，可以通过修改权利要求或者修改说明书来解决。在一些偶然的情况下，可能存在这样的问题，即权利要求是否充分地公开或者说明书是否提供了权利要求所需的支持，以允许对说明书进行不增加超出原始提交时公开范围的主题的修改。为避免现有技术的影响而包括否定性限定的修改可能存在不支持的问题。(检索和初审指南20.20)

对权利要求进行修改或者加入新的权利要求必须得到原始提交申请的说明书的支持，并且每一项权利要求的限定必须得到原始提交的公开内容的明确或者实质的支持。当这种修改引入"否定性限定"、"排除"和"放弃"时，应当对该修改进行审查以确定它是否出现新的主题。(检索和初审指南20.21)

当修改引入的"否定性限定"或者"放弃"是为了克服参考文献的偶然

占先，或者是为了除新颖性以外的原因，如缺少工业实用性或者公开不充分而排除权利要求的一部分时，允许上述修改。❶（检索和初审指南 A20.21 [2]）

1.6 表格填写

关于修改涉及的表格包括"关于修改不予考虑的通知"（PCT/IPEA/432 表）、"国际初步审查单位的书面意见"（PCT/IPEA/408 表）和"专利性国际初步报告"（PCT/IPEA/409 表）相关栏目。具体填写参见第 4 部分第 3 章第 3.2.1 节"扉页的填写"、第 3.2.2 节"第 Ⅰ 栏　报告的基础"和第 3.2.7 节"关于专利性国际初步报告附件及报告基础填写举例"。

2. 单一性缺陷的处理

2.1　无须缴费

如果审查员不花费额外努力就可以对整个国际申请作出专利性国际初步报告，则不应要求申请人限制权利要求或支付额外费用，但应在专利性国际初步报告中指出缺乏单一性的缺陷。（细则 68.5，检索和初审指南 10.75、10.76）

2.2　通知缴费

在国际初步审查阶段，审查员只针对已进行国际检索的发明审查是否存在单一性问题（检索和初审指南 3.18）。无论国际检索单位是否提出单一性问题，审查员都可以在国际初审阶段考虑该问题（检索和初审指南 10.73）。如发现发明缺乏单一性且需要花费额外努力，才能对整个国际申请提出专利性国际初步报告的情况，则在作出专利性国际初步报告之前，向申请人发出"限制权利要求或者缴纳附加费和适用时异议费通知书"（PCT/IPEA/405 表）。（检索和初审指南 10.74）

在 PCT/IPEA/405 表中，审查员通知申请人发明缺乏单一性的理由，并要求申请人限制权利要求，或者为要求保护的每一项附加的发明缴纳附加费用，

---

❶ 参照《专利审查指南》，在国际单位可以选择的指导原则中，选择检索和初审指南 A20.21 [2] 作为指导原则。

同时，还应填写申请人可能提出异议时需要缴纳的异议费金额。在该表的第 4 项中，应向申请人建议至少一种符合发明单一性的限制权利要求的方案。

初审附加费 = 每项附加发明的费用（1500 元人民币）× 附加发明数目

异议费为 200 元人民币。

审查员发出 PCT/IPEA/405 表后中止初步审查，并等待申请人答复（等待期限为自发文日起 1 个月）。如果申请人没有缴纳初审附加费，也未对权利要求进行适当的限制，则审查员只对主要发明作出专利性国际初步报告。在不容易确定主要发明的情况下，将权利要求书中首先记载的发明看作主要发明。

需要注意的是，如果申请存在缺乏单一性的问题，在国际检索单位通知申请人缴费后，申请人没有缴纳检索附加费，那么检索单位审查员只对主要发明进行检索，进入初审阶段后，初审单位不应针对未检索的发明再次要求申请人缴纳附加初审费。这是由于，根据细则 66.1（e）的要求，国际检索阶段未进行检索的权利要求在国际初步审查阶段不需要进行国际初步审查。（细则 68.5，检索和初审指南 10.75、10.76）

2.3 异议程序（检索和初审指南 10.78）

国际初审阶段的异议程序参考国际检索阶段的异议程序，参见第 3 部分第 2 章第 4.3 节"异议程序"。

2.4 表格填写

单一性缺陷涉及填写的表格为"限制权利要求或者缴纳附加费和适用时异议费通知书"（PCT/IPEA/405 表），还涉及"国际初步审查单位的书面意见"（PCT/IPEA/408 表）第Ⅳ栏和"专利性国际初步报告"（PCT/IPEA/409 表）第Ⅳ栏，具体填写参见第 4 部分第 3 章第 3.2.5 节"第Ⅳ栏 缺乏发明的单一性"。

异议程序涉及填写的表格有"异议决定通知书或异议被认为没有提出的声明"（PCT/IPEA/420 表）。

2.4.1 PCT/IPEA/405 表相关项样页

PCT/IPEA/405 表填写方式参见图 4-2-1。

第2章 国际初步审查的初始工作 211

申请人或代理人的档案号：	答复或者缴费期限 自上述发文日起＿＿＿ ＿＿＿
国际申请号：	国际申请日（年/月/日）：
申请人：	

1.本国际初步审查单位

（i）认为，本国际申请中有 __3__ 项要求保护的发明。

（ii）从而认为，**本国际申请不符合发明单一性的要求**（细则13.1、13.2和13.3），理由见附件。❶

（ii）重申涉及那些没有作出任何国际检索报告的发明的权利要求不必作为国际初步审查的主题［细则66.1（e）］。

2. 因此通知申请人，在上述期限内，如下面第4项建议的**限制权利要求**，或者**缴纳**下面指明数额的**费用**：

$$\underline{1500/CNY} \quad \times \quad \underline{2} \quad = \quad \underline{3000/CNY}$$

　　每项附加发明的费用　　　附加发明数目　　　附加费总额/币种

3. 通知申请人，根据细则68.3（c），**缴纳附加费的同时可以提出异议**，也就是附一说明理由的声明，说明国际申请符合发明单一性的要求或者说明所要求的附加费数额过高；适用情况下，缴纳异议费。

　　如果申请人在缴纳附加费的同时提出异议，通知申请人在上述期限内缴纳异议费［细则68.3（e）］ __异议费为200/CNY__ （数额/币种）。如果申请人在上述期限内没有缴纳所要求的异议费，国际初审单位将宣布异议视为未提出。

4. **如果申请人选择限制权利要求**，本单位建议一些在附件中指明的符合发明单一性的限制的可能。❷

5. **如果申请人没有作出任何答复**，本单位将针对附件中指明的国际申请中照本单位看来是主要发明的那些部分作出专利性国际初步报告。

图4-2-1　PCT/IPEA/405 表相关项样页

❶ 在附件中说明国际申请被认为不符合发明单一性的理由。
❷ 审查员应至少建议一种符合单一性的限制。

2.4.2 "异议决定通知书或异议被认为没有提出的声明"（PCT/IPEA/420表）的填写

参照"异议决定通知书或异议被认为没有提出的声明"（PCT/ISA/212表）的填写，参见第3部分第2章第4.4.2节"PCT/ISA/212表相关项样页"。

3. 明显错误更正、所需资料的获得

3.1 明显错误更正

3.1.1 更正请求的提出

当说明书、权利要求书、附图或其改正文件中存在明显错误时，审查员可以通知申请人向初步审查单位对可更正的明显错误提出更正请求［使用"提出更正请求通知书"（PCT/IPEA/411表）］。申请人可以根据审查员的通知提出更正请求，也可以主动提出更正请求。（细则91.1）

由于根据细则91可以更正的任何错误并不妨碍作出专利性国际初步报告，所以，尽管审查员可以通知申请人提出明显错误更正请求，但不提倡作出这样的通知。（检索和初审指南19.38）

3.1.2 国际初步审查单位许可和拒绝的更正

如果国际初步审查要求已经提出且没有撤回，并且根据细则69.1启动国际初步审查的日期已过，审查员需要针对原始提交的申请文件或其改正或者根据条约19或条约34进行的修改文件中，存在的明显错误的更正，迅速作出许可或拒绝决定。［细则91.1（b）（ⅲ）］

审查员通过填写"关于更正请求通知书"（PCT/IPEA/412表）作出许可或拒绝更正的决定。［细则91.1（b）（ⅱ）、91.3（a）］

3.1.3 错误不应当被更正的情况

如果更正不属于明显错误的性质，审查员将根据细则91.1（g）拒绝更正，具体拒绝更正的四类错误可参见第3部分第2章第6.1.2.2节"不能更正

的错误"。(细则 66.5)

3.1.4 表格的填写

在国际初步审查阶段，明显错误的更正涉及填写的表格包括 PCT/IPEA/411 表和 PCT/IPEA/412 表，还包括 PCT/ IPEA /408 表和 PCT/ IPEA /409 表。具体填写类似于国际检索阶段中 PCT/ISA/216 表、PCT/ISA/217 表、PCT/ISA/210 表和 PCT/ISA/237 表的填写。

明显错误更正的其他内容相同或类似于第 3 部分第 2 章第 6 节 "明显错误和不得使用的表达" 的相应内容。

3.2 优先权文件副本及其译本的获得（检索和初审指南 6.17、18.16）

如果审查员需要优先权文件副本，可以在 http：//www.wipo.int/pctdb/en/查找 PCT 申请的优先权文件。如果优先权文件为国内申请，如需提取的优先权文件是尚未公开的在先国内申请，可在审查系统提取该优先权文件。

如果审查员需要优先权文件的译本，则填写 "提供优先权文件译文的通知书"（PCT/IPEA/414 表）通知申请人自通知之日起 2 个月内提交。

如果在制定国际初步审查单位书面意见或专利性国际初步报告之前未及时获得优先权文件副本或其译本，则审查员可以按照该国际申请未要求优先权的情况处理，据此作出书面意见或专利性国际初步报告，并在报告中予以说明。[检索和初审指南 17.29（d）]

3.3 提交核苷酸和/或氨基酸序列表（检索和初审指南 18.18）

当国际申请含有对具有十个及以上特定核苷酸或四个及以上特定氨基酸的核苷酸和/或氨基酸序列的公开，但不含有符合规程附件 C 所要求的相应序列表或者以接受语言提供的序列表时，国际初步审查单位可以要求申请人在通知书指定期限内（使用表格 PCT/IPEA/441）提供符合标准的序列表或序列表的译本。如申请人未能按期达到此要求，审查员只需要在没有序列表的情况下可以进行有意义的审查的范围内，进行国际初步审查。

第3章 国际初步审查的进一步工作

1. 需要考虑的问题

本节仅针对国际初步审查阶段与国际检索阶段不同的审查内容进行介绍，相同的审查内容参见第3部分相关章节。

1.1 分　　类

（1）如果国际初步审查单位同意国际检索单位确定的分类，应在PCT/IPEA/409表扉页上"国际专利分类（IPC）或者国家分类和IPC"栏中填写该分类号。[细则70.5（a）]

（2）如果国际初步审查单位不同意国际检索单位确定的分类，审查员应在PCT/IPEA/409表扉页上"国际专利分类（IPC）或者国家分类和IPC"栏中注明正确的国际分类号。[细则70.5（b）]

1.2 扩展检索

国际初步审查单位应当进行扩展检索，以发现细则64提及的在国际检索报告制定之后公开或者可以供所述国际初步审查单位检索的文件，除非该单位认为这样的扩展检索并无用处。例如，国际检索报告中的引证文件足以证明全部权利要求不具备新颖性。（细则66.1之三，检索和初审指南3.16、15.61）

1.2.1 扩展检索的目的

扩展检索主要针对细则64.3规定的在先申请在后公开的专利申请或专利，还应当针对细则64.1规定的通常的现有技术，以及细则64.2规定的非书面公开的证据,旨在发现由于一些情况,例如,文件收录入数据库的延迟而国际检索单位无法获得的任何文件。(检索和初审指南19.19)

1.2.2 扩展检索的范围

扩展检索的范围通常不超出国际检索的范围,由作出扩展检索的审查员确定。(检索和初审指南19.20)

1.2.3 不进行扩展检索的情形

不进行扩展检索的情形包括:

(1) 对某些权利要求没有制定国际检索报告,因而对于这些权利要求不进行国际初步审查;[细则66.1(e)、检索和初审指南19.15]

(2) 国际申请作为一个整体涉及不需要进行国际初步审查的主题;[条约34(4)、检索和初审指南19.15]

(3) 国际申请不清楚或者权利要求未得到说明书的充分支持,以致不能对要求保护的发明就新颖性、创造性和工业实用性形成有意义的意见;[条约34(4)、检索和初审指南19.15]

(4) 国际申请不符合细则所规定的发明单一性的要求,已缴纳检索附加费,但未缴纳初审附加费;[条约34(3)、检索和初审指南19.16]

(5) 申请人对国际申请进行修改,但是,该修改被视为未提出,具体而言,国际初步审查单位认为修改超出了该国际申请提出时公开的范围,或者,未指出修改在原始提交的国际申请中的基础,和/或未附有说明该基础的信函。[细则70.2(c)、70.2(c之二),检索和初步指南19.17]

需要注意的是,如果上述(1)(2)(3)的情形仅针对部分权利要求,则需将扩展检索限制为国际申请中属于国际初步审查主题的部分。(检索和初审指南19.15)

1.2.4 扩展检索所获得文件的引证

扩展检索之后无须制定特定的检索报告,只需在专利性国际初步报告中指出扩展检索中发现的特别相关的文件。如果在扩展检索中发现的文件用于支持对于任何权利要求的主题的否定性意见,应当在"专利性国际初步报告"

(PCT/IPEA/409 表)第Ⅴ栏中引证（引证文件的标识方式参见第 3 部分第 4 章第 1.2.5.3 节"相关文件"）；如果扩展检索中发现细则 64.2 和细则 64.3 规定的文件，应当在"专利性国际初步报告"（PCT/IPEA/409 表）第Ⅵ栏中引证（参见第 3 部分第 4 章第 2.2.7 节"第Ⅵ栏　某些引用的文件"）。（检索和初审指南 19.21）

1.2.5　扩展检索的后续工作

如果准备在扩展检索获得的现有技术文件的基础上提出否定性意见，应当发出"国际初步审查单位的书面意见"（PCT/IPEA/408 表）。（细则 66.2，检索和初审指南 3.22、19.24）

1.3　考虑申请人的答辩

审查员应考虑申请人为答复书面意见所进行的答辩，并在专利性国际初步报告中针对申请人的任何相关答辩进行评论。

对于在起草书面意见或专利性国际初步报告后收到的答辩，审查员在书面意见或报告中不予考虑。如果考虑答辩将会导致作出有利的书面意见或报告，那么审查员可以在一定程度上适当地考虑这种答辩。（细则 66.4 之二、检索和初审指南 20.05）

2. 进一步的书面意见和与申请人的非正式联系

2.1　进一步的书面意见

2.1.1　国际初步审查单位书面意见（PCT/IPEA/408 表）

在国际初步审查阶段，国际检索单位的书面意见通常被作为国际初步审查单位的第一次书面意见。

如果清楚看出，申请人未作任何实际努力（实际努力，可以是指通过修改或通过提出反驳意见克服审查员提出的反对意见的情形），则可以不发出进一步的书面意见。

如果审查员确定发出进一步的书面意见将有利于重要争端的最终解决，则审查员应当考虑发出这一书面意见。如果在作出专利性国际初步报告的时间期限内仍有充裕的时间，并且申请人为克服审查员提出的反对意见已作出实际的努力，但是仍然存在以下任何一种缺陷，则审查员可以考虑发出进一步的书面意见：［细则 66.2（a）和（b），检索和初审指南 19.14、19.24、19.29］

（1）所有或部分权利要求存在不要求初审单位审查的主题，或者说明书、权利要求书或附图不清楚，或权利要求在说明书中没有适当的依据，因而不能对要求保护发明的新颖性、创造性和工业实用性形成有意义的意见［条约 34(4)］；

（2）国际初审单位对任何一项权利要求的新颖性、创造性和/或工业实用性予以否定；

（3）国际申请的格式或者内容存在某些不符合条约或细则的缺陷；

（4）国际申请的修改超出了国际申请提交时所公开的范围；

（5）审查员希望就权利要求、说明书和附图的清楚性或者就权利要求是否得到说明书的充分支持提出意见；

（6）对某一权利要求涉及的发明没有制定相应的国际检索报告，并且对该权利要求已决定不进行国际初步审查；

（7）没有以一种使其能进行有意义的国际初步审查的形式提供核苷酸和/或者氨基酸序列表；

（8）存在非择一引用或多项引用多项的方式撰写的多项从属权利要求。

但需要注意的是，对于上述第（2）项所述情形，如果属于国际初审单位基于扩展检索中发现的现有技术文件提出否定性意见（检索和初审指南 19.24）时，审查员应当发出进一步的书面意见（PCT/IPEA/408 表），并应指定答复期限，该期限通常为自该书面意见发文日起 1 个月。如果申请人在答复期限届满前要求延期答复进一步的书面意见，审查员应当作出"关于延长期限的通知书"（PCT/IPEA/427 表）表示同意或不同意延长答复期限，条件是不会影响审查员按期完成专利性国际初步报告。［细则 66.2（e）］

2.1.2 表格填写

作出进一步的书面意见需填写 PCT/IPEA/408 表。该表的填写参照 PCT/ISA/237 表（参见第 3 部分第 4 章第 2 节"书面意见"）和 PCT/IPEA/409 表

(参见第 4 部分第 3 章第 3 节 "专利性国际初步报告") 的相应内容。

2.2 与申请人的非正式联系

如果存在申请人可能需一定时间进行考虑的问题，审查员可能希望再发一次书面意见。但在争论的问题不十分清楚，例如申请人似乎误解了审查员提出的理由，或申请人自己的答辩不十分清楚时，如果审查员提出会晤，则可以加快问题的处理。反之，如果要解决的问题很小，或者能很快且很容易解释和处理的，则通过电话讨论可以解决得更快。（检索和初审指南 19.30）

非正式联系的有关事项如下：

（1）如果申请人或其代理人要求进行会晤，并且审查员相信这种讨论将是十分有益的，则应当自行决定给予一次以上的会晤。（检索和初审指南 19.41）

（2）如果安排进行会晤，无论是通过电话还是通过书信安排的，无论是由审查员还是由申请人提出的，都应当说明待讨论的问题。如果是通过电话安排的，审查员应当记下细节，并在案卷上简要说明待讨论的问题。（检索和初审指南 19.42）

（3）当会晤涉及澄清含混不清之处、解决不确定之处、消除国际申请中的一些次要问题时，审查员一般只要在案卷上记下所讨论的问题和得出的结论，或商定的修改意见就足够了。但如果会晤涉及讨论较重要的问题，如新颖性、创造性的问题，或修改是否增加了新的内容，审查员应当在案卷中较详细地记录讨论的问题，可选择采用 "与申请人非正式联系的记录"（PCT/IPEA/428 表）记录，以用于进一步的书面意见或专利性国际初步报告中，如果合适的话，也可采用 "关于和申请人的非正式联系通知书"（PCT/IPEA/429 表）将所述记录的副本传送给申请人。（检索和初审指南 19.43）

（4）如果会晤时提出了新的实质性反对意见，并且当时未商定好修改意见，审查员应当在期限允许的情况下作出的进一步的书面意见中重申该反对意见，同时要求申请人在规定的时间期限内给予答复。（检索和初审指南 19.44）

（5）会晤或电话会晤的记录通常应当指出申请人或代理人是否准备答复，或者审查员是否愿意发出进一步的书面意见［即 "国际初步审查单位的书面意见"（PCT/IPEA/408 表）］，或者是否准备作出 "专利性国际初步报告"（PCT/IPEA/409 表）。（检索和初审指南 19.46）

3. 专利性国际初步报告

3.1 专利性国际初步报告的作出

审查员通过填写"专利性国际初步报告"（PCT/IPEA/409 表）给出国际初步审查的结果，同时发出"传送专利性国际初步报告的通知书"（PCT/IPEA/416 表）。

（1）当申请语言为中文时，需要填写 PCT/IPEA/416 表（中文）和 PCT/IPEA/409 表（中文）；

（2）申请语言为英文时，需要填写 PCT/IPEA/416 表（英文）和 PCT/IPEA/409 表（英文）。

3.2 PCT/IPEA/409 表的填写

3.2.1 扉页的填写
3.2.1.1 本报告还有附件

PCT/IPEA/409 表扉页"本报告还有附件"样页参见图 4-3-1。

---

1. 本报告是本国际初步审查单位根据条约 35 制定的国际初步审查报告，并依照条约 36 传送给申请人。
2. 本**报告**共计_____页，包括本扉页。
3. 本报告还有**附件**，包括：
   a. □（传送给申请人和国际局）共计_____页，如下：
      □ 除被取代或撤销页之外，修改后的并且作为本报告基础的说明书修改页、权利要求修改页和/或附图修改页，和/或由本单位许可的更正页，和任何所附信函（细则 46.5、66.8、70.16、91.2、规程 607）。
      □ 未被考虑的更正页，由于该更正页是在本单位开始起草本报告后被许可或被通知的［细则 66.4 之二、70.2（e）、70.16 和 91.2］。
      □ 取代在先页的修改页和任何所附信函，本单位认为这些修改页含有的修改超出了国际申请提交时的公开范围，或者取代页末附带一份说明修改基础的信函，如第 I 栏第 4 项和补充栏所示［见细则 70.16（b）］。
   b. □（仅传送给国际局）共计（指明电子载体的类型和数量）_____，包含如关于序列表的补充栏中指明的符合附件 C/ST. 25 文本文件形式的序列表。（规程附件 C 第 3 之三段）

图 4-3-1 PCT/IPEA/409 表"本报告还有附件"样页

（1）对 PCT/IPEA/409 表扉页第 3 项"本报告还有附件"的说明

① 对 a 选项的说明（细则 46.5）

通常，以下内容都应作为报告附件：[细则 70.16（a）]

（ⅰ）根据条约 34 作出的修改的替换页和提交的信函；

（ⅱ）根据条约 19 作出的修改的替换页和提交的信函；

（ⅲ）国际初步审查单位许可的明显错误更正的替换页和提交的信函；

（ⅳ）当国际初步审查单位因在起草专利性国际初步报告后收到明显错误更正请求而未加考虑，并且在报告中注明时，提交的明显错误更正替换页和信函。

当上述（ⅰ）至（ⅲ）中替换页被后提交的替换页所取代或者撤销，或修改导致整页删除时，则该被取代或者撤销的替换页，或者该被删除页不作为报告的附件。

但是，针对上述（ⅰ）和（ⅱ），在下述两种例外的情形下，所述的被取代或撤销的替换页以及与之相关的信函也应作为报告的附件：[细则 70.16（b）]

情形一：当国际初步审查单位认为相关的取代或撤销导致修改超出了国际申请中原始公开的范围，并且报告中含有这样的注明；情形二：当国际初步审查单位认为相关的取代或撤销修改没有附信函说明修改在原始提交申请中的基础，报告是按照该修改没有提出的情况制定的，并且报告中含有这样的注明。

对于上述两种情形，需要选中图 4-3-1 中 PCT/IPEA/409 表 3.a 项的第 4 复选框，其中修改超范围的"取代在先页的修改页"是指申请人提交的最后一次修改替换页，且该修改超出国际申请提交时公开的范围。例如，申请人提交了两次修改，第一次修改未超范围，具有相同页数编号的第二次修改超出该申请提交时公开的范围，第二次超范围的修改页称为修改超范围的取代在先页的修改页。（检索和初审指南 20.10）

需要注意：在国际检索单位作出 PCT/ISA/203 表的情况下，申请人在国际初步审查阶段提交的任何替换页均作为报告附件，审查员需选择图 4-3-1 中 PCT/IPEA/409 表 3.a 项第 1 复选框和第 2 复选框。

② 对 b 选项的说明

b 选项仅适用于原始申请只有电子序列表，并在初审阶段后又提交了修改的电子形式序列表的情形。

（2）对附件的具体解释

在专利性国际初步报告包括附件的情形下，需要选择扉页 3.a 项的第 1 复选框，并在下述不同的情形下，还需视情况选择 3.a 项第 2~4 复选框。

申请人若只有一次修改，无论该修改是否超出国际申请原始提交时的公开范围，都要作为报告的附件。当该修改没有超出原始公开范围时，选择图 4-3-1 PCT/IPEA/409 表 3.a 项中第 2 复选框；当该修改超出国际申请原始提交时的公开范围时，选择 3.a 项中第 4 复选框。

当申请人提交一次以上的修改时，如果最后一次修改没有超出国际申请原始提交时的公开范围，审查员应将最后一次的修改作为附件，并选择图 4-3-1 PCT/IPEA/409 表 3.a 项中的第 2 复选框。所谓的最后一次的修改是针对每一页而言的，即如果提交了两次修改，第一次修改 1~3 页，第二次修改 4~6 页，都没有超范围，则对于 1~3 页而言，第一次修改就是最后一次的修改；而对于 4~6 页而言，第二次修改是最后一次的修改。

如果申请人提交两次修改，且前一次没有超出国际申请原始提交时的公开范围，后一次超出国际申请原始提交时的公开范围，则两次修改都应作为报告的附件。此时，应选择图 4-3-1 PCT/IPEA/409 表 3.a 项中第 2 和第 4 复选框。

如果申请人提交两次修改，且都超出国际申请原始提交时的公开范围，则最后一次修改作为报告的附件，并选择图 4-3-1 PCT/IPEA/409 表 3.a 项中的第 4 复选框。这样操作是为了确保选定局不仅收到作出专利性国际初步报告时所依照的国际申请文本，还能收到在作出专利性国际初步报告时未考虑的在后修改超范围的文本。（检索和初审指南 20.10）

专利性国际初步报告中如有附件，审查员应当将附件转换为 PDF 格式或 HTML 格式后，再作为 PCT/IPEA/409 表的附件上传到审查系统。

3.2.1.2 关于"提交要求书的日期"

审查员可以从"国际初步审查要求书（PCT/IPEA/401 表）"的首页"收到要求书日期"内查阅到该日期。

3.2.2 第 I 栏 报告的基础
3.2.2.1 关于语言

如图 4-3-2 所示,当国际申请语言是中文或英文时,选择"国际申请提交时使用的语言"。

当国际申请语言不是中文或英文时,根据具体情况选择相应的复选框。

---

1. 关于**语言**,本报告基于:
   □ 国际申请提交时使用的语言。
   □ 该国际申请的_____译文,提供该种语言译文的目的是:
      □ 国际检索 [细则 12.3 (a) 和 23.1 (b)]
      □ 国际申请的公布 [细则 12.4 (a)]
      □ 国际初步审查 [细则 55.2 (a) 和/或 55.3 (a) 和 (b)]

图 4-3-2　PCT/IPEA/409 表"关于语言"样页

3.2.2.2 关于国际申请中各个部分

当初步审查是完全基于原始提交/提供的国际申请时,只选择图 4-3-3 PCT/IPEA/409 表第 1 复选框,不必对说明书、权利要求和附图再分别选择"原始提交/提供的"各项。

---

2. 关于国际申请中**各个部分**,本报告基于(申请人为答复受理局根据条约 14 所发通知而提供的替换页,在本报告中视为"原始提交"的文件,不作为本报告的附件)
   □ 原始提交/提供的国际申请。
   □ 说明书:　　第_____页,原始提交/提供的,
   　　　　　　　第_____页,_____本单位收到的
   □ 权利要求:　第_____项,原始提交/提供的,
   　　　　　　　第_____项,按条约 19 修改的(附有任何声明)
   　　　　　　　第_____项,_____本单位收到的
   □ 附图:　　　第_____页,原始提交/提供的,
   　　　　　　　第_____页,_____本单位收到的
   □ 序列表——参见关于序列表的补充栏。

图 4-3-3　PCT/IPEA/409 表"关于国际申请中各个部分"样页

以下两种情况均认为是原始提交的国际申请:

(1) 根据细则 26 提交的替换页,如果被接受,则由受理局审查员编辑生

成新的智能审查文本，该文本被视为原始提交的国际申请的一部分。（检索和初审指南 17.16）

（2）根据细则 91 更正存在于申请时提交的国际申请中明显错误的替换页，如果被许可，则由审查员编辑生成新的智能审查文本，该文本被视为原始提交的国际申请的一部分。[细则 91.3（c）（ⅰ）]

需要注意：根据细则 91 更正存在于除申请时提交的国际申请之外的文件（包括存在于国际申请的改正或修改）中明显错误的替换页，是自该替换页提交之日起生效的文件，不视为原始提交的国际申请的一部分。[细则 91.3（c）（ⅱ）]

需要注意：在国际检索单位作出"宣布不制定国际检索报告"（PCT/ISA/203 表）的情况下，审查员无须判断申请人在国际初步审查阶段提交的任何替换页是否超出国际申请提交时公开的范围，只需将修改后的文本填写于此项。

3.2.2.3 修改导致以下内容的删除

如图 4-3-4 所示，当根据条约 19 或 34 的修改导致了说明书页数、权利要求编号，和/或附图页的编号序列删除或跳跃时，填写此项。（检索和初审指南 17.22）

例如，申请人原始提交的权利要求有 10 项，提交的权利要求修改页中删除了第 3 项，但是没有将接下来的第 4 项的内容上升到第 3 项的位置，而使第 3 项保留空白。

1. 权利要求 1，……
2. 权利要求 2，……
3. [删除]
4. 权利要求 4，……

这时如图 4-3-4 所示填写表格。

```
3. □ 修改导致以下内容的删除：
  □ 说明书：         第_____页
  ☒ 权利要求：       第__3__项
  □ 附图：          第_____页/图_____
  □ 序列表（具体说明）：_____
```

图 4-3-4　PCT/IPEA/409 表"修改导致以下内容的删除"样页

3.2.2.4 修改超范围的指明

如图 4-3-5 所示，审查员要在第 4 项中明确标记出超出申请时公开范围的修改页，再在补充栏中标出具体的修改情况并给出简要的理由。（检索和初审指南 17.23）

关于"专利性国际初步报告"（PCT/IPEA/409 表）附件及报告基础填写举例参见第 4 部分第 3 章第 3.2.7 节"关于专利性国际初步报告附件及报告基础填写举例"。

```
4. □ 由于本报告附件的（某些）修改，如下所列，被认为超出了申请提交时公开的范围，或者申请
      人未提交指明所作修改在原始提交的国际申请中的基础的信函，因此本报告是如同没有作出所述修
      改的，详情参见补充栏［细则70.2（c）和（c之二）］。
      □ 说明书：          第_____页
      □ 权利要求：        第_____项
      □ 附图：            第_____页/图_____
      □ 序列表（具体说明）：_____
      *如果第4项适用，一些或全部的文件可能作出"被取代"标记。❶
```

图 4-3-5　PCT/IPEA/409 表"修改超范围的指明"样页

3.2.2.5 关于扩展检索（细则 66.1 之三）

如图 4-3-6 所示，审查员应当在第 6 项中说明是否根据细则 66.1 之三进行扩展检索。如果进行了扩展检索，还应当选中第 6 项的第 1 复选框并且在该复选框后填写进行扩展检索的日期，以及扩展检索中是否发现另外的相关文件。［细则 70.2（f）、检索和初审指南 17.24］

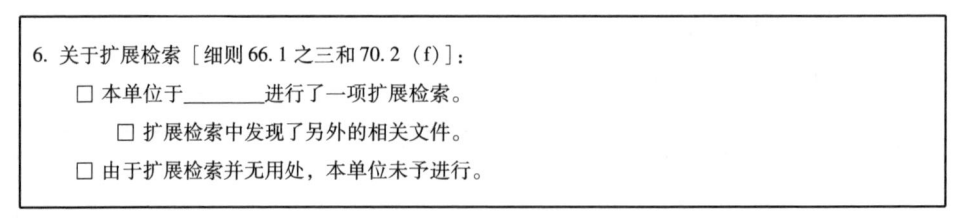

```
6. 关于扩展检索［细则66.1之三和70.2（f）］：
   □ 本单位于_____进行了一项扩展检索。
       □ 扩展检索中发现了另外的相关文件。
   □ 由于扩展检索并无用处，本单位未予进行。
```

图 4-3-6　PCT/IPEA/409 表"关于扩展检索"样页

---

❶ 此处所说的"被取代"的标记，是指当有两次修改，且第一次修改可以被接受，而最后的修改超出国际申请提交时的公开范围，两次修改均作为报告附件，并在第一次的修改页上加盖"被取代的替换页［细则70.16（b）］"标识。（检索和初审指南 20.10）

3.2.2.6　补充国际检索报告的考虑（细则45之二.8）

如图4-3-7所示，审查员在制作国际初步审查单位的书面意见或专利性国际初步报告时可以考虑补充国际检索报告，选中第7项，并填写作出补充国际检索报告的单位。但是，如果审查员在开始起草国际初步审查单位的书面意见或专利性国际初步报告之后收到补充国际检索报告，则可以不考虑该补充国际检索报告，无须选中第7项。

---

7. □ 由_____单位作出的补充国际检索报告已收到且在制定本报告［细则45之二.8（b）和（c）］的过程中被考虑。

* 如第4项适用，这些页的某些或全部可能作出"被取代"标记。

图4-3-7　PCT/IPEA/409表"补充国际检索报告的考虑"样页

3.2.3　第Ⅱ栏　优先权

如图4-3-8所示，核实待审申请的优先权后，若优先权无效，选择第2项，同时在第3项"补充意见"中说明优先权无效的理由；若部分优先权无效，无须选择第2项，仅在第3项中对于部分优先权无效作出说明并解释理由；若优先权有效，仅在第3项中注明优先权有效。（检索和初审指南17.28—17.31）

需要说明的是，如果在建立国际初步审查单位书面意见或专利性国际初步报告之前未及时提供优先权文件副本或其译本，选择该栏第1项下的相应复选框。［检索和初审指南17.29（d）、6.17］

第Ⅱ栏　优先权

1. □ 本报告是如同没有要求优先权作出的，因为在规定的期限内没有提供所需要的：
   □ 被要求优先权的在先申请的副本［细则66.7（a）］。
   □ 被要求优先权的在先申请的译文［细则66.7（b）］。
2. □ 由于发现所要求的优先权是无效的，因此本报告是如同没有要求优先权作出的（细则64.1）。
   因而，为了本报告的目的，上面指明的国际申请日被认为是相关日。
3. 补充意见（如必要）：

图4-3-8　PCT/IPEA/409表"第Ⅱ栏　优先权"样页

3.2.4　第Ⅲ栏　不作出新颖性、创造性和工业实用性的意见

如图4-3-9所示，审查员视具体情况填写此栏，并相应说明理由。

如果国际初步审查文本存在没有进行国际检索的权利要求，选择该栏第6复选框，并填写具体权项。

第Ⅲ栏　不作出关于新颖性、创造性和工业实用性的意见
对于： 　□ 整个国际申请 　□ 权利要求_____ 没有审查所要求保护的发明看上去是否具有新颖性、创造性（非显而易见性）或者工业实用性，因为： 　□ 该国际申请或所述权利要求_____涉及下列不需要进行国际初步审查的主题： 　□ 说明书、权利要求书或者附图（**下面特别指明的部分**）或者所述权利_____要求不清楚，以致不能够形成有意义的意见（具体说明）： 　□ 权利要求书或所述权利要求_____没有得到说明书的充分支持，以致不能够形成有意义的意见（具体说明）： 　□ 对所述权利要求_____没有作出任何国际检索报告。 　□ 没有序列表，不能够作出有意义的意见；申请人在规定的期限内： 　　□ 提交符合规程附件C/ST.25文本文件形式的序列表，并且国际初步审查单位也未获得形式和方式可以被接受的序列表；或者提交的序列表不符合规程附件C规定的标准。 　　□ 提交符合规程附件C规定标准的纸件或图文文件形式的序列表，并且国际初步审查单位也未获得形式和方式可以被接受的序列表；或者提交的序列表不符合规程附件C规定的标准。 　　□ 在答复根据细则13之三.1（a）或（b）和13之三.2的通知提供序列表时，没有缴纳所要求的后提交费。 　□ 详情见补充栏。

图4-3-9　PCT/IPEA/409表"第Ⅲ栏　不作出新颖性、创造性和工业实用性的意见"样页

当国际申请涉及诸如对人体或动物体进行的治疗方法等不要求国际单位检索和审查的主题时，需要说明以下两点：

（1）如果国际检索单位和国际初步审查单位均为国家知识产权局，在审查员已经基于其合理预期的修改主题进行了检索的情况下，审查员应当在PCT/IPEA/408表和/或PCT/IPEA/409表中对基于其合理预期的修改主题作出关于新颖性、创造性和工业实用性的声明和解释（填写方式参见第3部分第4

章第 2.2.6 节"第Ⅴ栏 关于新颖性、创造性或工业实用性的意见")。

（2）如果国家知识产权局仅作为国际初步审查单位，国际检索报告中显示国际检索单位已经基于合理预期的修改主题进行了检索，审查员针对上述不要求国际初步审查单位进行国际初步审查的主题，可以基于合理预期的修改主题作出关于新颖性、创造性和工业实用性的意见，也可以根据细则 67.1（ⅰ）~67.1（ⅲ）的规定不对上述主题进行审查并作出新颖性、创造性和工业实用性的意见。

3.2.5 第Ⅳ栏 缺乏发明的单一性

如果申请人提交的修改文件，限制了权利要求，从而满足了单一性的要求；或者如果申请人缴纳了检索附加费及异议费，同时异议全部成立，要选择图 4-3-10 PCT/IPEA/409 表第Ⅳ栏的第 3 项"已得到满足"选项。

其余各项的填写方式参见第 3 部分第 4 章第 2.2.5 节"第Ⅳ栏 缺乏发明的单一性"。

第Ⅳ栏　缺乏发明的单一性
1. □ 在适用的时间期限内，答复限制权利要求或者缴纳附加费的通知书时，申请人： 　□ 已经限制了权利要求。 　□ 已经缴纳了附加费。 　□ 已经缴纳了附加费，提出了异议，并缴纳了适用时的异议费。 　□ 已经缴纳了附加费，并提出了异议，但没有缴纳适用时的异议费。 　□ 既没有限制权利要求，也没有缴纳附加费。
2. □ 本单位发现本申请不满足发明单一性的要求，并且依照细则 68.1，决定不要求申请人限制权利要求或缴纳附加费。
3. 按照细则 13.1、13.2 和 13.3 的规定，本单位认为发明单一性的要求 　□ 已得到满足。 　□ 没有得到满足，理由如下：
4. 因此，针对国际申请中的下列部分作出本报告： 　□ 全部。 　□ 与权利要求＿＿＿＿有关的部分。

图 4-3-10　PCT/IPEA/409 表"第Ⅳ栏　缺乏发明的单一性"样页

3.2.6　第Ⅴ、Ⅵ、Ⅶ、Ⅷ栏

需要注意：如果整项权利要求被删掉，不需要对权利要求进行重新编号。（规程205）

各栏的填写方式参见第3部分第4章第2.2.6~2.2.9节 PCT/ISA/237表相应栏的填写方式。

3.2.7　关于专利性国际初步报告附件及报告基础填写举例

原始申请文件：

说明书第1~16页，权利要求书第17~18页（权利要求共10项），附图第1~4页。（注意：权利要求书应与说明书连续编页）

3.2.7.1　只有一次修改，没有超出申请时的公开范围

修改文件为说明书第14~16页、权利要求书第17~18页（1~10项），所附信函3页，提交日期为2020年1月2日。参见图4-3-11、图4-3-12。

---

3. 本报告还有**附件**，包括：

　　a. ☒（传送给申请人和国际局）共计＿＿8＿＿页，如下：

　　　　☒除被取代或撤销页之外，修改后的并且作为本报告基础的说明书修改页、权利要求修改页和/或附图修改页，和/或由本单位许可的更正页，和任何所附信函（细则46.5、66.8、70.16、91.2，规程607）。

　　　　□未被考虑的更正页，由于该更正页是在本单位开始起草本报告后被许可或被通知的［细则66.4之二、70.2（e）、70.16和91.2］。

　　　　□取代在先页的修改页和任何所附信函，本单位认为这些修改页含有的修改超出了国际申请提交时的公开范围，或者取代页末附带一份说明修改基础的信函，如第Ⅰ栏第4项和补充栏所示［细则70.16（b）］。

　　b. □（仅传送给国际局）共计（指明电子载体的类型和数量）＿＿＿＿＿＿，包含如关于序列表的补充栏中指明的符合附件C/ST.25文本文件形式的序列表（规程附件C第3之三段）。

图4-3-11　PCT/IPEA/409表"本报告还有附件"样页-1

2. 关于国际申请中各个部分，本报告基于（申请人为答复受理局根据条约 14 所发通知而提供的替换页，在本报告中视为"原始提交"的文件，不作为本报告的附件）

　　☐ 原始提交/提供的国际申请。
　　☒ 说明书： 　第 <u>1～13</u> 页，原始提交/提供的，
　　　　　　　　 第 <u>14～16</u> 页， <u>2020 年 1 月 2 日</u> 本单位收到的
　　☒ 权利要求： 第 _____ 项，原始提交/提供的，
　　　　　　　　 第 _____ 项，按条约 19 修改的（附有任何声明）
　　　　　　　　 第 <u>1～10</u> 项， <u>2020 年 1 月 2 日</u> 本单位收到的
　　☒ 附图： 　　第 <u>1～4</u> 页，原始提交/提供的，
　　　　　　　　 第 _____ 页， _____ 本单位收到的
　　☐ 序列表——参见关于序列表的补充栏。

图 4-3-12　PCT/IPEA/409 表"第Ⅰ栏　报告的基础"样页

3.2.7.2　只有一次修改，但修改超出了国际申请提交时的公开范围

修改文件为说明书第 14～16 页、权利要求书第 17～18 页（1～10 项），所附信函 3 页，提交日期为 2020 年 1 月 2 日。见图 4-3-13、图 4-3-14、图 4-3-15、图 4-3-16。

3. 本报告还有附件，包括：
a. ☒（传送给申请人和国际局）共计 <u>8</u> 页，如下：
　　☐ 除被取代或撤销页之外，修改后的并且作为本报告基础的说明书修改页、权利要求修改页和/或附图修改页，和/或由本单位许可的更正页，和任何所附信函（细则 46.5、66.8、70.16、91.2、规程 607）。
　　☐ 未被考虑的更正页，由于该更正页是在本单位开始起草本报告后被许可或被通知的［细则 66.4 之二、70.2（e）、70.16 和 91.2］。
　　☒ 取代在先页的修改页和任何所附信函，本单位认为这些修改页含有的修改超出了国际申请提交时的公开范围，或者取代页末附带一份说明修改基础的信函，如第Ⅰ栏第 4 项和补充栏所示［细则 70.16（b）］。
b. ☐（仅传送给国际局）共计（指明电子载体的类型和数量）_____，包含如关于序列表的补充栏中指明的符合附件 C/ST.25 文本文件形式的序列表（规程附件 C 第 3 之三段）。

图 4-3-13　PCT/IPEA/409 表"本报告还有附件"样页-2

2. 关于国际申请中各个部分，本报告基于（申请人为答复受理局根据条约 14 所发通知而提供的替换页，在本报告中视为"原始提交"的文件，不作为本报告的附件）

 ☒ 原始提交/提供的国际申请。
  ☐ 说明书： 第_____页，原始提交/提供的，
       第_____页，_____本单位收到的
  ☐ 权利要求： 第_____项，原始提交/提供的，
       第_____项，按条约 19 修改的（附有任何声明）
       第_____项，_____本单位收到的
  ☐ 附图： 第_____页，原始提交/提供的，
       第_____页，_____本单位收到的
  ☐ 序列表——参见关于序列表的补充栏。

  图 4-3-14 PCT/IPEA/409 表"第 I 栏 报告的基础"（修改一次且超范围）样页

4. ☒ 由于本报告附件的（某些）修改，如下所列，被认为超出了申请提交时公开的范围，或者申请人未提交指明所作修改在原始提交的国际申请中的基础的信函，因此本报告是如同没有作出所述修改作出的，详情参见补充栏［细则 70.2（c）和（c 之二）］。

  ☒ 说明书： 第 <u>14~16</u> 页
  ☒ 权利要求： 第 <u>1~10</u> 项
  ☐ 附图： 第_____页/图_____
  ☐ 序列表（具体说明）：_____

5. ☐ 本报告的制定：
  ☐ 考虑了本单位许可的或被通知的根据细则 91 所作出的**明显错误更正**［细则 66.1（d 之二）和 70.2（e）］。
  ☐ 未考虑本单位许可的或被通知的根据细则 91 所作出的**明显错误更正**［细则 66.4 之二和 70.2（e）］。

  图 4-3-15 PCT/IPEA/409 表"第 I 栏 报告的基础"（第一次修改"修改超范围"及"明显错误更正的考虑"）样页

  当前面的任何一栏地方不够使用时，用"补充栏"。见图 4-3-16。

补充栏
续第 I 栏第 4 项：   申请人于 2020 年 1 月 2 日递交的说明书第 14~16 页、权利要求 1~10 项的修改不符合 PCT 第 34 条（2）（b）的要求，被认为超出了申请时公开的范围，理由如下：

  图 4-3-16 PCT/IPEA/409 表"补充栏"样页-1

3.2.7.3 申请人提交了两次修改，且最后一次修改没有超出国际申请提交时的范围

第一次修改文件为说明书第 14~16 页、权利要求书第 17~18 页，所附信函 3 页，提交日期为 2020 年 1 月 2 日；第二次与第一次替换页相同，且第二次完全取代第一次的修改，所附信函 3 页，提交日期为 2020 年 2 月 4 日，只将最后一次修改及其所附信函作为专利性国际初步报告的附件。填写方式与第 4 部分第 3 章第 3.2.7.1 节"只有一次修改，没有超出申请时的公开范围"相同，参见图 4-3-17。

第一次修改文件为说明书第 10~11 页，所附信函 3 页，提交日期为 2020 年 1 月 2 日；第二次修改文件为第 11~12 页，所附信函 3 页，提交日期为 2020 年 2 月 4 日。第二次提交的第 11 页替换第一次提交的第 11 页。在该情形下，审查基础的填写参见图 4-3-18。专利性国际初步报告的附件包括修改涉及的相应页的最后一次修改及其所附信函，即第一次提交的说明书第 10 页及所附信函 3 页，和第二次提交的说明书第 11~12 页及所附信函 3 页，共 9 页。

---

3. 本报告还有**附件**，包括：
   a. ☒（传送给申请人和国际局）共计 __8__ 页，如下：
      ☒ 除被取代或撤销页之外，修改后的并且作为本报告基础的说明书修改页、权利要求修改页和/或附图修改页，和/或由本单位许可的更正页，和任何所附信函（细则 46.5、66.8、70.16、91.2、规程 607）。
      □ 未被考虑的更正页，由于该更正页是在本单位开始起草本报告后被许可或被通知的 [细则 66.4 之二、70.2（e）、70.16 和 91.2]。
      □ 取代在先页的修改页和任何所附信函，本单位认为这些修改页含有的修改超出了国际申请提交时的公开范围，或者取代页末附带一份说明修改基础的信函，如第 I 栏第 4 项和补充栏所示 [细则 70.16（b）]。
   b. □（仅传送给国际局）共计（指明电子载体的类型和数量）_____，包含如关于序列表的补充栏中指明的符合附件 C/ST.25 文本文件形式的序列表（规程附件 C 第 3 之三段）。

图 4-3-17 PCT/IPEA/409 表"第 I 栏 报告的基础"
（第二次修改未超范围）样页-1

2. 关于国际申请中各个部分，本报告基于（申请人为答复受理局根据条约 14 所发通知而提供的替换页，在本报告中视为"原始提交"的文件，不作为本报告的附件）
  ☐ 原始提交/提供的国际申请。
  ☒ 说明书： 第 1~9、13~16 页，原始提交/提供的，
        第 10 页，2020 年 1 月 2 日本单位收到的
        第 11~12 页，2020 年 2 月 4 日本单位收到的
  ☒ 权利要求： 第 1~10 项，原始提交/提供的，
        第＿＿＿项，按条约 19 修改的（附有任何声明）
        第＿＿＿项，＿＿＿＿本单位收到的
  ☒ 附图： 第 1~4 页，原始提交/提供的
        第＿＿＿页，＿＿＿＿本单位收到的
  ☐ 序列表——参见关于序列表的补充栏

图 4-3-18 PCT/IPEA/409 表"第 I 栏 报告的基础"
（第二次未超范围）样页-2

3.2.7.4 申请人提交了两次修改，第一次修改没有超出国际申请提交时的范围，第二次修改超范围

  第一次修改文件为说明书第 14~16 页、权利要求书第 17~18 页（1~10 项），所附信函 3 页，提交时间为 2020 年 1 月 2 日；第二次修改文件也为说明书第 14~16 页、权利要求第 17~18 页（1~10 项），所附信函 3 页，提交时间为 2020 年 7 月 5 日。

  此时，两次修改文件都计作专利性国际初步报告的附件。参见图 4-3-19、图 4-3-20、图 4-3-21、图 4-3-22。

3. 本报告还有**附件**，包括：
  a. ☒（传送给申请人和国际局）共计 16 页，如下：
    ☒ 除被取代或撤销页之外，修改后的并且作为本报告基础的说明书修改页、权利要求修改页和/或附图修改页，和/或由本单位许可的更正页，和任何所附信函（细则 46.5、66.8、70.16、91.2、规程 607）。
    ☐ 未被考虑的更正页，由于该更正页是在本单位开始起草本报告后被许可或被通知的［细则 66.4 之二、70.2（e）、70.16 和 91.2］。
    ☒ 取代在先页的修改页和任何所附信函，本单位认为这些修改页含有的修改超出了国际申请提交时的公开范围，或者取代页末附带一份说明修改基础的信函，如第 I 栏第 4 项和补充栏所示［细则 70.16（b）］。
  b. ☐（仅传送给国际局）共计（指明电子载体的类型和数量）＿＿＿＿＿，包含如关于序列表的补充栏中指明的符合附件 C/ST.25 文本文件形式的序列表（规程附件 C 第 3 之三段）。

图 4-3-19 PCT/IPEA/409 表"第 I 栏 报告的基础"（第二次修改超范围）样页-1

2. 关于国际申请中各个部分，本报告基于（申请人为答复受理局根据条约 14 所发通知而提供的替换页，在本报告中视为"原始提交"的文件，不作为本报告的附件）

　　☐ 原始提交/提供的国际申请。

　　☒ 说明书： 　第　1~13　页，原始提交/提供的，

　　　　　　　　　第　14~16　页，　2020年1月2日　本单位收到的

　　☒ 权利要求： 第＿＿＿＿项，原始提交/提供的，

　　　　　　　　　第＿＿＿＿项，按条约19 修改的（附有任何声明）

　　　　　　　　　第　1~10　项，　2020年1月2日　本单位收到的

　　☒ 附图： 　　第　1~4　页，原始提交/提供的，

　　　　　　　　　第＿＿＿＿页，＿＿＿＿＿＿本单位收到的

　　☐ 序列表——参见关于序列表的补充栏。

图 4-3-20　PCT/IPEA/409 表"第 I 栏　报告的基础"
（第二次修改超范围）样页-2

4. ☒ 由于本报告附件的（某些）修改，如下所列，被认为超出了申请提交时公开的范围，或者申请人未提交指明所作修改在原始提交的国际申请中的基础的信函，因此本报告是如同没有作出所述修改作出的，详情参见补充栏［细则70.2（c）和（c之二）］。

　　☒ 说明书： 　　　第　14~16　页

　　☒ 权利要求： 　　第　1~10　项

　　☐ 附图： 　　　　第＿＿＿＿页/图＿＿＿＿

　　☐ 序列表（具体说明）：＿＿＿＿

5. ☐ 本报告的制定：

　　☐ 考虑了本单位许可的或被通知的根据细则91 所作出的**明显错误更正**［细则66.1（d之二）和70.2（e）］。

　　☐ 未考虑本单位许可的或被通知的根据细则91 所作出的**明显错误更正**［细则66.4 之二和70.2（e）］。

图 4-3-21　PCT/IPEA/409 表"第 I 栏　报告的基础"附页
（第二次修改"修改超范围"及"明显错误更正的考虑"）样页

补充栏[1]
续第 I 栏第 4 项： 　　申请人于 2020 年 7 月 5 日递交的说明书第 14~16 页、权利要求 1~10 项的修改不符合 PCT 第 34 条 (2) (b) 的要求，被认为超出了申请时公开的范围，理由如下：

图 4-3-22　PCT/IPEA/409 表"补充栏"样页-2

4. 专利性国际初步报告的更正

　　国际初步审查单位的错误或疏漏，使专利性国际初步报告在早于其应发出的时间发出。例如，国际初步审查单位在作出专利性国际初步报告时没有考虑申请人及时递交的修改，则国际初步审查单位可以作出一份更正的专利性国际初步报告。但如果仅因为申请人不同意国际初步审查单位作出的专利性国际初步报告，则不应更正该报告。(检索和初审指南 19.34)

　　当作出更正的专利性国际初步报告时，该报告作为专利性国际初步报告的更正版传送给申请人和国际局。(检索和初审指南 19.35)

---

[1] 当前面的任何一栏地方不够时使用。

第 5 部分　关于核苷酸和/或氨基酸序列表及生物材料的保藏的审查[1]

含有核苷酸和/或氨基酸序列表（本部分简称"序列表"）的国际申请在国际检索和审查中具有一定的特殊性，例如，需要确定序列表是否符合规程附件 C 的标准，需要确定是否要求申请人提交符合规程附件 C 标准的序列表等。因此本部分根据 PCT 法律规范的相关规定，对序列表以及与序列表相关内容的审查作出具体说明。对于本部分未提及的一般事项，参见本手册第 1 部分至第 4 部分的相关内容。

---

[1] 本部分关于序列表的审查适用于 2022 年 7 月 1 日以及该日期之后提交的国际申请，术语"序列表"、"核苷酸"和"氨基酸"与 ST. 26 标准中的含义相同；对于该日期之前提交的国际申请中序列表的审查仍适用 ST. 25 标准及相关规定。

第1章　核苷酸和/或氨基酸序列表

当国际申请公开了具有十个或更多个特别定义的核苷酸或者四个或更多个特别定义的氨基酸的任何核苷酸和/或氨基酸序列时，说明书应包含符合规程附件C标准的单独的序列表部分。[细则5.2（a）、检索和初审指南4.15]

说明书的序列表部分，无论是作为国际申请的一部分，还是不作为国际申请的一部分，都应符合ST.26标准，采用XML格式以电子形式单独提交或提供。（规程207、208，规程附件C）

应注意，序列表不应包含少于十个特别定义的核苷酸或者四个特别定义的氨基酸的序列。（检索和初审指南9.39、规程附件C7）

1. 国际检索阶段对序列表的审查

国际检索阶段的序列表文件存在以下两种情况：
（1）作为国际申请的一部分的序列表
指包含在所提交的国际申请中的序列表。下列情形的序列表均被认为是国际申请的一部分：
① 序列表是根据细则20.5（b）或（c）提交的遗漏部分或者是根据细则20.5之二（b）或（c）改正错误提交的项目和部分；
② 序列表是根据细则20.6（b）确认援引加入的部分；
③ 序列表是根据细则26递交的替换页或根据细则91递交的更正页。[规程附件C3（b）]
（2）不作为国际申请的一部分的序列表
指用于国际检索目的而提交的，不作为国际申请的一部分的序列表。[规程附件C3（c）]

在国际申请提出时未包含的序列表,无论是根据细则13之三.1(a)的要求提交的,还是以其他方式提交的[除前述(1)的情形],均不作为国际申请的一部分[细则13之三.1(e)]。

1.1 提交的序列表符合规程附件C的标准

如果申请人提交的序列表符合规程附件C的标准,则以该序列表为基础进行国际检索和制定书面意见。

1.1.1 PCT/ISA/210表的填写

1.1.1.1 报告的基础

PCT/ISA/210表第1页中"报告的基础"参见图5-1-1。

```
1. 报告的基础
   a. 关于语言,进行国际检索基于:
      □ 国际申请提交时使用的语言。
      □ 该国际申请的_____语言译文,为了国际检索的目的提供该种语言的译文[细则12.3(a)和23.1(b)]。
   b. □ 本国际检索报告考虑了本单位许可或被通知的根据细则91所作出的明显错误更正。[细则43.6之二(a)]
   c. □ 关于国际申请中公开的任何核苷酸和/或氨基酸序列(见第Ⅰ栏)。
```

图5-1-1　PCT/ISA/210表"报告的基础"样页

当国际申请公开了具有十个或更多个特别定义的核苷酸或者四个或更多个特别定义的氨基酸的核苷酸和/或氨基酸序列时,应当选择"1. 报告的基础"中c项,并在第1页续页(1)"第Ⅰ栏 核苷酸和/或氨基酸序列"中进一步明确(参见本部分第1.1.1.2节"第Ⅰ栏　核苷酸和/或氨基酸序列")。(检索和初审指南16.26)

1.1.1.2 第Ⅰ栏 核苷酸和/或氨基酸序列

PCT/ISA/210表第1页续页(1)"第Ⅰ栏 核苷酸和/或氨基酸序列"参见图5-1-2。

第1章 核苷酸和/或氨基酸序列表 239

第 I 栏 核苷酸和/或氨基酸序列 （续第1页第1.c项）

1. 关于国际申请中所公开的任何核苷酸和/或氨基酸序列，国际检索是基于下列序列表进行的：
    a. □ 作为国际申请的一部分提交的：
    b. □ 以国际检索目的在国际申请日之后提交的［细则13之三.1（a）］，
       □ 附有序列表不超出原始提交的国际申请公开范围的声明
2. □ 本报告是在没有收到符合 WIPO ST. 26 标准的序列表的情况下，考虑了国际申请中披露的任何核苷酸和/或氨基酸序列，在可进行有意义检索的范围内作出的。
3. 补充意见

图 5 – 1 – 2　PCT/ISA/210 表"第 I 栏 核苷酸和/或氨基酸序列"样页

对于作为国际申请的一部分提交的序列表，选择第 I 栏第 1 项的 a 选框。

如果序列表仅用于国际检索目的且在国际申请日之后提交，存在两种情况：（1）没有同时提交在后提交的序列表不超出原始提交的国际申请公开范围的声明，则仅选择第 1 项 b 选框"以国际检索的目的在国际申请日之后提交的［细则13之三.1（a）］"；（2）同时提交了在后提交的序列表不超出原始提交的国际申请公开范围的声明，则选择第 1 项 b 包含的全部选框。（检索和初审指南 16.26）

1.1.1.3　第 2 页 检索领域

PCT/ISA/210 表第 2 页 "检索领域" 参见图 5 – 1 – 3。应将检索序列时使用的数据库以及检索序列的序列号等信息填写入 "在国际检索时查阅的电子数据库 ［数据库的名称和使用的检索词（如使用）］"。

B. 检索领域
检索的最低限度文献（标明分类系统和分类号）
包含在检索领域中的除最低限度文献以外的检索文献
在国际检索时查阅的电子数据库 ［数据库的名称和使用的检索词（如使用）］

图 5 – 1 – 3　PCT/ISA/210 表 "检索领域" 样页

1.1.2 PCT/ISA/237 表的填写

PCT/ISA/237 表"第Ⅰ栏 意见的基础"参见图5-1-4，其中涉及序列表的第3~5项对应于 PCT/ISA/210 表第Ⅰ栏的第1~3项，填写方式参照 PCT/ISA/210 表。

第Ⅰ栏 意见的基础

1. 关于语言，本意见的制定基于：
□ 国际申请提交时使用的语言。
□ 该国际申请的___语言___译文，为了国际检索的目的提供该种语言的译文［细则12.3（a）和23.1（b）］。
2. □ 本意见的作出考虑了本单位许可或被通知的根据细则91所作出的明显错误的更正［细则43之二.1（b）］。
3. □ 关于在国际申请中公开的任何核苷酸和/或氨基酸序列，本意见是基于下列序列表作出的：
  a. □ 作为国际申请的一部分提交的。
  b. □ 以国际检索目的在国际申请日之后提交的［细则13之三.1（a）］。
      □ 附有序列表不超出原始提交的国际申请公开范围的声明。
4. □ 本报告是在没有收到符合 WIPO ST.26 标准的序列表的情况下，考虑了国际申请中披露的任何核苷酸和/或氨基酸序列，在可进行有意义检索的范围内作出的。
 	
5. 补充意见

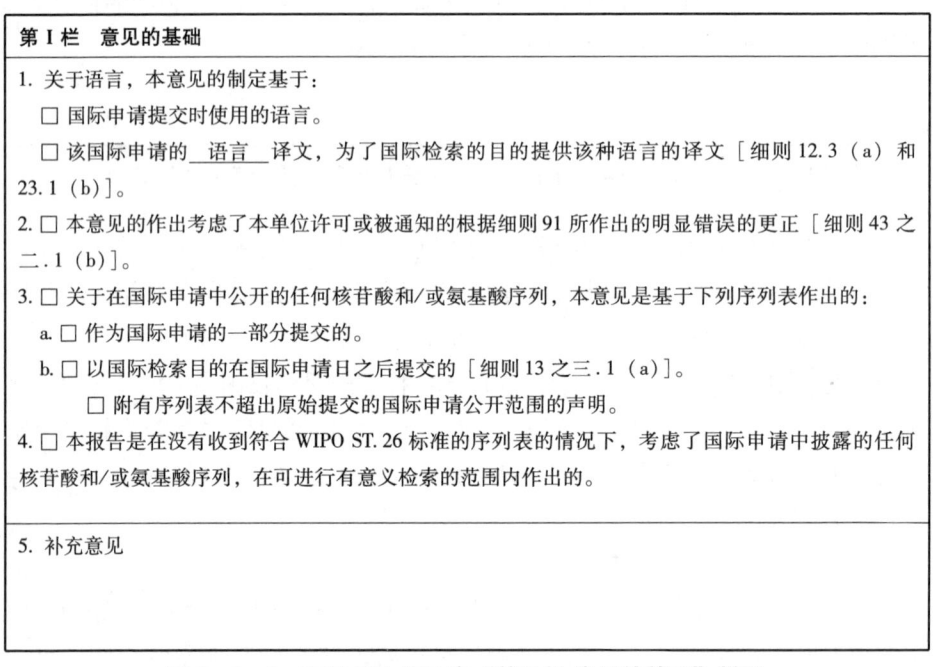

图5-1-4　PCT/ISA/237 表"第Ⅰ栏 意见的基础"样页

1.2 提交的序列表不符合规程附件C的标准或者未提交序列表

如果国际申请包含根据规程的规定应包括在序列表中的核苷酸和/或氨基酸序列的公开，却没有包含符合规程附件C标准的序列表或者序列表没有以可接受的语言提供，为了国际检索的目的，国际检索单位可以通过发出 PCT/ISA/225 表（参见图5-1-5）通知申请人在规定期限内提交符合标准要求的序列表或者以可接受语言翻译的序列表译文，涉及缴纳后提交费的，还需要在通知规定的期限内缴纳后提交费200元。［细则13之三.1（a）、检索和初审指南15.12］

其中，对于序列表虽然不符合规程附件 C 的标准，但并不影响基于该序列表对权利要求中的序列进行检索，或者虽然未提交序列表，但仍可基于说明书中记载的具体序列对涉及序列的权利要求进行有意义检索的情况，可以不发出 PCT/ISA/225 表，此时 PCT/ISA/210 表第Ⅰ栏勾选第 2 项相应地，PCT/ISA/237 表第Ⅰ栏勾选第 4 项，并填写 PCT/ISA/237 表的第Ⅶ栏，指出不符合标准之处。（检索和初审指南 17.49）

对于发出 PCT/ISA/225 表（参见图 5-1-5）的，视情况勾选第 1 项和第 2 项的选框，如有需要补充说明的事项，可填写在第 4 项中。

1. 兹通知申请人，在上面指定的期限内向本国际检索单位提供：
   □ 根据细则 13 之三.1（a）的序列表（符合 WIPO 标准 ST.26 的 XML 文件），附有说明序列表不超出所提交国际申请公开范围的声明。
   □ 说明根据细则 13 之三.1（a）提交的序列表不超出所提交国际申请公开范围的声明。
   □ 一份包含将语言相关自由文本翻译为本单位接受的下列语言（之一）译文（该译文可替代或补充原文）的完整序列表：_____。
2. 通知申请人在上述期限内向本单位缴纳：
   □ 数额为<u>CNY 200.0</u>（币数/数额）的后提交费用。
3. 未履行本通知的要求，可能导致本单位仅在没有序列表所能进行的有意义的程度内进行国际检索。
4. 补充说明（如果需要）：

图 5-1-5　PCT/ISA/225 表正文相关项样页

根据申请人对 PCT/ISA/225 表的答复情况进行如下处理：

（1）如果在规定的期限内提交了符合标准的序列表，则以该序列表为基础进行检索，此时 PCT/ISA/210 表第Ⅰ栏，视情况勾选第Ⅰ项的 b 复选框，并勾选 PCT/ISA/237 表第Ⅰ栏第 3 项中关于序列表的相应选框，同时还应在 PCT/ISA/237 表第Ⅶ栏填写原始申请中序列表不符合标准之处。

(2) 如果在规定期限内没有提交序列表，或者提交的序列表不符合规程附件 C 的标准，或者未缴纳或未足额缴纳后提交费，会导致三种情况：

① 在可能的程度范围内作出有意义的检索，例如，如果要求保护一种指定的蛋白质，则可能根据其名称而不是其序列对这种蛋白质进行检索；（细则 13 之三.1、检索和初审指南 9.39）

② 对某些权利要求不能进行有意义的检索；

③ 对所有权利要求不能进行有意义的检索。

对于上述三种情况，表格填写方式如下：

(a) 对于情况①，PCT/ISA/210 表第 Ⅰ 栏勾选第 2 项，相应地，PCT/ISA/237 表第 Ⅰ 栏勾选第 4 项，还需要在 PCT/ISA/237 表第 Ⅷ 栏指出没有符合标准的序列表或其他不符合规定之处，同时说明合理预期的检索的程度，并在 PCT/ISA/237 表第 Ⅴ 栏中说明关于新颖性、创造性和工业实用性的声明和解释是基于合理预期的检索程度作出的；

(b) 对于情况②，PCT/ISA/210 表第 Ⅰ 栏勾选第 2 项，并勾选第 Ⅱ 栏（参见图 5-1-6）的第 2 项，说明因为没有符合标准的序列表或其他不符合规定之处，导致对其不能进行有意义的检索；相应地，PCT/ISA/237 表第 Ⅰ 栏勾选第 4 项，还应选择 PCT/ISA/237 表第 Ⅲ 栏（参见图 5-1-7）的第 2 和第 6 复选框并填写相关的权利要求项，同时选择第 7 复选框及其下相应选项，必要时在补充栏中作详细说明。（检索和初审指南 17.32、17.36、17.37）

第 Ⅱ 栏　某些权利要求被认为是不能检索的意见（续第 1 页第 2 项）
根据条约 17 (2) (a)，对某些权利要求未作国际检索报告的理由如下： 1. □ 权利要求： 　　因为它们涉及不要求本单位进行检索的主题，即：
2. □ 权利要求： 　　因为它们涉及国际申请中不符合规定的要求的部分，以致不能进行任何有意义的国际检索，具体地说：
3. □ 权利要求： 　　因为它们是从属权利要求，并且没有按照细则 6.4 (a) 第 2 句和第 3 句的要求撰写。

图 5-1-6　PCT/ISA/210 表"第 Ⅱ 栏　某些权利要求被认为是不能检索的意见"样页

第Ⅲ栏　不作出关于新颖性、创造性和工业实用性的意见
对于： □ 整个国际申请 　　□ 权利要求_____ 　　没有审查要求保护的发明看来是否具备新颖性、创造性（非显而易见性），或者工业实用性的问题，因为： □ 该国际申请，或者该权利要求_____涉及下列不需要国际检索的主题*(具体说明)*： □ 说明书、权利要求书或者附图*(下面特别指明的部分)* 或者所述权利要求_____不清楚，以致不能够形成有意义的意见*(具体说明)*： □ 权利要求书或所述权利要求_____没有得到说明书的充分支持，以致不能够形成有意义的意见*(具体说明)*： □ 对所述权利要求_____没有作出国际检索报告。 □ 没有序列表，不能够作出有意义的意见；申请人没有在规定的时间期限内： 　　□ 提交符合 WIPO 标准 ST.26 的序列表，并且国际检索单位也未获得形式、语言和方式可以被接受的序列表。 　　□ 在答复根据细则 13 之三.1（a）的通知提供序列表时，缴纳后提交费用。 □ 详情见补充栏

图 5-1-7　PCT/ISA/237 表"第Ⅲ栏　不作出关于新颖性、创造性和工业实用性的意见"样页

(c) 对于情况③，应填写宣布不制定国际检索报告的 PCT/ISA/203 表，并填写 PCT/ISA/237 表第Ⅲ栏（参照情况②填写）。（检索和初审指南 9.03、17.37）

2. 国际初步审查阶段对序列表的审查

国际初步审查单位对序列表的审查程序参照本部分第 1 章第 1 节"国际检索阶段对序列表的审查"。

在国际初步审查阶段，"作为国际申请的一部分的序列表"还包括根据条约 34（2）（b）修改的序列表，"不作为国际申请的一部分的序列表"还包括以国际初步审查目的提交的、不作为国际申请的一部分的序列表。［规程附件 C3（b）和（c）］

2.1 PCT/IPEA/409 表的填写

2.1.1 第 I 栏第 1、第 2 项以及"关于序列表的补充栏"

PCT/IPEA/409 表"第 I 栏 报告的基础"的第 1、第 2 项参见图 5-1-8。

第 I 栏　报告的基础
1. 关于语言，本报告的制定基于： 　□ 国际申请提交时使用的语言。 　□ 该国际申请的＿＿＿＿＿＿语言译文，提供该种语言译文的目的是： 　　□ 国际检索 [细则 12.3（a）和 23.1（b）]。 　　□ 国际申请的公布 [细则 12.4（a）]。 　　□ 国际初步审查 [细则 55.2（a）和/或 55.3（a）和（b）]。
2. 关于国际申请中各个部分，本报告基于（申请人为答复受理局根据条约 14 所发通知而提供的替换页，在本报告中视为"原始提交"的文件，不作为本报告的附件） 　□ 原始提交/提供的国际申请。

□ 说明书：	第 ＿＿＿	页，	原始提交/提供的，	
	第 ＿＿＿	页，	＿＿＿	本单位收到的
□ 权利要求：	第 ＿＿＿	项，	原始提交/提供的，	
	第 ＿＿＿	项，	按条约 19 修改的（附有任何声明）	
	第 ＿＿＿	项，	＿＿＿	本单位收到的
□ 附图：	第 ＿＿＿	页，	原始提交/提供的，	
	第 ＿＿＿	页，	＿＿＿	本单位收到的
□ 序列表——参见关于序列表的补充栏。				

图 5-1-8　PCT/IPEA/409 表"第 I 栏　报告的基础"第 1、第 2 项样页

当国际申请包含序列表时，选择第 I 栏第 2 项中关于序列表的第 5 选框，并填写"关于序列表的补充栏"（参见图 5-1-9）。如果申请人根据条约 34 提交了修改的序列表，且修改没有超出所提交国际申请的公开范围，选择"关于序列表的补充栏"第 1 项的 c 选框，并填写修改提交的日期，其余各项参照 PCT/ISA/237 表的填写方式处理。（检索和初审指南 17.21）

关于序列表的补充栏

续第Ⅰ栏第2项：

1. 关于本国际申请中所公开的对所要求保护的发明必要的任何**核苷酸和/或氨基酸的序列**，本报告的制定基于：
a. □ 作为国际申请的一部分提交的：
b. □ 以国际检索和/或审查为目的在国际申请日之后提交的：
　　□ 附有序列表不超出原始提交的国际申请公开范围的声明。
c. □ 作为根据条约34的修改于_____向本国际初步审查单位提交的：
2. □ 根据条约33（1），本报告是在没有收到符合WIPO ST.26标准的序列表的情况下，考虑了国际申请中披露的对所要求保护的发明必要的任何核苷酸和/或氨基酸序列，在可进行有意义检索的范围内作出的。
3. 补充意见：

图5-1-9　PCT/IPEA/409表"关于序列表的补充栏"样页

2.1.2　第Ⅰ栏第3项

PCT/IPEA/409表的"第Ⅰ栏 报告的基础"第3项参见图5-1-10。

3. □ 修改导致以下内容的删除
　□ 说明书：　　　　　　第____页
　□ 权利要求书：　　　　第____项
　□ 附图：　　　　　　　第____页/图____
　□ 序列表（具体说明）：_____

图5-1-10　PCT/IPEA/409表"第Ⅰ栏　报告的基础"第3项样页

当根据条约34的修改导致序列表或其一部分被删除时，需选择第Ⅰ栏第3项以及该项下的第4复选框，并对序列表的修改情况进行具体说明。

2.1.3　第Ⅰ栏第4项

PCT/IPEA/409表的"第Ⅰ栏 报告的基础"第4项参见图5-1-11。

> 4. □ 由于本报告附件的（某些）修改，如下所列，被认为超出了原始公开的范围，如补充栏所示，因此本报告是按照没有修改的情况作出的［细则70.2（c）和（c之二）］。
> 　　□ 说明书：　　　　　　　　第＿＿＿页
> 　　□ 权利要求：　　　　　　　第＿＿＿项
> 　　□ 附图：　　　　　　　　　第＿＿＿页/图＿＿＿
> 　　□ 序列表（具体说明）：＿＿＿＿＿＿

图5-1-11　PCT/IPEA/409表"第Ⅰ栏　报告的基础"第4项样页

当根据条约34的修改导致序列表的修改超出了原始国际申请的公开范围时，则应选择第4项以及该项下的第4复选框，并对序列表的修改情况进行具体说明。

2.2　PCT/IPEA/411表的填写

当国际检索单位与初步审查单位不相同时，必要情况下，使用PCT/IPEA/441表（参见图5-1-12，填写参照PCT/ISA/225表）通知申请人以国际初步审查为目的提交符合规定标准的序列表。当国际检索单位与初步审查单位都是国家知识产权局时，如果国际检索过程已经发出PCT/ISA/225表，申请人按照要求提交了所需的序列表，则国际初审过程中不再发出有关通知，直接使用国际检索过程使用的序列表。

> 1. 通知申请人在上面指定的期限内向本国际初步审查单位提交：
> 　　□ 根据细则13之三.2的序列表（符合WIPO标准ST.26的XML文件，附有说明序列表不超出所提交国际申请公开范围的声明。
> 　　□ 说明根据细则13之三.2提交的序列表不超出所提交国际申请公开范围的声明。
> 　　□ 一份包含将语言相关自由文本翻译为本单位接受的下列语言（之一）译文（该译文可替代或补充原文）的完整序列表：＿＿＿＿＿＿＿
> 2. 通知申请人在上述期限内向本单位缴纳：
> 　　□ 后提交费＿＿＿＿＿＿（货币/数额）
> 3. 如果未履行本通知书的要求，可能导致本国际初步审查单位仅在没有序列表所能进行的有意义的审查范围内进行国际初步审查。
> 4. 补充意见(如果有必要)：

图5-1-12　PCT/IPEA/441表正文相关项样页

对于提交的序列表不符合规程附件 C 的标准或者未提交序列表而导致对部分或全部权利要求无法检索时，参照 PCT/ISA/237 表填写 PCT/IPEA/409 表第Ⅲ栏。

2.3　PCT/IPEA/408 表的填写

PCT/IPEA/408 表中涉及序列表的相关项可以参照 PCT/IPEA/409 表填写。

第 2 章　生物材料的保藏

"生物材料"是指任何带有遗传信息并能够自我复制或者能够在生物系统中被复制的材料。如果申请涉及生物材料，而该生物材料不能通过保藏以外的其他方式描述以满足条约 5 有关充分公开的要求，则仅在申请中记载该生物材料可能并不足以满足充分公开所要求的清楚批露程度，此时在确定申请是否充分公开时应考虑该生物材料的保藏，其保藏视为说明书的一部分。另外，在确定国际申请是否满足条约 6 的支持要求时，同样需要考虑生物材料的保藏。但应注意，申请中记载生物材料的保藏并非必要或必须的。（检索和初审指南 4.16~4.18）

1. 对包含保藏的微生物或其他生物材料的说明页的语言要求

如果包含保藏的微生物或其他生物材料的说明页是说明书的一部分，则必须使用与说明书同样的语言。（检索和初审指南 4.20）

2. 保藏事项的记载以及提交方式

当国际申请涉及保藏的微生物或其他生物材料时，对保藏的生物材料的记载应说明下列事项：
（1）保藏单位的名称和地址；
（2）保藏日期；
（3）保藏号；
（4）其他补充事项。
如果说明书中没有包含任何有关生物材料保藏事项的说明，可以允许另页

说明（例如 PCT/RO/134 表）。（细则 13 之二.3、规程 209）

如果申请人在国际阶段提交了保藏单位出具的保藏证明和存活证明，这些证明仅被视为对保藏事项的另页说明。

3. 保藏单位

各国家局应通知国际局其本国法认可的、为了该局的专利程序对生物材料进行保藏的保藏单位名称。（细则 13 之二.7）

除非另外指明，以各国家局专利程序为目的，可以向已经根据《国际承认用于专利程序的微生物保存布达佩斯条约》取得国际保藏单位资格的任何保藏单位进行保藏。(《PCT 申请人指南》第 I 卷附件 L)

第 6 部分 流程及事务处理

  本部分所述流程及事务处理覆盖国际申请的整个国际阶段,主要包括国家知识产权局作为受理局、国际检索单位以及国际初步审查单位工作中涉及的期限监控、费用、流程管理、著录项目变更、明显错误更正、撤回、国际局反馈和国际检索/初步审查单位的异议程序,涉及各类文件的审查和传送,国际检索单位作出的国际检索报告、检索单位书面意见及相关表格的形式检查及传送,对国际初步审查要求书和/或修改文件的形式审查及传送,对国际初步审查单位作出的专利性国际初步报告等相关表格的形式检查、传送以及相应的流程事务处理等。

  工作中,受理局审查员负责整个 PCT 国际阶段的流程事务管理工作。因此,本部分所述 PCT 流程审查员,如无特殊说明,均指受理局审查员。

第 1 章 期 限

1. 期限的计算

1.1 以年表示的期限

当期限以一年或者若干年表示时，期限的计算应自有关事件发生的次日开始，并在以后的有关年份中，于该事件发生的月和日的相应月和相应日届满。但如果在后来的有关月份中没有相应日，则该期限应在该月的最后一日届满。

1.2 以月表示的期限

当期限以一个月或者若干月表示时，期限的计算应自有关事件发生的次日开始，并在以后的有关月份中，于该事件发生日的相应日届满。但如果在后来的有关月份中没有相应日，则该期限应在该月的最后一日届满。例如，优先权日是 2024 年 2 月 29 日，提交 PCT 申请的期限应该是优先权日起 12 个月内，届满日是 2025 年 2 月的相应日，但是 2025 年 2 月无相应日 29 日，因此届满日是 2025 年 2 月的最后一日，即 2025 年 2 月 28 日。

1.3 以日表示的期限

当期限以若干日表示时，期限的计算应自有关事件发生的次日开始，并在计算日数的最后一日届满。例如，某通知的期限是 15 日，发文日是 2024 年 3 月 2 日，则届满日是 2024 年 3 月 17 日。

1.4 当地日期

在计算任何期限时作为开始日的日期应为有关事件发生时当地的日期。期限届满的日期应为在当地必须递交所要求的文件或者缴纳所要求的费用的日期。

由于期限以当地日起算，如果某些文件可以向多局提交，在遇到届满日无法向一局提交的情况时，申请人可以考虑利用时差向他局提交。例如，申请人准备向国家知识产权局提交 PCT 申请时发现已超出优先权届满日 2 小时，此时可以考虑选择国际局作为受理局，因为国际局所在地时间晚于中国时间 6 或 7 小时。

1.5　在非工作日或法定假日届满

如果任何文件或者费用必须送达国家局或者政府间组织的任何期限的届满日是下述日子之一，则该期限应顺延至下述四种情形均不存在的次日届满：

（1）是该局或者该组织为处理公务不向公众开放的日子；

（2）是在该局或者该组织所在地不投递普通邮件的日子；

（3）在该局或组织位于多个地方时，是该局或组织至少一个所在地的法定假日，并且该局或组织适用的本国法规定，就国家申请而言，在此情况下该期限应于次日届满；或者

（4）在该局是某成员国委托授予专利权的政府部门时，是该成员国某部分的法定假日，并且该局适用的本国法规定，就国家申请而言，在此情况下该期限应于次日届满。

例如，某申请人向国家知识产权局提交一件 PCT 申请，该申请的优先权日是 2023 年 4 月 4 日，提交该 PCT 申请的期限应在优先权日起 12 个月内，即届满日是 2024 年 4 月 4 日，但是 2024 年 4 月 4 日是清明节假日，是中国国家知识产权局的法定节假日，因此届满日应顺延；至 2024 年 4 月 7 日，虽然这天是星期日，但是中国受理局的工作日，因此该届满日应顺延至 2024 年 4 月 7 日，申请人最晚可以在 2024 年 4 月 7 日提交该 PCT 申请。

关于各局的工作日和法定假日，可以通过 WIPO 网站中"Ipo Closed Dates"获取相关信息，网址为 https：//www. wipo. int/pct/dc/closeddates/faces/page/index. xhtml。

2. 期限延误的宽恕

2.1 不可抗力的救济程序

任何相关当事人可以提交证据证明，其未能遵守细则中所规定的向受理局、国际检索单位、被指定的补充国际检索单位、国际初步审查单位或者国际局办理手续的期限，是由在其居住地、营业地或者逗留地发生战争、革命、内乱、罢工、自然灾害、流行病、电子通信服务普遍不可用或者其他类似原因导致的，并且在不迟于具体适用的期限届满后6个月内视情况尽可能快地向受理局、国际检索单位、被指定的补充国际检索单位、国际初步审查单位或者国际局办理了相关手续，提交了证据。如果证据能使收件机构满意，期限的延误应予以宽恕。

是否"尽可能快地"办理了相关手续由收件机构根据实际情况判断，通常意味着在导致延误的原因消除后的很短期限内。例如，如果罢工导致代理人无法到达办公室，大多数情况下，可以预计在下一个工作日或者不久后办理手续，视预期的工作被中断的情况而定。如果事故导致代理人的文件完全被破坏，则可以合理预期需要用更长时间来重新准备所有必要的文件和系统以办理必要的手续。

"电子通信服务普遍不可用"应理解为适用于广大地理区域或众多个人的停机，有别于与某一特定建筑物或单一用户相关的局部问题；且该"电子通信服务普遍不可用"是不可预见的；并且没有其他可利用的通信方式。当利害关系方主张"电子通信服务普遍不可用"时，应提供所居住区域的电子通信服务普遍不可用且导致延误期限的证据，还要提供证据证明事后已经尽快办理了相关手续。

期限延误的宽恕仅适用细则规定的期限，不适用12个月的优先权期限。

2.2 主管局的电子通信方式不可用的保障措施

细则82之四.2允许主管局在电子系统不可用的情况下，为申请人提供无须冗杂程序的保障措施。

在该条款规定的框架下，如果任何主管局所准许的任何电子通信方式不可用而造成在该主管局履行一项行为的期限延误，但该行为已在所述电子通信方式可用的下一个工作日得到了履行，则应对该期限延误作出宽免。有关主管局应公布此类不可用的信息，包括"不可用的时间范围"，并相应地通知国际局。

3. 邮递业务异常

如果出现邮递业务异常的情形，任何利害关系人都可以提出证据证明在期限届满前 5 天已将文件或者信函付邮。只有邮件是由邮政当局挂号时，才可提出此类证据。如果证据能使作为收件人的国际单位满意，邮递的延误应予以宽恕，或者，如果文件或者信函在邮递中丢失，应允许用一份新副本代替，但利害关系人应证明作为代替的文件或者信函与丢失的文件或者信函相同，并使该国家局或政府间组织满意。

关于在规定的期限内付邮的证据，以及在文件或者信函丢失的情况下，代替的文件或者信函和关于其与原件相同的证据，应在利害关系人注意到，或者经适当努力应注意到该延误或者丢失之日起 1 个月内提出，无论如何不得迟于特定案件适用的期限届满后 6 个月。

实际操作中，当利害关系当事人主张邮递延误或者邮件丢失时，PCT 流程审查员应审查：

（1）申请文件是否是通过邮局挂号邮寄的。

（2）申请文件是否已在相应期限届满前 5 天付邮。"相应期限"应理解为国际申请所涉及的所有期限，包括提交国际申请的期限、答复通知的期限等。

（3）证据是否在申请人注意到该延误或丢失之日起 1 个月内提出，最迟不得迟于期限届满后 6 个月。其中，证据可以为挂号邮件的回执、申请文件信封上的邮戳等。

如果上述审查的结论均是肯定的，则应将期限届满的最后一日记载为收到日。如果上述审查的结论之一是否定的，则不能按照邮递延误或丢失处理，应以文件实际到达之日为收到日。

4. PCT 申请主要期限

4.1 PCT 申请时间轴

在 PCT 国际阶段，最主要的时间节点是提交 PCT 申请、获取国际检索报告和书面意见、国际公布、请求补充国际检索（可选程序）、请求国际初步审查（可选程序）、获取补充国际检索报告或专利性国际初步报告、进入国家阶段。图 6-1-1 通过时间轴描述 PCT 申请的主要事件。

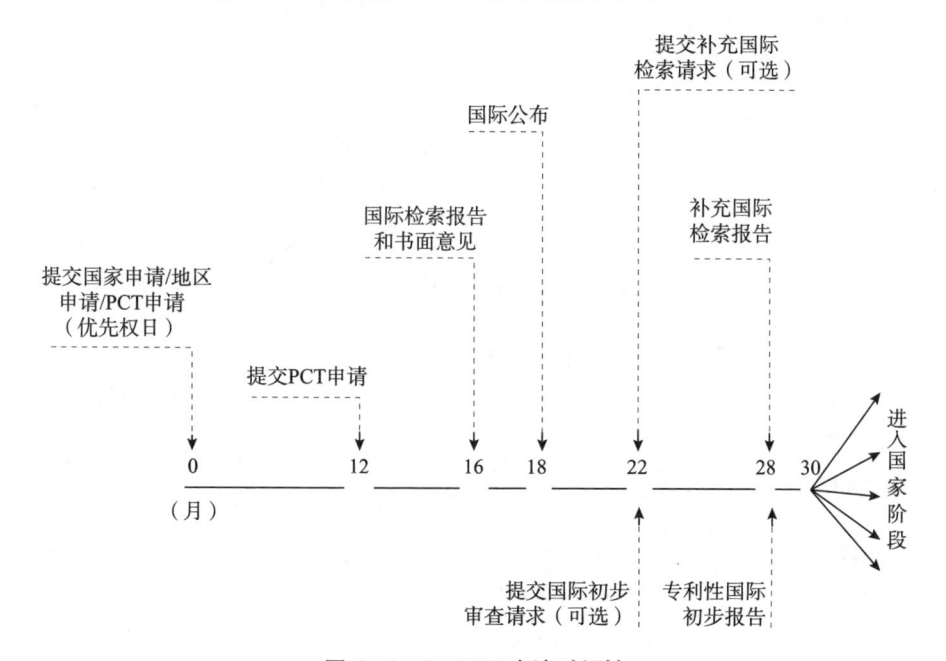

图 6-1-1 PCT 申请时间轴

4.2 PCT 申请主要事件期限一览表

PCT 申请的主要事件和期限情况参见表 6-1-1。

表 6-1-1　PCT 申请主要事件和期限

主要事件	期限
缴纳国际申请费或检索费	国际申请收到之日起 1 个月内。逾期未缴纳将发出 PCT/RO/133 表要求缴纳滞纳金，PCT/RO/133 表发文日起 1 个月仍未缴纳或未缴足的，国际申请将视为撤回
后提交/援引加入遗漏项目	自受理局首次收到条约 11（1）（iii）所述的一个或多个项目之日起 2 个月内，或者自 PCT/RO/103 表发文日起 2 个月内
后提交/援引加入遗漏部分	自国际申请收到之日起 2 个月内，或者自 PCT/RO/107 表发文日起 2 个月内
请求忽略后提交部分，保留国际申请日	PCT/RO/126 表发文日起 1 个月内
提交优先权文件	优先权日起 16 个月内
增加优先权	自最早优先权日起 16 个月或申请日起 4 个月，以后到期为准。如果优先权日改变，所述 16 个月期限是指改正前和改正后以先届满的任一个 16 个月期限为准
改正优先权	自最早优先权日起 16 个月或申请日起 4 个月，以后到期为准。如果优先权日改变，所述 16 个月期限是指改正前和改正后以先届满的任一个 16 个月期限为准。但是期限届满后 1 个月内提交的改正请求被认为是在期限内收到的
恢复优先权	国际申请日在优先权日 12 个月届满日之后，但是在届满日起 2 个月内，可以请求恢复优先权。应在优先权届满日起 2 个月内请求恢复优先权
国际检索	国际检索单位收到检索本起 3 个月或优先权日起 9 个月，以后到期为准
缴纳附加检索费	PCT/ISA/206 表发文日起 1 个月内
修改摘要	国际检索报告发文日起 1 个月内
依据条约 19 修改权利要求	自优先权日起 16 个月或传送检索报告之日起 2 个月，以后到期为准
国际公布	优先权日起 18 个月。申请人可以请求提前公布，如果国际检索报告或不作出国际检索报告的宣布不能提供以便与国际申请一起公布的，则需要向国际局缴纳特别公布费
提交补充国际检索请求	优先权日起 22 个月内

续表

主要事件	期　限
国际初步审查要求	优先权日起 22 个月内，国际检索报告/宣布不作出国际检索报告和书面意见传送之日起 3 个月内，以后到期为准。 对条约 22（1）的修改有保留意见的国家，如果想获得 30 个月国际阶段中的利益，则必须在优先权日起 19 个月内提交初审要求书
国际初步审查费和手续费	初审要求书收到之日起 1 个月或优先权日起 22 个月，以后到期为准。逾期未缴纳的，国际初步审查单位将发出 PCT/IPEA/440 表要求缴纳滞纳金，PCT/IPEA/440 表发文日起 1 个月仍未缴纳或未缴足的，国际初步审查请求将视为未提出
启动国际初步审查	国际初步审查单位获得初审要求书、初审阶段费用、国际检索报告和书面意见即可启动国际初步审查，申请人可明确请求推迟启动初步审查至优先权日起 22 个月或国际检索报告/宣布不作出国际检索报告和书面意见传送之日起 3 个月
缴纳初步审查附加费	PCT/IPEA/405 表发文日起 1 个月内
专利性国际初步报告	优先权日起 28 个月或启动国际初步审查之日起 6 个月，以后到期为准
撤回国际申请	优先权日起 30 个月内。如果要阻止国际公布，则应在国际公布前提出
依据细则 91 的明显错误更正请求	优先权日起 26 个月内
异议请求及异议费	PCT/ISA/206 表或 PCT/IPEA/405 表发文日起 1 个月内

5. 进入国家阶段的期限

PCT 申请的最终目标是进入国家阶段以期获得国家授权，因此进入国家阶段是非常重要的事件。登录 WIPO 网站可查询《PCT 申请人指南》中关于各国国家阶段进入期限的最新信息。期限的起算点为最早优先权日，无优先权时起算点为国际申请日。

第 2 章　费　　用

1. 费用种类

1.1　国际申请费

国际申请费是为了国际局的利益收取的费用，由受理局代为收取后传送至国际局。国际申请费的数额列于细则所附的费用表中，数额取决于提出国际申请时申请的总页数，请求书第Ⅸ栏"清单"总页数超过 30 页的，超出的每页需缴纳国际申请的附加费。国际申请中，作为说明书一部分的序列表是以不符合 ST. 26 格式要求提交的，则序列表也计算到国际申请的正规页数中。自 2021 年 12 月 1 日起，国家知识产权局将按世界知识产权组织分布的人民币标准代世界知识产权组织国际局收取 PCT 申请国际阶段费用，不再以瑞士法郎标准进行折算。

国际申请费应在受理局收到国际申请之日起 1 个月内缴纳。

1.2　检索费

检索费是为了检索单位的利益收取的费用，由受理局代为收取后传送至检索单位。

检索费应在受理局收到国际申请之日起 1 个月内缴纳。

1.3　优先权文件费

申请人不提交优先权文件，请求受理局制作优先权文件副本的，应该向受理局缴纳优先权文件费。

1.4 优先权恢复费

国际申请的国际申请日在 12 个月的优先权期限届满日之后，但是在自优先权期限届满日起 2 个月期限内（即优先权日起 14 个月内），申请人请求恢复优先权的，应向受理局缴纳优先权恢复费。

1.5 滞纳金

如果在规定的期限内未缴纳或者未缴足国际申请费，受理局将通知申请人缴纳滞纳金。

如果在规定的期限内未缴纳或者未缴足初审程序中的初审费或手续费，初审单位将通知申请人缴纳滞纳金。

1.6 后提交费

申请人应国际检索单位的要求为了国际检索提交符合规程规定标准的电子形式序列表，应向国际检索单位缴纳后提交费。

1.7 初步审查费

申请人启动国际初步审查程序的，应向国际初步审查单位缴纳初步审查费。

初步审查费应在国际初步审查单位收到初审要求书之日起 1 个月内或者优先权日起 22 个月内缴纳，以后到期为准。

1.8 手续费

申请人启动国际初步审查程序的，应在缴纳初步审查费的同时缴纳手续费。手续费是为了国际局的利益收取的费用，由初步审查单位代为收取后传送至国际局。

手续费应在国际初步审查单位收到初审要求书之日起 1 个月内或者优先权日起 22 个月缴纳，以后到期为准。

1.9 附加检索费

当国际检索单位审查员认为国际申请存在缺乏单一性问题时，可能会发出通知书要求申请人缴纳附加检索费，也有可能不要求申请人缴纳附加检索费。是否需要缴纳附加检索费取决于国际检索单位是否发出相应的通知书（PCT/ISA/206 表）。

1.10　附加初步审查费

当国际初步审查单位审查员认为国际申请存在缺乏单一性问题时，可能会发出通知书要求申请人缴纳附加初步审查费（PCT/IPEA/405 表）。

1.11　单一性异议费

申请人可以对缺乏单一性的主张或者对所要求缴纳的附加费数目过高提出异议请求，提出异议请求的同时需缴纳单一性异议费。

1.12　副本复制费

如果希望获得受理局、国际检索单位、国际初步审查单位所持有的文档，则可以提交获得文档的请求，并为此按照请求单位的要求缴纳副本复制费。

1.13　传送费

由于需向国际局和国际检索单位传送申请，并履行其他受理局任务，受理局可以要求申请人缴纳传送费，数额由受理局确定。申请人应自国际申请收到之日起 1 个月内缴纳传送费。

根据《关于停征和调整部分专利收费的公告》（国家知识产权局第 272 号公告），国家知识产权局作为受理局自 2018 年 8 月 1 日起停征传送费，申请人无须再缴纳该笔费用。

2. 费用的减免

在满足以下条件时，国际申请费可以享有一定程度的减免。

(1) 由申请人所属国家决定的减免

当申请人是自然人,并且是国家名单[1]上所列的一个国家的国民和居民时,该国人均国内生产总值低于25000美元(依据联合国发布的、以2005年不变美元价值计算的最近十年平均人均国内生产总值数字),并且依据国际局发布的最近五年的年平均申请数字,属于自然人的该国国民和居民每年提交的国际申请少于10件(每百万人口),或每年提交的国际申请少于50件(按绝对数);或者当申请人(自然人和/或法人)是被联合国列为最不发达国家的国民和居民时,国际申请费、手续费均享受90%的减免。需要注意的是,当有多个申请人时,所有申请人都必须符合上述标准。

另外,享受费用减免的条件只与申请人的国籍/居所有关,而与该人是否是PCT缔约国的申请人无关。也就是说,即使在申请人中有一个或几个申请人来自非PCT缔约国,只要所有申请人都符合上述标准,就可以享受国际申请费的减免。

国际申请费的减免自动适用于从请求书第Ⅱ和第Ⅲ栏中给出的国籍和居所来看有资格享有减缴的那些国际申请,而不需要申请人为减缴费用提出特别请求。

(2) 由电子申请产生的费用减免

请求书使用字符码格式的电子形式(PDF格式)减免200瑞士法郎;请求书、说明书、权利要求及摘要使用字符码格式的电子形式(XML格式)减免300瑞士法郎。

需要注意的是,当同时符合(1)(2)两种国际申请费减免时,应按照电子申请减免以后的国际申请费数额为基础进行计算。例如,申请人是中国的自然人,使用PDF格式提交电子申请,则国际申请费应该是先因PDF格式电子申请减免200瑞士法郎,然后再因中国自然人属性减免90%,最后应缴纳(1330瑞士法郎-200瑞士法郎)×10% = 113瑞士法郎,根据世界知识产权组织公布的人民币标准缴纳。

在国际初步审查阶段,申请人的国籍和居所符合上述条件(1)时,手续费可以享有90%的减免。

---

[1] 参见:http://www.wipo.int/pct/en/official_notices/index.html。

3. 缴费方式及信息获取

目前，国家知识产权局作为受理局、国际检索单位和国际初步审查单位，接受的缴费方式包括面缴、银行汇款、网上缴费以及缴费公司扣款。具体的缴费信息、费用计算方法建议登录国家知识产权局网站上的"专利合作条约（PCT）专栏"获取详细信息。

4. 费用审查

4.1 审查费用是否已缴足

审查费用时应根据不同的缴费方式区分处理。

缴费公司途径：审查系统将自动对缴费账户的有效性进行核实，并对核实结果进行提示。如果审查员确认缴费账户无效或者申请人提交的费用计算页上缴纳的费用不足，应通知申请人欠费。

面缴、银行汇款、网上缴费途径：如果在启动申请文件的审查时，未收到费用数据，视为申请人尚未缴费，应通知申请人缴费的期限及需要缴纳的费用；如果在启动申请文件的审查时，已收到费用数据，应按照费用数据记载的费用金额进行审查。

4.2 国际申请费、检索费、初审费、手续费超期未缴费或未缴足的处理

如果在自收到国际申请之日起 1 个月内，申请人未缴纳或未缴足国际申请费或检索费，应发出通知书（PCT/RO/133 表）要求申请人在规定的期限内（发文日起 1 个月）缴纳未缴费用及滞纳金。滞纳金数额是未缴数额的 50%，但不能高于最高数额。最高数额为国际申请费（不含超过 30 页的部分）的 50%。如果未缴数额的 50% 高于最高数额，则滞纳金的数额为最高数额，即国际申请费（不含超过 30 页的部分）的 50%；如果在 PCT/RO/133 表规定的期限内，申请人仍未缴齐费用，应宣布国际申请被视为撤回，并通知申请人（PCT/RO/117 表），同时将该通知书副本传送给国际局。需要注意的是，该程

序仅适用于申请人没有缴纳或者缴足国际申请费和/或检索费,不适用于应缴纳的其他费用,例如优先权文件费、优先权恢复费等。

国家知识产权局作为国际初步审查单位,审查初步审查费和手续费是否在期限内缴纳。期限内收到足额费用的,发出通知书(PCT/IPEA/403 表)告知申请人,并启动国际初步审查程序;逾期未缴纳或者未缴足的,将发出通知书(PCT/IPEA/440 表)要求缴纳滞纳金,滞纳金的数额为未缴费用的 50%,不低于手续费,不超过手续费的 2 倍。逾期仍未缴足费用的,将发出通知书(PCT/IPEA/407 表)宣布初审要求书视为未提出,不启动国际初步审查程序。

5. 费用的转账

国家知识产权局作为受理局收取的国际申请费和作为国际初步审查单位收取的手续费是代国际局收取的,应按月将费用转账给国际局。根据国家知识产权局与国际局的协定,两局之间使用人民币进行转账。

6. 退　　费

6.1　国际申请费的退还

如有下列情形之一的,应退还国际申请费:
(1)依据条约 11(1)所作的决定是否定的(即不能给出国际申请日);
(2)在给国际局传送登记本之前,国际申请被撤回或被视为撤回;或
(3)申请因国家安全原因不作为国际申请。

由于上述原因造成全部退款时,国家知识产权局作为受理局将以"退款通知书"(PCT/RO/119 表)的方式告知申请人退还国际申请费的事宜。

6.2　检索费的退还

如有下列情形之一的,应退还检索费:
(1)依据条约 11(1)所作的决定是否定的(即不能给出国际申请日);
(2)在给国际检索单位传送检索本之前,国际申请被撤回或被视为撤

回；或

（3）申请因国家安全原因不作为国际申请。

由于上述原因造成全部退款时，国家知识产权局作为受理局将以"退款通知书"（PCT/RO/119 表）的方式告知申请人退还检索费的事宜。

6.3　其他情形下费用的退还

如果申请人请求退还多缴、错缴或重缴的费用，应在审查合格的基础上退还。

第 3 章　流程管理

1. 申请文件的管理和传送

受理局向国际局、国际检索单位传送申请文件，并将申请文件副本和所发通知书进行存档。受理局传送给国际局的申请文件为登记本，受理局留存的申请文件为受理本，传送给检索单位的申请文件为检索本。

1.1　登记本的制作及传送

（1）制作和传送登记本

国家知识产权局作为受理局通过审查系统将原始的国际申请文件打为 RO 包，以该 RO 包为登记本，由审查系统自动传送给国际局。对于纸件申请，申请文件由受理局转为电子形式形成 RO 包。对于电子申请，原始的电子形式申请文件形成 RO 包。

（2）传送登记本的期限

当申请符合受理条件且国家安全审查通过时，应尽快向国际局传送登记本和随国际申请一起提交的文件，以便登记本能够在优先权日起 13 个月届满前到达国际局。

1.2　受理本的制作及存档

根据细则 21 的规定，当国际申请仅提交一份文件时，受理局应当负责将国际申请复制用来制作受理本。

当申请为纸件申请时，通过"双采双校"著录项目信息、扫描申请文件、代码化加工等方式，在审查系统中记录该申请的所有文件及著录项目信息形成受理本。当申请为电子申请时，将电子申请导入系统，以系统中记录的申请文件作为受理本。

受理局应保存与每一件国际申请或据称的国际申请有关的文档和记录至少10年。该时间自国际申请日起算，或者当没有给出国际申请日时以收到据称的国际申请之日起算。

1.3 检索本的制作及传送

受理局在申请符合受理条件且收到足额检索费后向国际检索单位传送检索本，启动国际检索程序。

2. 通知书管理

2.1 受理局常用的通知书

PCT/RO/102　关于缴纳规定费用的通知
PCT/RO/103　改正据称的国际申请的通知书
PCT/RO/104　关于据称的国际申请不能作为和将不作为国际申请的通知书
PCT/RO/105　国际申请号和国际申请日通知书
PCT/RO/106　通知改正国际申请中的缺陷
PCT/RO/107　有关遗漏部分或者错误提交项目或部分的通知
PCT/RO/108　通知提出更正请求
PCT/RO/109　关于更正请求的决定的通知书
PCT/RO/110　改正优先权要求和/或请求恢复优先权要求的通知书
PCT/RO/111　关于优先权要求的通知书
PCT/RO/112　关于国际申请中不得使用的词语等的通知书
PCT/RO/114　确认援引项目或部分决定的通知书
PCT/RO/117　国际申请被视为撤回通知书
PCT/RO/125　收到据称为国际申请的文件的通知书
PCT/RO/126　关于不以援引的方式加入后提交页的通知书
PCT/RO/129　关于请求恢复国际申请日的通知书

PCT/RO/132	无其他可适用表格时的通知书
PCT/RO/133	通知缴纳规定费用及其滞纳金
PCT/RO/136	关于撤回的通知
PCT/RO/138	关于延长期限的通知书
PCT/RO/141	提交通过电报、电传机、传真机等传送的文件原件的通知书
PCT/RO/142	关于接收到通过电报、电传机、传真机等传送的文件的通知书
PCT/RO/145	提交说明书或权利要求书或相关部分的译文和缴纳后提交费（如果适用）的通知
PCT/RO/146	关于依职权进行某些改正的通知书
PCT/RO/147	因国家安全原因不再传送登记本和检索本的通知书
PCT/RO/151	向作为受理局的国际局传送据称的国际申请的通知书和缴费通知
PCT/RO/156	改正请求书中按照细则4.17所作声明的通知
PCT/RO/158	拒绝恢复优先权请求和/或提交声明或其他证据的通知
PCT/RO/159	关于恢复优先权请求决定的通知

2.2 国际检索单位常用的通知书

PCT/ISA/202	收到检索本的通知书
PCT/ISA/203	宣布不制定国际检索报告
PCT/ISA/205	修改国际检索单位核准的摘要的通知书
PCT/ISA/206	缴纳附加费和适用时异议费的通知
PCT/ISA/208	后提交文件时缴纳附加费的通知
PCT/ISA/210	国际检索报告
PCT/ISA/212	异议决定通知书或异议被认为没有提出的声明
PCT/ISA/213	退还检索费的通知书
PCT/ISA/215	请求在国际公布中不公布信息的通知
PCT/ISA/216	提出更正请求通知书
PCT/ISA/217	关于更正请求决定的通知书

PCT/ISA/218	关于国际申请中不得适用的用语等的通知书
PCT/ISA/220	传送国际检索报告和国际检索单位书面意见或宣布的通知书
PCT/ISA/221	为请求提供引用文件副本缴费的通知书
PCT/ISA/223	关于申请人通信中缺陷的通知书
PCT/ISA/224	无其他可适用表格时的通知书
PCT/ISA/225	提交核苷酸和/或氨基酸序列表以及适用情况下缴纳后提交费的通知书
PCT/ISA/237	国际检索单位书面意见

2.3 国际初步审查单位常用的通知书

PCT/IPEA/402	主管国际初步审查单位收到要求书通知书
PCT/IPEA/403	关于缴纳初步审查费和手续费的通知书
PCT/IPEA/404	改正要求书缺陷的通知书
PCT/IPEA/405	限制权利要求或者缴纳附加费和适用时异议费通知书
PCT/IPEA/407	要求书被视为未提出的通知书
PCT/IPEA/408	国际初步审查单位的书面意见
PCT/IPEA/409	专利性国际初步报告
PCT/IPEA/411	提出更正请求通知书
PCT/IPEA/412	关于更正请求通知书
PCT/IPEA/416	传送专利性国际初步报告的通知书
PCT/IPEA/420	异议决定通知书或异议被认为没有提出的声明
PCT/IPEA/423	改正申请人提交的信件中的缺陷的通知书
PCT/IPEA/424	无其他可适用表格时的通知书
PCT/IPEA/427	关于延长期限的通知书
PCT/IPEA/429	关于和申请人的非正式联系通知书
PCT/IPEA/431	通知提交修改
PCT/IPEA/432	关于修改不予考虑的通知
PCT/IPEA/436	向国际局或主管国际初步审查单位传送要求书的通知书
PCT/IPEA/438	关于文件不予考虑或文件被视为未提交的通知书
PCT/IPEA/440	缴纳规定费用及其滞纳金的通知书

2.4 通知书发送

纸件提交的国际申请所有通知书的发文方式均为纸件发文。

关于通过专利业务办理系统提交的电子申请,所有通知书的发文方式均为审查系统电子发文,不发送纸件通知书,申请人可在电子申请网或客户端下载电子通知书。如果需要纸件通知书的,可自行下载打印,注意 2023 年 1 月 11 日之前的申请,应提出请求,由受理局制作。

发送给国际局的所有通知书由审查系统自动打包并传送国际局。

2.5 纸件通知书退信的处理

纸件通知书被邮局退回的,PCT 流程审查员应当核实退信原因。

如果不需要修改地址,应尽快按照原地址对退回的信函重新发送。如果需要修改地址,应在尽可能联系申请人的情况下,核实正确的收信地址。PCT 流程审查员应在审查系统中对本次退回信件的发送地址进行修改,并尽快进行退信重发。需要注意的是,由于修改的地址信息仅为本次退信重发的地址,因此在必要的情况下,PCT 流程审查员应告知申请人可以通过著录项目变更的方式,将本申请的联系地址进行变更。

2.6 通知书更正版

如果受理局、国际检索单位或国际初步审查单位的审查员发出的通知书中存在某些错误,相应审查员均可以通过审查系统制作通知书更正版重新发送,必要的时候发出 PCT/RO/132 表(受理局)、PCT/ISA/224 表(国际检索单位)或者 PCT/IPEA/424 表(国际初步审查单位)说明更正的内容。

3. 国际检索阶段流程管理

3.1 国际检索程序的启动

国际申请的受理局审查完成后,由审查系统判断是否启动检索和传送检索本。启动检索并传送检索本的依据是已受理且期限内收到足额检索费。符合启动条件的审查系统自动向国际检索单位传送检索本，启动国际检索，建立国际检索的期限并发送 PCT/ISA/202 表。如果申请人未缴纳或未足额缴纳国际检索费，国际申请将转入"待费足"页面。对于暂存于"待费足"中的国际申请，一旦申请人足额缴纳了检索费，受理局完成费用审查后系统自动向国际检索单位传送检索本，建立国际检索的期限并发送 PCT/ISA/202 表。

3.2 在先检索结果的利用

如果国际检索单位审查员在检索过程中大部分利用了请求书中指明的在先检索的结果，应当发出"退还检索费的通知书"（PCT/ISA/213 表），同时向申请人退还相应的费用。PCT 流程审查员在收到相应的通知书后进行退费处理。

3.3 国际检索的审限控制

根据细则的规定，国际检索单位完成国际检索的期限为自收到检索本之日起 3 个月，或者自优先权日起 9 个月，以后到期为准。需要注意的是，如果国际申请无优先权，则完成国际检索的期限为申请日起 9 个月。

审查系统将自动对国际检索阶段的相关审限进行监控，并自动提醒国际检索单位审查员注意。

3.4 国际检索报告等文件的传送

在国际检索单位审查员完成报告后，审查系统将自动向申请人发送通知书，同时向国际局传送相关文件。

3.5 国际检索阶段的修改和更正

在国际检索报告及书面意见发出后，国际检索单位可能会对国际检索报告等文件作出修改和更正。

国际检索单位审查员主动修改并制作更正版。自国际申请的优先权日起 2 年内，国际检索单位审查员获知任何特别相关的文件，应修改国际检索报告和书面意见，完成修改后，文件传送至国际局和申请人。

根据国际局的反馈和/或申请人的意见进行的更正和/或审查员主动就形式

问题作出的更正，国际检索单位审查员完成更正后将更正文件传送至国际局和申请人。需要注意的是，上述错误不包括申请人对国际检索报告或书面意见提出的反对意见。

3.6 申请人对修改摘要的答复

如果在国际检索报告完成前，申请人未能及时提交摘要，或者国际检索单位审查员认为申请人提交的摘要不符合要求，国际检索单位审查员可以自行制定摘要，并在国际检索报告中指明国际检索单位制定的摘要。

如果申请人对国际检索单位自行制定的摘要持有意见，可以在国际检索报告发文日起 1 个月内向国际检索单位提出。PCT 流程审查员收到申请人的意见后，应及时将该意见传送至国际检索单位审查员，并提醒国际检索单位审查员为了国际公布，对申请人的意见尽快作出答复。国际检索单位审查员应作出"修改国际检索单位核准的摘要的通知书"（PCT/ISA/205 表），在该表中确认是否同意修改摘要，及时向申请人和国际局传送。

3.7 依据条约 19 修改文件的转送

申请人本应将依据条约 19 的修改文件直接交至国际局。如果 PCT 流程审查员收到申请人提交的依据条约 19 的修改文件，应尽快向国际局转交。

3.8 非正式的意见的陈述

《PCT 申请人指南》第 7 章 7.030 段指导申请人运用非正式的意见陈述。申请人在收到国际检索报告和书面意见之后有意见的，除启动国际初步审查程序之外，也可以通过非正式意见陈述方式表达意见。非正式的意见陈述的期限宽松，但是《PCT 申请人指南》中建议申请人在优先权日起 28 个月内提交非正式意见陈述，以便在进入国家阶段后可以向指定局提供相应的意见陈述。优先权日起 30 个月后收到的非正式意见陈述将仅仅保存在国际局的文档中，不传送至指定局。PCT 流程审查员在收到申请人的非正式意见陈述之后，应及时将该文件传送至国际局。

3.9 申请人索要对比文件

申请人在收到国际检索报告和书面意见之后，可以在自国际申请日起 7 年内的任何时间请求索要国际检索报告中提及的现有技术的对比文件。PCT 流程审查员应依据申请人的请求，在审查系统中整理并制作相关文件，并在收取相应费用（2 元人民币/页）的情况下，及时向申请人传送相关文件。

4. 国际初步审查阶段流程管理

PCT 流程审查员负责国际初步审查要求书的形式审查及费用审查工作，对符合国际初步审查阶段启动条件的申请启动 PCT 国际初步审查，并向国际初步审查单位传送国际初审阶段的全部文件。

国际初步审查单位审查员进行 PCT 国际初步审查（PCT 第 Ⅱ 章），在规定的期限内将"专利性国际初步报告"（PCT/IPEA/409 表）和"传送专利性国际初步报告的通知书"（PCT/IPEA/416 表）等文件一起传送至国际局和申请人。

4.1 国际初步审查程序的启动

4.1.1 国际初步审查要求书（PCT/IPEA/401 表）的接收

通过专利业务办理系统提交的国际初步审查要求书进入审查系统后，由 PCT 流程审查员负责审查国际初步审查要求书。

通过面交和邮寄两种纸件方式提交的国际初步审查要求书经过数据采集等一系列处理录入审查系统后，由 PCT 流程审查员负责审查国际初步审查要求书。

4.1.2 国际初步审查要求书（PCT/IPEA/401 表）的审查

PCT 流程审查员应审查国际初步审查要求书是否在规定的期限内收到。提交国际初步审查要求书的期限为向申请人传送"国际检索报告"（PCT/ISA/210 表）或条约 17（2）(a) 所述"宣布不制定国际检索报告"（PCT/ISA/203 表）和根据细则 43 之二.1 作出的"国际检索单位书面意见"（PCT/ISA/237 表）之日起 3 个月或自优先权日起 22 个月，以后到期的为准［细则 54 之二.1 (a)］。对于期限届满之后收到的国际初步审查要求书，应被视为未提出，PCT 流程审查员向申请人发出"要求书被视为未提出的通知书"（PCT/

IPEA/407表)。该通知书的副本应传送国际局。

对于在期限内收到的国际初步审查要求书,PCT流程审查员应发出"主管国际初步审查单位收到要求书通知书"(PCT/IPEA/402表),并指明国际初步审查单位收到国际初步审查要求书的日期为"本单位收到要求书的实际日期"。

需要注意的是,当国际初步审查要求书是自优先权日起19个月期限届满之后,但是在自优先权日起22个月之内收到的,PCT流程审查员应选中PCT/IPEA/402表的相应栏目。如图6-3-1所示。

```
2. 上述收到日期是:
    ☒ 本单位收到要求书的实际日期 [细则61.1(b)];
    □ 代表本单位收到要求书的实际日期 [细则59.3(e)];
    □ 本单位收到"改正要求书缺陷的通知书"(PCT/IPEA/404表)中所指出的缺陷的正确改正
      的日期。
3. ☒ 注意:上述收到日期是在优先权日起19个月期满之后。因此,对某些局而言,该要求书不具
   有将进入国家阶段的行为延迟至自优先权日起30个月(或者在有些局更迟)的效力[条约39
   (1)],进入国家阶段的行为必须在自优先权日起20个月内(或者在有些局更迟)完成。但是,对
   一些其他局而言,30个月期限(或更迟)仍然可以适用。见PCT/IB/301表附件,各局适用的相关
   期限情况请见《PCT申请人指南》第Ⅱ卷(国家篇)和WIPO网站。
    □ (如适用)本通知确认于_____(日期)通过电话、传真或当面提供的信息。
```

图6-3-1 PCT/IPEA/402表中相关项目勾选样页

PCT流程审查员应审查国际初步审查要求书中是否存在形式缺陷,例如,没有包含所要求的请求、没有包含规定的关于代理人的记载、没有包含规定的关于国际申请的记载、不是用规定的语言提交的、没有包含规定的关于申请人的记载、没有包含要求的签字等。如果国际初步审查要求书中存在上述缺陷,PCT流程审查员应发出"改正要求书缺陷的通知书"(PCT/IPEA/404表),指出国际初步审查要求书的缺陷,并建立答复期限(自发文日起1个月)。该通知书副本应当同时传送国际局。

4.1.3 根据条约19及34的修改文件

申请人在收到国际检索报告后,有权根据条约19向国际局提出对权利要

求的修改，修改文本语言应使用国际公布时所用的语言。依据条约19修改的期限为自"国际检索报告"（PCT/ISA/210表）或"宣布不制定国际检索报告"（PCT/ISA/203表）发文日起2个月，或者自优先权日起16个月，以后到期者为准。申请人在国际初步审查要求书中指明将根据条约19修改的权利要求作为审查基础，但并未提交根据条约19修改的权利要求替换页和相应信函的，PCT流程审查员可以发出"无其他可适用表格时的通知书"（PCT/IPEA/424表）要求申请人提供上述文件。当已经提交了上述文件时，PCT流程审查员应当审查是否提交了一套完整的权利要求书以替换原始提交的全部权利要求。

在专利性国际初步报告作出之前，申请人有权向国际初步审查单位提交修改的权利要求、说明书和附图。当申请人在国际初步审查要求书中指明将根据条约34修改的文件作为审查基础时，PCT流程审查员应核实申请人是否提交了根据条约34修改的文件。如果申请人未提交所述文件，PCT流程审查员可以发出"无其他可适用表格时的通知书"（PCT/IPEA/424表）要求申请人提供所述文件。如果申请人提交了所述文件并修改了权利要求，PCT流程审查员应当审查是否提交了一套完整的权利要求书以替换原始提交的全部权利要求，或者适用情况下根据条约19或34修改的全部权利要求。

申请人提交修改文件及替换页时应同时提交信函，信函中应说明被替换页与替换页之间的区别，并应当指出所作修改在原始提交的申请中的基础，并且最好解释修改的原因。

4.1.4 费　　用

PCT流程审查员应审查申请人是否在规定的期限内缴纳初步审查费和手续费。初步审查费金额为1500元人民币，手续费金额为200瑞士法郎等额的人民币。如果国际初步审查要求书中的申请人符合费用减免的规定，手续费可以享受90%的减免。

缴纳费用的期限为自提交国际初步审查要求书之日起1个月或者自优先权日起22个月，以后到期的为准。

PCT流程审查员应审查申请人是否在规定期限内缴纳了初步审查费和手续费，并发出"关于缴纳初步审查费和手续费的通知书"（PCT/IPEA/403表），通知申请人缴费情况。如果申请人未在规定期限缴纳足额费用，PCT流程审查员应发出"缴纳规定费用及其滞纳金的通知书"（PCT/IPEA/440表），要求申请人缴纳费用，并同时缴纳滞纳金。如果申请人在"缴纳规定费用及其滞纳金的通知书"（PCT/IPEA/440表）发出后1个月内仍未缴纳足额费用，PCT流程审查员应发出"要求书被视为未提出的通知书"（PCT/IPEA/407表），宣布该国际初步审查要求书由于费用原因被视为未提出。该通知书的副本应传送给国际局。

在启动国际初步审查之前，初步审查要求被视为未提出或由申请人根据细则90之二.4主动撤回的，PCT流程审查员应申请人请求退还初步审查费和手续费。

PCT流程审查员在完成国际初步审查要求书和费用的审查之后，及时向国际初步审查单位传送初审本。未缴纳或未缴足国际初步审查费和手续费的，不向国际初步审查单位传送初审本。

4.1.5 撤回国际初步审查要求声明的处理

当收到申请人提出的撤回国际初步审查要求或者选定的声明时，应审查：（细则90之二.4）

（1）声明是否在自优先权日起30个月内收到；

（2）撤回声明是否由全体申请人或以全体申请人的名义签字。

如果不符合上述要求，PCT流程审查员可以发出"无其他可适用表格时的通知书"（PCT/IPEA/424表）通知申请人撤回要求视为未提出；如果符合上述要求，PCT流程审查员应尽快向国际局传送撤回声明。

需要注意以下情况：

（1）当撤回请求不合格时，为了申请人的利益，PCT流程审查员仍需将撤回请求传送国际局，并同时告知申请人该请求不合格和已传送国际局的事宜。

（2）如果当申请人提交撤回国际初步审查要求的声明时，初审要求书尚未传送至国际局，则PCT流程审查员无须再传送初审要求书，已收到的手续费应退还申请人；当撤回国际初步审查要求的声明是在向国际局传送初审要求书之后收到时，则无须退还手续费。如果申请人提交撤回国际初步审查要求的声明时尚未启动国际初步审查，则可以退还初审费。如果申请人提交撤回国际初步审查要求的声明时已启动国际初步审查，则应完成国际初步审查并形成专利性国际初步报告，PCT流程审查员需将该报告传送给申请人，但无须传送给国际局。

4.2　国际初步审查单位作出的书面意见

在申请人要求国际初步审查的情况下，国际检索单位的书面意见通常被视为国际初步审查单位的第一次书面意见。

国际初步审查单位审查员认为在必要的情况下，可以向申请人再次发出"国际初步审查单位的书面意见"（PCT/IPEA/408表）。

4.3　国际初步审查的审限控制

国际初步审查的期限为自优先权日起28个月或者自收到国际初步审查要求书之日起6个月，以后到期为准。审查系统自动对相关期限进行监控，并自动提醒国际初步审查单位审查员注意该期限。

4.4　专利性国际初步报告等文件的传送及存档

对于专利性国际初步报告包括的附件，国际初步审查单位审查员应依照报告中指明的情况确认哪些文件作为报告的附件，审查系统将自动将附件与专利性国际初步报告一起向国际局和申请人传送。需要注意的是，为了增加程序的透明度、增强国际阶段和国家阶段的关联及工作共享、增加获得专利权的可预测性、减少国家阶段重复工作，国际初步审查单位向国际局传送国际初步审查报告时除了传送国际初步审查报告的附件，还应该传送其他文件，包括历史上的修改文件和通知书往来，以便更清楚地展示国际初步审查阶段的工作及成果。

4.5　专利性国际初步报告的更正

国际局和/或申请人在收到专利性国际初步报告等文件后，如果发现上述文件存在某些错误，会将错误反馈至国际初步审查单位审查员，其应尽快对反馈信息作出处理。但应当注意，这些错误不包括申请人对专利性国际初步报告提出的反对意见。如果需要作出更正的，国际初步审查单位审查员应就所述错误进行更正，必要时应作出文件的更正版。审查系统应自动在更正版文件上标记"更正版"/"CORRECTED VERSION"。应尽快将更正后的报告传送至国际局和/或申请人。

如果国际初步审查单位在作出专利性国际初步报告时遗漏应该考虑的修改，则国际初步审查单位审查员应作出一份更正的专利性国际初步报告。审查系统自动在文件上标记"更正版"/"CORRECTED VERSION"，并尽快传送至国际局和/或申请人。

4.6 申请人索要对比文件的情况

在自国际申请日起 7 年内的任何时间，申请人和任何选定局可以索要专利性国际初步报告中所引证而没有被国际检索报告引证的任何文件副本。PCT 流程审查员应依据请求整理并制作相关文件，并在收取副本复制费的情况下及时传送。

第 4 章　著录项目变更

1. 著录项目变更请求

1.1　著录项目变更的内容

根据细则 92 之二的规定，在 PCT 国际阶段可以变更请求书或国际初步审查要求书中申请人、发明人、代理人或共同代表，或者申请人姓名或名称、居所、国籍、地址，或者发明人、代理人、共同代表的姓名或名称、地址。

1.2　著录项目变更请求的时机

著录项目变更请求应在自优先权日起 30 个月内提交，国际局对其在自优先权日起 30 个月的期限届满后收到的请求变更不应予以记录。

1.3　著录项目变更请求的提出

著录项目变更的请求，可以由申请人/申请人所委托的代理机构提出，也可以由未经记录的申请人/代理机构（新申请人/新代理机构）提出。需要注意的是，如著录项目变更请求为代理机构提出，该代理机构应具备相应的委托权限。

当由申请人或者其委托的代理机构提出变更申请人的请求时，不需要提供证明申请人变更的任何转让协议或者其他文件。

当由未经记录的申请人请求对申请人、代理人或共同代表的变更进行记录时，应当提供有关该新申请人享有申请权或享有以已记录的申请人的名义提出该变更请求的权利的证明文件，例如，申请人的书面同意、转让证明副本或者其他文件证据来支持变更请求。如果申请人变更请求是由新申请人的代理人提出的，还需要提交新申请人的委托书。如果新申请人委托原申请人的代理人提出对申请人的变更请求，也需要提交新申请人签署的委托书。

2. 对变更请求的处理

在收到申请人提出的著录项目变更请求后，PCT流程审查员应进行如下处理：

（1）检查变更请求是否在优先权日起30个月之内收到，当超过该期限时，不能予以变更并相应地告知申请人（PCT/RO/132表），同时将变更请求传送给国际局。

（2）检查变更请求是否是由记录中的申请人或代表该人的其他人签字的。如果是由记录中的申请人或由其正式委托的代理人提出的，则不需要为新的申请人提交任何证明性文件；如果是一个未经记录的申请人请求对申请人、代理人或共同代表变更，则应当提供有关该新申请人享有申请权或享有已记录的申请人名义提出该变更请求权利的证明性文件，如果没有提供该证明性文件，则不能予以变更。

（3）如果委托了新的代理机构，应当提交新的委托书。

当变更请求合格时，应在审查系统中对变更事项进行记录并生效。必要时，变更事项（如第一申请人的变更、代理人的变更）还应通过审查系统通知其他主管国际单位（国际检索单位和/或国际初步审查单位）。

当变更请求不合格时，为了申请人的利益，PCT流程审查员仍需将变更请求传送给国际局，并同时告知申请人（PCT/RO/132表）该请求不合格和已传送国际局的事宜。

国际阶段的著录项目变更的最终记录由国际局作出。

3. 需要注意的事项

当变更请求在临近优先权日起30个月收到时，为了申请人的利益，PCT流程审查员应尽快处理并向国际局传送变更请求。变更后新的申请人无须是

PCT 缔约国的国民或居民。

当涉及申请权向外变更的著录项目变更请求时，应要求申请人遵守国务院商务部门关于技术出口的相关规定，审查时注意是否同时满足以下两个条件：

（1）在申请人变更时，涉及的是权利的转移［应当注意：增加符合（2）的申请人也属于权利转移］；

（2）变更前为中国内地的个人或单位（A），且应当是对中国的申请人，变更后为外国人、外国企业或者外国其他组织或中国香港、澳门、台湾地区的个人企业或者其他组织（B）。

A 判断条件为：国籍为"中国"，同时地址为中国内地地址

B 判断条件为：国籍为外国，或者国籍和居所是中国但地址为外国或中国香港、澳门、台湾等国家或地区

如同时满足以上条件，PCT 流程审查员应发出 PCT/RO/132 表提醒申请人注意应当遵守国务院商务部门关于技术出口的相关规定。

当涉及集体著录项目变更请求时，PCT 流程审查员批量对涉及的变更事项进行处理。

第 5 章　明显错误更正

1. 明显错误更正请求

1.1　明显错误更正请求时机

明显错误更正请求应当在自优先权日起 26 个月内送交到主管国际单位。（细则 91.2）

1.2　明显错误更正请求内容及主管国际单位

在国际申请的请求书或者请求书修改页中存在错误的情况下，应通过受理局请求更正明显错误。

在说明书、权利要求书、附图，或者说明书、权利要求书、附图修改页中存在明显错误的情况下，在国际检索阶段应请求国际检索单位许可明显错误更正。

在说明书、权利要求书、附图，或者说明书、权利要求书、附图修改页中存在明显错误的情况下，在国际初步审查阶段应请求国际初步审查单位许可明显错误更正。

1.3　不能更正的错误

根据细则 91，下述错误不应当被更正：
（1）国际申请的项目或者部分遗漏的错误；
（2）摘要中的错误；
（3）根据条约 19 修改的权利要求中的错误，除非由主管国际初步审查单

位许可其错误的更正;

(4) 优先权要求或者是根据细则 26 之二.1 (a) 改正或增加优先权中的错误。

1.4 更正请求的形式要求

首先,需要表达明确的更正请求,更正请求信函中明确表明希望依据细则 91 请求主管单位更正明显错误的意愿,还应当指明需要被更正的错误以及建议的更正内容,最好在更正请求中包含一个简短的解释。

除请求书的错误之外,其他任何更正都必须以替换页的形式提交,同时附以说明替换页和被替换页之间不同的信件,最好提交修改对照页。对于请求书中的错误,只要更正可以清楚地移至登记本上即可,那么更正也可以仅在信函中描述。(细则 26.4)

2. 受理局对明显错误更正的处理

如果国际申请请求书中的明显错误由申请人发现,申请人可以主动提出明显错误更正请求;如果明显错误由受理局审查员发现,受理局审查员可以通知申请人提出明显错误更正请求。在申请人提出明显错误更正请求后,受理局审查员应尽快作出是否许可明显错误更正的决定。

2.1 通知申请人提出明显错误更正

受理局审查员在发现明显错误时,发出"通知提出更正请求"(PCT/RO/108 表)要求申请人提交明显错误更正请求。该表格不仅仅涉及请求书中的明显错误,还可能涉及权利要求书、说明书、附图中的明显错误,因此该表格也可勾选相关主管单位,用以明确告知申请人应该向哪里提交明显错误更正请求。如图 6-5-1 所示。

受理局在国际申请中/在申请人向该局提交的其他文件中，发现看来是明显错误的缺陷：

☐ 如所附的复印件所示。
☐ 如下所示：

2. **通知**申请人向下列单位**提出更正请求**：
☐ 受理局　　　☐ 国际检索单位　　　☐ 国际局　the International Bureau of WIPO
　　　　　　　　　　　　　　　　　　　　　　　　34 chemin des Colombettes
　　　　　　　　　　　　　　　　　　　　　　　　1211 Geneva 20, Switzerland

如何改正错误？
　　除请求书中的错误之外，其他任何更正必须以替换页的形式提交，同时附以说明替换页和被替换页之间不同之处的信件。对于请求书中的错误，只要更正可以清楚地移至登记本上，那么更正可以仅用信件提出（细则 26.4）。
注意：
　　任何更正只有在得到上述主管单位的明确许可时才能进行。更正请求必须在自优先权日起 26 个月内向上述单位提出（细则 91.2）。

图 6-5-1　PCT/RO/108 表样表

2.2　收到明显错误更正请求文件的处理

如果申请人在期限内提出明显错误更正请求，且该更正内容的主管单位是受理局，则受理局审查员审查该更正，编辑智能审查文本，加入修改标记，并发出"关于更正请求的决定的通知书"（PCT/RO/109 表）通知申请人和国际局更正是否被许可。

如果申请人在期限内提出明显错误更正请求，但该更正是向国际检索单位或者国际局提出的，受理局审查员应尽快将该请求传送至国际检索单位或国际局。如该明显错误更正的主管单位是国际检索单位，受理局审查员通常还会提醒国际检索单位审查员注意处理请求。

3. 国际检索阶段明显错误更正的处理

如果国际申请（除请求书的部分，主要指说明书、权利要求书、附图或其修改页）中的明显错误由申请人发现，申请人可以主动提出明显错误更正请求；如果明显错误由国际检索单位审查员发现，国际检索单位审查员可以通知申请人提出明显错误更正请求。在申请人提出明显错误更正请求后，国际检索单位审查员应尽快作出是否许可明显错误更正的决定。

3.1 通知申请人提出明显错误更正

在国际检索单位审查员作出"提出更正请求通知书"（PCT/ISA/216 表）后，系统建立相应期限。

如果申请人在期限内提出明显错误更正请求，PCT 流程审查员应消除期限，将该请求传送至国际检索单位审查员。

如果申请人未在期限内提出明显错误更正请求，PCT 流程审查员应消除期限，并通过审查系统提醒国际检索单位审查员注意该事实。

3.2 作出许可明显错误更正的决定

在申请人提出明显错误更正请求后，国际检索单位审查员应尽快作出"关于更正请求决定的通知书"（PCT/ISA/217 表），向申请人和国际局传送通知书及相关附件。

如果同意更正，国际检索单位审查员还应编辑相应文本。

4. 国际初审阶段明显错误更正的处理

如果国际申请（除请求书的部分，主要指说明书、权利要求书、附图或其修改页，或者根据条约 19 或者 34 进行的修改）中的明显错误由申请人发现，申请人可以主动提出明显错误更正请求；如果明显错误由国际初步审查单位审查员发现，国际初步审查单位审查员可以通知申请人提出明显错误更正请求。在申请人提出请求后，国际初步审查单位审查员应尽快作出是否许可明显错误更正的决定。

4.1 通知申请人提出明显错误更正

在国际初步审查单位审查员作出"提出更正请求通知书"（PCT/IPEA/

411 表）后，应将该通知书传送至 PCT 流程审查员，由其对通知书进行检查。PCT 流程审查员检查无误后及时发出该通知书，并建立相应期限。

（1）如果申请人在期限内提出明显错误更正请求，PCT 流程审查员应消除期限，将该请求传送至国际初步审查单位审查员，并提醒国际初步审查单位审查员注意该请求。

（2）如果申请人未在期限内提出明显错误更正请求，PCT 流程审查员应消除期限，并提醒国际初步审查单位审查员注意该事实。

4.2 作出许可明显错误更正的决定

在申请人提出明显错误更正请求后，国际初步审查单位审查员应尽快作出"关于更正请求通知书"（PCT/IPEA/412 表）并进行文本编辑，并将通知书、申请人提交的信函和更正页一起传送至申请人和国际局。

第 6 章　撤　　回

1. 撤回请求

1.1　撤回的情形

根据细则 90 之二的规定，撤回包括国际申请的撤回、指定的撤回、优先权要求的撤回，补充国际检索请求的撤回以及初步审查要求书或者选定的撤回。

由国家知识产权局作为相应的主管国际单位的，撤回请求由国家知识产权局进行审查。

1.2　撤回的时机

申请人可以在优先权日起 30 个月期限届满前：
（1）撤回国际申请；
（2）撤回对任何指定国的指定；
（3）撤回对全部或某一特定保护类型目的的指定；
（4）撤回一个或全部优先权；
（5）撤回国际初步审查要求书或者任何一个选定或全部选定。

需要注意的是，申请人可以通过撤回国际申请来避免国际公布。此种撤回需要确保撤回通知在国际公布技术准备完成之前送到国际局。申请人可以指明撤回仅在能够避免国际公布的情况下才生效，此时如果条件不能得到满足，即国际公布技术准备已经完成，则撤回不产生效力。

1.3 撤回的提出

撤回需要在期限内以书面形式提出，且需要全体申请人签字或以全体申请人的名义签字。

1.4 注意事项

在撤回优先权要求时，如果引起优先权日的变更，任何自原优先权日起计算并且尚未届满的期限，应自变更后的优先权日起计算。

撤回国际初步审查要求书或者任何一个选定或者全部选定，应当在自优先权日起 30 个月期限届满前，向国际局提交。

各种撤回，若在某一国家阶段的程序已经启动之后提交，对该国已经启动的国家阶段审查无效。

2. 对撤回的处理

2.1 接收撤回国际申请、指定或优先权要求的声明

当收到申请人提出的撤回国际申请、指定（包括为某一特定保护类型目的所作的指定），或优先权要求的声明时，PCT 流程审查员应审查：

（1）撤回声明是否在自优先权日起 30 个月内收到；

（2）撤回声明是否由全体申请人签字或以全体申请人的名义签字。

> 以全体申请人的名义签字是指：如果申请人委托了代理人或者共同代表，且已向受理局提交了由全体申请人签署的委托书，或者提交了有效的转让证明，则该代理人或共同代表可以代表全体申请人的名义进行签字。需要注意的是，对于那些被认为是共同代表的申请人，由于其仅是"被认为"的，因此不能以其他申请人的名义签署撤回请求。

如果上述审查结论之一是否定的，PCT 流程审查员应通知申请人撤回声明被视为未提出（PCT/RO/132 表）。如果上述审查结论均是肯定的，则 PCT 流程审查员应尽快向国际局传送"关于撤回的通知"（PCT/RO/136 表）及申请人提交的撤回请求。

2.2 传送撤回生效的声明

PCT 流程审查员应尽快向国际局传送"关于撤回的通知"（PCT/RO/136 表），并注明受理局收到撤回声明的日期；如果登记本尚未传送给国际局，则撤回通知应和登记本一起传送至国际局。

需要注意以下情况的处理方式：

（1）当撤回请求不合格时，为了申请人的利益，PCT 流程审查员仍需将撤回请求传送给国际局（但不传送"关于撤回的通知"PCT/RO/136 表），并同时告知申请人（PCT/RO/132 表）该请求不合格和已传送国际局的事宜。

（2）当撤回的是国际申请，且检索本尚未传送至国际检索单位，即撤回请求的收到日在"收到检索本的通知书"（PCT/ISA/202 表）发文日之前或当日，则 PCT 流程审查员无须再传送检索本，如果撤回请求合格，还应将检索费退还申请人；当国际申请是在向国际检索单位传送检索本之后撤回的，即撤回请求的收到日在"收到检索本的通知书"（PCT/ISA/202 表）发文日之后，则不予退还检索费，PCT 流程审查员应迅速将同意该撤回请求的通知副本传送给国际检索单位，国际检索单位审查员可选择是否继续进行国际检索，若国际检索单位审查员完成了国际检索报告和书面意见，则 PCT 流程审查员须将国际检索报告和书面意见传送给申请人，但无须传送给国际局。

（3）当撤回的是一项或多项优先权要求时，PCT 流程审查员应删除或更改审查系统中的优先权信息，并通过审查系统告知国际检索单位或国际初步审查单位审查员该事项。

（4）当撤回请求是在临近期限届满时收到的，为了申请人的利益，PCT 流程审查员应当尽快处理并向国际局传送撤回声明。

第 7 章 异议程序

1. 国际检索阶段单一性问题的处理

国际检索单位审查员认为国际申请存在单一性问题，并且认为需要申请人缴纳附加检索费时，应发出"缴纳附加费和适用时异议费的通知"（PCT/ISA/206 表），PCT 流程审查员对所产生的后提交文件进行处理。需要注意的是，如果国际检索单位审查员能够用微不足道的额外劳动对多于一项的发明进行国际检索和作出书面意见，其可以在未收到附加费的情况下连同首先提到的发明一起完成附加发明的国际检索和书面意见。

1.1 通知的作出及处理

如果国际检索单位审查员决定发出"缴纳附加费和适用时异议费的通知"（PCT/ISA/206 表），应将该通知书传送至申请人。

系统自动建立相应期限（期限为发文日起 1 个月），PCT 流程审查员对申请人的答复情况进行监控。

1.2 申请人答复通知后的处理

（1）申请人缴纳全部或部分附加检索费

PCT 流程审查员在核实费用后，应及时处理该文件，消除 PCT/ISA/206 表的等待答复期限，并提醒国际检索单位审查员注意申请人已经缴纳了全部附加检索费这一事项。

（2）申请人未缴纳附加检索费

在期限届满时，申请人未缴纳附加检索费，PCT 流程审查员应及时消除

PCT/ISA/206 表的等待答复期限，并提醒国际检索单位审查员申请人未缴纳附加检索费这一事项。

（3）申请人缴纳异议费、附加检索费并说明异议理由

PCT 流程审查员将异议理由、后缴费用计算页等文件进行处理，并提醒国际检索单位审查员启动异议程序。无论异议是否成立，国际检索单位审查员均应发出"异议决定通知书或异议被认为没有提出的声明"（PCT/ISA/212 表）告知申请人异议结果：

① 如果申请人提出了异议请求但是没有缴纳异议费，该异议视为未提出。

② 如果异议不成立，但申请人要求将异议请求和结果传送至国际局，PCT 流程审查员应依申请人的要求作相应处理。

③ 如果异议全部成立，由 PCT 流程审查员通知收费处退还申请人缴纳的异议费和附加检索费。如果异议部分成立，不退还异议费但可退还多缴的那部分附加检索费。

2. 国际初步审查阶段单一性问题的处理

当国际初步审查单位审查员认为国际申请存在单一性问题，并且认为需要申请人缴纳附加初步审查费时，应发出"限制权利要求或者缴纳附加费和适用时异议费通知书"（PCT/IPEA/405 表），需要注意的是，如果国际初步审查单位审查员能够用微不足道的额外劳动对多于一项的发明进行国际初步审查，其可以在收到附加初步审查费的情况下决定连同首先提到的发明一起完成附加发明的国际检索和书面意见。

2.1 通知的作出及处理

如果国际初步审查单位审查员决定发出"限制权利要求或者缴纳附加费和适用时异议费通知书"（PCT/IPEA/405 表），应将该通知书传送至申请人。

PCT 流程审查员对申请人的答复期限进行监控。

2.2 申请人答复通知后的处理

(1) 申请人缴纳全部或部分初步审查附加费

PCT 流程审查员在核实费用后,应及时处理该文件,消除期限,并提醒国际初步审查单位的审查员注意申请人已经缴纳了全部初步审查附加费这一事项。

(2) 申请人未缴纳初步审查附加费

在期限届满后,申请人仍未缴纳初步审查附加费的,PCT 流程审查员应及时消除期限,并提醒国际初步审查单位审查员注意申请人未缴纳附加初步审查费这一事项,建议国际初步审查单位审查员继续审查。

(3) 申请人缴纳异议费、附加初步审查费并说明异议理由

PCT 流程审查员将异议理由、后缴费用计算页等文件进行处理,并提醒国际初步审查单位审查员启动异议程序。无论异议是否成立,国际初步审查单位审查员均应发出"异议决定通知书或异议被认为没有提出的声明"(PCT/IPEA/420 表)告知申请人异议结果:

① 如果申请人提出了异议请求但是没有缴纳异议费,该异议视为未提出。

② 如果异议不成立,但申请人要求将异议请求和结果传送至国际局,PCT 流程审查员应依申请人的要求作相应处理。

③ 如果异议全部成立,由 PCT 流程审查员通知收费处退还申请人缴纳的异议费和附加初步审查费。如果异议部分成立,不退还异议费但可退还多缴的那部分附加初步审查费。

(4) 申请人请求限制权利要求

PCT 流程审查员应将申请人请求限制权利要求的文件及时传送至国际初步审查单位审查员,消除期限,并提醒国际初步审查单位审查员注意该事实。